高校创业孵化基地建设及运营研究

唐金湘　著

中国纺织出版社有限公司

内 容 提 要

高校建立大学生创业基地是多渠道帮助解决大学生就业难和创业难问题的有效途径之一。但是，如果高校只是顺应政府号召建立创业基地，并没有真正从实际情况出发来运营管理，那么创业基地就只是一个空壳，它的建立就没有实际意义。本书通过对高校创业基地的运营管理进行研究，提出符合大学生创业和就业需求的创业基地管理对策，以期从建立高校创业孵化基地这一维度，帮助解决大学生创业难和就业难问题。

图书在版编目（CIP）数据

高校创业孵化基地建设及运营研究 / 唐金湘著 . -- 北京：中国纺织出版社有限公司，2020.12

ISBN 978-7-5180-8269-8

Ⅰ . ①高… Ⅱ . ①唐… Ⅲ . ①大学生－创业－研究
Ⅳ . ① G647.38

中国版本图书馆 CIP 数据核字（2020）第 244156 号

策划编辑：李满意　　责任编辑：张　强
责任校对：王蕙莹　　责任印制：王艳丽

中国纺织出版社有限公司出版发行
地址：北京市朝阳区百子湾东里 A407 号楼　邮政编码：100124
销售电话：010—67004422　传真：010—87155801
http://www.c-textilep.com
中国纺织出版社天猫旗舰店
官方微博 http://weibo.com/2119887771
天津千鹤文化传播有限公司印刷　各地新华书店经销
2020 年 12 月第 1 版第 1 次印刷
开本：710 × 1000　1/16　印张：15.5
字数：256 千字　定价：76.00 元

前　言

在当前“大众创业，万众创新”的时代背景下，如何辩证地处理好创新与创业的关系，如何正确地把握创新与创业在教育教学实践、成果转移孵化等各个方面的需求与矛盾是创新创业教育的难点。要坚持“根在实践，魂在创新”，并基于“两个融合”实施大学生创新创业教育：一是强调围绕学生未来进入某一行业所需的基本知识和技能，通过第一课堂教育与第二课堂教育的融合来实施创新教育，致力于学生创新精神和动手实践能力的培养；二是强调充分发挥综合性院校多学科交叉融合、相互渗透的学科特点和优势，以项目为主导，推进具有一定创新能力的学生个体的团体性融合创业教育的实施。

为了培养大学生创业能力，提升大学生创业成功率，人力资源和社会保障部联合多部门颁布《关于促进以创业带动就业工作的指导意见》《关于推进创业孵化基地建设进一步落实创业帮扶政策的通知》等多项文件，提出建立高校孵化基地，把建立高校大学生创业孵化基地列为一项推进“以创业带动就业”战略实施的重要措施，推进大学生创业计划。高校创业孵化基地区别于社会上的创业孵化器，它的服务对象是有创业意愿的在校大学生以及刚毕业不久的毕业生，属于公益性的国有背景的孵化器。高校创业孵化基地具有促进科技转化、扶持高新科技企业发展等作用，是国家创新体系中的重要组成部分。

面对愈演愈烈的大学生就业难形势，高校建立大学生创业基地是多渠道帮助解决大学生就业难和创业难的有效途径之一。但是，如果高校只是顺应政府号召建立创业基地，并没有真正从实际情况出发来运营管理，那么创业基地就只是一个空壳，它的建立就没有实际意义。本书通过对高校创业基地的运营管理进行研究，提出符合大学生创业和就业需求的创业基地管理对策，帮助解决大学生创业难和就业难问题。如果高校大学生创业基地的管理体系设置得当，那么其对于帮助大学生进行自主创业，缓解社会就业压力以及提高高校毕业生的创业能力，培育创新型人才具有重要的实践意义。

本书在编写过程中，参阅了相关文献资料，在此谨向作者表示衷心的感谢。由于水平有限，书中内容难免存在不妥、疏漏之处，敬请广大读者批评指正，以便进一步修订和完善。

唐金湘

2020 年 11 月

目 录

CONTENTS

第一章　创业基地的内涵

第一节　创业基地的定义

创业基地，又称为“创业服务中心”或“创业辅导基地”，目前，国内对于创业基地的直接研究，多见于政府文件之中。国家发展和改革委员会中小企业司《关于印发关于支持中小企业技术创新的若干政策的通知》中指出，创业基地对初创小企业支持服务包括“低成本的经营场地、创业辅导和融资服务”。

而学术界对创业基地的研究，更多的是将其纳入孵化器的体系中，有的甚至直接将其等同于孵化器。虽然创业基地和孵化器从创建目的、培育方式来讲具有很高程度的相似性，但是两者之间也存在着一些细微的差别：

第一，创建主体不同。创业基地一般由政府直接创建或者由政府和社会机构联合创建，政府在创业基地的创建过程中起主导作用。而孵化器的创建主体包括政府、企业、财团、大学和科研机构等，在孵化器的创建过程中，除政府直接创建的类型外，对于其余的类型，政府都只起到支持、辅助的作用。相对于孵化器而言，政府不仅仅是创业基地的主要创建者，其重要性更有了极大的提升。

第二，入驻企业不同。创业基地针对的企业包括高新技术企业和非高新技术企业。而孵化器，在学术界更多地被称为科技孵化器或高新技术孵化器，所针对的企业主要是一些高新技术企业。创业基地培育企业的类型比孵化器更加广泛。

第三，准入机制不同。由于孵化器针对的是高新技术企业，所以在这些企业入驻之前，孵化器都会通过专业的评价机构对企业本身和企业项目进行一定程度的考核，选择发展潜力大的企业和项目，剔除发展潜力小的企业和项目。虽然创业基地也会对进入的企业进行一定程度的筛选，但是一般来讲，由于创业基地并非针对高新技术企业，因此在筛选力度和评价标准上都较为宽松。

创业基地和孵化器在创建主体、入驻企业和准入机制方面存在一定的差异，因此，两者并不完全等同。但是创业基地和孵化器的主要功能都是通过提供新创企业所需的各种服务措施来达到促进新创企业成长和成功的目的。因此，从整体上看，创业基地可以看作是一种政府主导型的孵化器。创业基地和孵化器在功能方面的高度相似性为通过孵化器的相关理论去考核创业基地提供了理论依据，从而弥补了学术界对创业基地研究较少的缺陷。

根据上述理论研究，我们对创业基地定义如下：所谓创业基地，是指由政府统筹规划布局，政府或社会组织投资兴建，为初创的中小型企业提供价格优惠的生产经营场所、公共配套设施和相关公共服务，有效降低创业成本和创业门槛，提高创业成功率，集经营性和公益性于一体的综合服务平台。

第二节　创业基地的创建方式

目前，建立创业基地的方式主要有以下六种：

第一，由政府财政出资，一个或几个政府部门的事业单位作为法人，建立创业基地。这种方式的特点是政府通过财政出资，对创业基地采用事业单位的模式进行管理运作。这也是我国政府早期建立创业基地的主要方式。

第二，由政府出地，中小企业行政管理部门运作，组建一个事业单位进行筹资，建立创业基地。这种方式的特点是政府提供土地，设立专门的事业单位，对创业基地采取事业单位企业化的运营管理模式。目前，我国的创业基地大多采用此种方式建立。

第三，在政府的引导下，由民营企业出资，建立创业基地。这种方式的特点是通过政府的引导，将民营企业吸引到创业基地建设的事业中来，此时创业基地采取的是一种完全企业化的运营模式。

第四，在政府的引导下，由政府或民营企业出资，将破产企业的厂房稍加改造，分割出租，提供服务，扶持创业。这种方式的特点是破旧立新，在被市场淘汰的企业的机体上培育出一批新兴的中小企业。

第五，在政府的引导下，由政府或民营企业出资，将闲置的厂房、楼宇、仓库等进行改造，机型场地出租，开办创业企业。这种方式的特点是变废为宝，盘活闲置资产，取得闲置资产所有者与创业企业的双赢。

第六，由行业协会出面，在产业集群内建立创业基地，为入驻企业提供创业服务。这种方式的特点是通过行业协会的中介作用，集中区域内部的优势力量扶持新创的中小企业。

第三节　创业基地的服务举措

创业基地之所以能在国内得到各级政府的重视，主要在于它能够为入驻企业提供各种完善的服务，并且其所提供的各项服务措施正是扶持入驻企业成功的关键所在，也是它比其他培训机构更具竞争力的原因。入驻企业需要全面性的服务，如果创业基地只提供局部性或片段性的服务，不仅无法满足入驻企业的要求，而且也势必会影响创业基地的培育绩效。从这个角度来看，创业基地所提供服务措施的完善程度是决定创业基地能否达到帮助入驻企业创业成功这个最终目标的关键因素。

虽然专家学者对创业基地所提供的服务措施见解有所不同，但对比其所提出服务措施的具体内容，不难发现，专家学者所提出的服务措施的具体内容是很相似的，只是从不同的角度归纳整理后，把原本相同的具体内容纳入不同的服务大类中。

结合国内创业基地的实际情况，创业基地所应提供的服务措施应该包括以下五个大类：

第一，空间与设备服务。提供低于平均市价的场地租赁；提供生产机械及配套生产设备；提供包括会议室、展览室、办公室、电话、传真、宽带网络等办公设施；提供包括食堂、宿舍及相关休闲场所等生活设施。

第二，技术支持服务。协助企业进行技术引进与转移，帮助企业引进国内外的最新技术；协助企业进行新产品、新工艺的研发与设计；提供专业的技术顾问，为企业解决技术方面的困难；建立与研发单位的合作，协助企业取得与研发机构进行产研合作的机会。

第三，商务支持服务。提供经营管理方面相关知识的咨询服务；协助企业开展对员工的专业培训工作；协助企业进行营销推广、市场调研和分析；帮助企业取得投融资及贷款的渠道；协助企业进行财务评估及建立会计制度。

第四，信息资讯服务。提供政府的相关优惠政策信息并协助企业取得政府优惠政策的支持；提供同行业技术、市场等方面的信息；提供入驻企业间市场、营销、投融资渠道等内部合作信息网络；提供研究机构、工会、行业协会等各种外部机构的合作网络；掌握园区或工业区等有关信息资料与申请模式，协助企业解决在创业基地中毕业后的发展空间问题。

第五，行政支持服务。协助企业与工商部门、税务部门、银行、会计师事务所之间的沟通以进行工商登记；指导企业编写商业计划书及营运计划书；协助企业进行专利申请与保护工作；指导企业进行对内、对外的协约签订；提供创业基地内部各软硬件设施的日常管理和维护服务。

第四节　创业基地的功能

一、微观方面的功能

对于创业者来讲，创业基地首先为他们提供了实现梦想的场地。创业者在创业初期，由于自身经济实力的原因，往往会出现有好项目却没有发展机会的情况。而创业基地的存在，为这些创业者提供了创业初期急需的场地和设备等物资，同时协助创业者进行启动资金的融通，使得创业者有机会将自己的理想变为现实。在创业者进入创业基地后，创业基地又提供了将创业者培训成企业家的机会。寻找和培训具有创业精神的企业家是创业基地的重要任务之一。在进入创业基地之后，创业者将得到系统的培训。首先，创业者可以通过创业基地强大的社会网络，广泛地联系社会各方人十和团体，不仅可以扩大知识面和增长见识，而且还可以利用这个网络提高创业者在局部环境中的地位，营造良好的社会关系，加强创业者与他人的沟通，提升创业者的“结构资本”“关系资本”“认知资本”，为创业和未来的发展打下基础。同时，由于各种入驻企业既存在竞争关系又存在合作关系，从而能够有效培养创业者的竞争与合作精神、创业精神和容错精神。其次，创业基地在培育企业的同时，不断给创业者提供管理、营销、市场等方面的技能和培训，能有效地帮助创业者快速成长为成熟、优秀的企业家。

新创企业在创业初期发展极为困难，根本原因是缺乏一个良好的成长环境。在新创企业的成长过程中，由于缺乏相应的经验，很容易遇到管理、资金、市场、技术方面的困境和难题，而单靠企业自身的能力，难以完全解决。对于新创企业来讲，创业基地恰恰是为他们提供一个良好的成长环境而成立的。首先，创业基地是一个开放的系统，各种资源纷纷汇集于此，技术、资金、人才、商业知识在创业基地这个平台上得到充分的整合，满足了新创企业成长的需要。其次，创业基地具有非常显著的集聚效应，它相当于一个“创业者之家”，在这种环境中，入驻企业之间能够进行有效的交流和沟通，从而形成浓郁的创业氛围和创业文化，加速新创企业的成长，提高新创企业的存活率和成功率。据统计，新创企业在创业基地中的创业成功率高达80%。同时，在企业创业成功后，一些入驻企业并不会选择立即毕业，而是留在创业基地中继续发展，因为创业基地所提供的各项服务措施能够继续对这些创业成功的企业提供支持，帮助他们做大、做强。

二、宏观方面的功能

就业问题一直是国家关心的重大问题。我国是人口大国，目前又进入了劳动年龄人口增长的高峰期，农村的富余劳动力、城市的下岗工人，再加上每年都需要安置的退伍军人、大专院校的毕业生，就业形势严峻，压力较大。建立创业基地，吸引新创企业入驻，企业在创业基地中进行生产的同时也提供了大量的就业机会。

在激烈的市场竞争中，区域经济要想立于不败之地，就必须有强劲的竞争力，不断优化区域产业结构，提升区域创新能力。而创业基地由于其特殊的服务功能，在促进区域产业结构调整中发挥着极其重要的作用。创业基地作为一个新创企业的服务机构，由于配备了良好的公共技术平台，并能利用政策上的支持为企业提供全方位的服务，因此它能吸引高层次的创业者和相关技术、资金的流入。而这些企业在创业基地的支持下发展壮大后，又会产生产业集聚效应，带动下游产品和技术企业的产生、发展，进而形成规模，成为产业。因此，创业基地有助于实现区域经济传统产业结构的调整和升级，提高区域的经济能力和竞争能力。

创业基地作为培育新创企业的集群组织，通过自身的社会化网络，能够有效地将企业、科研结构和政府三者连接在一起，形成区域创新网络，而区域创新网络又极大程度地促进了区域创新能力。首先，创业基地通过咨询、培训等手段，使得入驻企业这一创新活动的主体完善管理制度，规范自身行为，为其步入正确的发展轨道奠定基础。其次，创业基地作为连接科研机构与企业的纽带，将科研机构的科研成果有效地转移到企业中，完成了技术创新的主体从科研机构到企业的转变。在此基础上，创业基地为企业提供必要的资金、设备、培训，帮助入驻企业根据市场不断修改、完善和创新产品，促进科研成果的商品化，从而实现了从实验室到市场的升级，为促进科研成果转化为生产力起到了积极作用，加快了国家创新进程的步伐。

第五节　创业基地的建设意义

改革开放以来，中小企业在我国取得了迅猛的发展，其促进经济繁荣、保证社会稳定的作用也越来越被人们所重视。中小企业快速发展，形成了巨大劳动力需求，吸纳了绝大部分劳动力的增量和存量转移，极大地缓解了就业压力。中小企业提供了 75% 以上的城镇就业岗位，国有企业下岗人员 80% 在中小企业实现了再就业，农民工相当大一部分在中小企业就业，中小企业也开始成为一些高校毕业生和复转军人就业的重要渠道。同时，中小企业的研究开发投入不断加大，研究开发机构不断完善，新产品、新技术层出不穷。目前，经认定的省市级以上的企业技术中心，近 70% 是中小企业建立的，我国 66% 的发明专利、82% 以上的新产品开发，都是由中小企业完成的。从上面的资料分析可以得知，中小企业在调整经济结构、推进改革开放、建立市场体制、构建和谐社会、促进科技进步等方面有着举足轻重的地位，无愧于“国家基石”的称号。

但是，中小企业由于自身在资金、技术、管理等方面力量薄弱，导致其在全球化的市场竞争中处于相对弱势的地位，在企业的日常经营尤其是创业初期的发展过程中举步维艰，中小企业家仅靠“想创业、敢创业”的热情已经远远不能保证创业的成功。

创业是一个艰苦的过程。尤其是对初创的中小企业来讲，企业发展所需的资源与其实际控制的资源存在巨大的差距。新创企业拥有的知识技能是专有的，一般人很难理解其蕴含的价值，因此，新创企业很难独立形成具有号召力的企业形象和声望；其企业内部过程必须从无到有地确立，而企业内部

过程的确立耗时耗力，其发展具有高度的不确定性。新创企业一方面具有一些突出的企业能力，这些能力使得创业者有足够的信心创立企业；另一方面，新创企业的企业能力往往不够全面，不足以保证企业持续生存和发展。新创企业固有的内在薄弱环节难以在企业建立初期通过自身的能力得到良好的解决，这为创业辅导产业提供了良好的市场。同时，钟卫东等人通过实证研究指出，外部支持环境通过影响创业自我效能感（即创业者对自己能够在何种水平上完成创业任务所具有的信念、判断或自我感受）对新创企业的绩效产生积极的影响。因此，构建一个良好的创业支持服务体系，不仅是保证新创企业创业成功的需要，也是提高新创企业绩效的需要。

由于中小企业在国民经济和社会发展中的作用日益显现，如何促进中小企业的发展，为中小企业的生存和发展提供一个良好的环境，降低风险、减少初创投入，已经成为我国政府、学术机构、社会力量研究的一个重要问题。国内的大量实践和研究表明，在中小企业成长、发展的过程中，创业基地起到了巨大的促进、推动作用，解决了中小企业创业过程中的场地、启动资金、管理支撑等多方面的问题，极大程度地降低了中小企业在初创过程中遇到的困难，提高了企业的存活率和经营能力。

创业基地是通过提供一系列新创企业发展所需的各种支持和网络资源，帮助和促进新创企业成长和发展的社会经济组织。创业基地通过提供场地、共享设施、培训和咨询、融资和市场营销、资讯等方面的支持，降低新创企业的创业风险和创业成本，提高企业的成活率和成功率。

第二章　高校大学生创新创业基地建设概况

第一节　高校大学生创新创业基地的模式

一、高校创新创业基地

（一）高校学生科技创业实习基地

教育部办公厅与科技部办公厅发布的《高校学生科技创业实习基地认定办法（试行）》指出，高校学生科技创业实习基地是指依托高新技术产业开发区、大学科技园或其他园区等设立的，为高校学生提供实习、实训、创业和就业的综合服务平台，简称"双实双业"基地，其主要任务是开展创业教育和培训。

高校学生科技创业实习基地（简称"双实双业"基地）是指依靠大学科技园、经济技术开发区、高新技术园区和工业园区等资源，开展创业教育和培训，对创业的学生提供各区域内的创业扶助和支持政策，此外，还为创业教育和创业实践活动提供场地和服务。

（二）高校自主建设的创新创业教育基地

校级创业教育基地，作为"双实双业"基地的一种形式，多在学校附近，有一定的区位优势。由于其直接地接触学生群体，因此除了便于宣传教育外，更易通过第二课堂提高学生的创新创业精神、创新创业意识和创新创业能力。在资源方面，可以充分利用学校现有的优势学科、优质师资等。

在此过程中，应特别注意与创新创业教育的教学、师资，大学生创业孵化器、大学科技园、社区和真实市场环境密切联系的问题，这些也是在开展创新创业教育必须考虑和完善的问题。

二、创业研究中心

研究性大学一般具有多学科交叉渗透、特色学科优势突出的特点，而且有不少商学院和 MBA 中心，开展创新创业教育活动能够有很好的学科支撑。下面以清华大学、吉林大学等研究性大学的创业研究中心为例，介绍研究性大学的创新创业教育及其创业研究中心。

（一）清华大学中国创业研究中心

清华大学中国创业研究中心成立于 2000 年 12 月，该中心以清华大学经济管理学院为依托，聚集了一批研究创业企业和创业投资的学者，他们积极推进中国的创业管理教育，立志成为中国创业学领域的领导者。

清华中国创业研究中心的建设目标：第一，开设具有国际水平的 MBA 创业课程，全面培养学生的创业和创业投资管理能力；第二，成为中国高技术创业企业和创业资本组织领导者的培养基地。

课程设置：目前中心开发的创新与创业课程包括创业管理、创业投资管理、创业财务管理、公司成长管理、高技术创业管理、技术创新管理、新产品开发、技术战略、知识产权管理、企业家与创新等。一些新的课程正在开发之中。

指导创业实践教育：参与清华大学创业计划大赛的培训和评审工作，指导学生参加国内外重要的创业计划比赛。

（二）吉林大学创业研究中心

吉林大学创业研究中心从三个方面开展工作：

第一，科学研究。研究中心内部设立技术创业与企业成长、国际创业与管理、技术创新与知识管理、民营企业创业、创业融资五个研究室，将分别开展专项研究工作，并定期举办创业论坛，广泛开展与国内外的学术交流，力争把吉林大学创业研究中心建设成为国内一流、具有较大影响力的创业研究机构。

第二，创业咨询。创业研究中心将以科研为基础，为有关需求者提供专业化的创业咨询服务。

第三，创业培训。创业中心将面向学校和社会提供专业化的创业培训服务，并邀请国外知名专家参与培训活动。

第二节　高校成立创新创业基地的重要性和方法

一、创新创业基地建设对高等教育人才培养的重要性

创新创业基地建设对培养当代大学生具有重要的影响。

高等学校肩负着人才培养的重要职责，如何培养大学生的创新精神、创新思维、创新能力，成为摆在所有教育工作者面前的一个课题。大学生创新创业基地恰恰能担负起这一课题，因为创业基地在着眼于大学生创业能力培养的同时，要培养学生的创新能力；在着眼于创业教育理论体系的架构和大学生创业教育实践平台搭建的同时，要注重科技成果的转化、教师创新能力的提高以及教师知识结构的更新；在充分利用学校资源的同时要努力整合社会资源。因此，创业基地建设是一个循序渐进、不断创新的过程，对大学生的创业能力培养起着至关重要的作用，直接影响着创业教育的成败。

首先，创业基地为大学生创业指明了方向。大学生创业往往存在盲目性、武断性，缺乏系统的思考和详细的计划。大学生创业基地能帮助大学生明确创业方向和目的，了解创业的实质，对创业项目的可行性进行分析，为大学生创业提供导航。其次，帮助大学生提高系统的创业思维能力。大学生缺少系统性的创业思维能力，往往不能认清创业中的风险和困难。

二、成立创新创业基地的方法

高等学校的主要任务是人才培养、科学研究和社会服务，其中，培养和造就高素质的创新人才是高校的中心任务，要培养学生的实践能力，提升大学生创新创业能力。因此，大学生科技创新基地建设的目标必须符合现代教

学理念，成为课堂理论教学的有效延伸，使学生实践能力得到提升、创新精神得到培养。把基地变成大学生科技创新的平台和载体，变成创新基地和发展基地，可以完善学生的知识结构，充分挖掘和培养他们的实践能力、创新能力和开拓意识，使之真正成为高素质、有特色的专门人才。由此可见，建立规范化、长效化的创新创业基地是很重要的。

（一）成立科技工作领导小组

创新基地的科技工作领导小组应由学校和学院两级机构以及学校和学生两方面组成。学校一级的领导小组主要成员应包括教务处、财务处、学工处、团委的相关人员等。教务处负责各部门工作的协调和对外联络；学院学生科技工作小组由院长、主管教学副院长、主管科研副院长、团委书记、团总支书记、学生会主席组成。其主要职责是制定切实可行的管理办法和配套政策，提供支撑条件、营造创新文化氛围，搭建项目交流平台，定期开展相关活动等。

（二）建立专家指导和评审委员会

委员会人员的组成包括学校各大学科的学术带头人以及科研、教学等部门的管理人员，其主要任务是研究和解决学生科研过程中出现的问题，指导具体课题的研究；负责对学生科技成果进行技术论证、质量评估以及相关推荐等工作。

（三）制定科技创新基地的各项制度

创新基地的规章制度应包含创新基地有关管理文件：《基地使用和管理制度》《基地学生管理制度》《基地设备器件损坏赔偿制度》《基地定期学习交流制度》《基地指导教师职责》《基地考核制度》《基地奖惩制度》等。为了使创新基地的建设与管理更加完善，应每年进行一次创新基地的建设与管理评估，总结经验，找出不足，不断提高创新基地建设与管理的水平。

（四）开放式管理

第一，时间和空间开放：各实验室及相关配套室全天候开放，无上下班和节假日之分。

第二，项目和技术开放：相关仪器设备和技术在管理人员指导下无偿使用。

第三，专业和部门开放：各专业学生均可来基地参观学习和进行科技实践。

第四，管理人员开放：实施项目预约和值勤式管理，教师只是督察者，值日学生主要负责；教师负责对前期学生进行“传、帮、带”管理培训，以后由高年级学生指导低年级学生，保证基地的有序运转和持续管理。

第五，技术服务开放：指导教师和技术后勤部门服务到位，及时保障实验设施的正常运行和物品供应。

（五）营造科技氛围

大学生科技活动作为人才培养的高层次内容，需要大力的宣传、积极的引导、认真的组织和严格的管理。通过开展各种具有指导性的活动，如学术报告、科技竞赛等，营造浓厚的科研氛围，让广大学生和教师对大学生科技活动的意义和重要性有深刻的认识。

（六）建立激励制度，设立奖励项目

定期进行大学生科技活动的评比工作，对在科技学术活动中积极组织、宣传和动员以及努力开展科研攻关且取得优异成绩的集体和个人，由学校给予表彰和奖励。坚持物质奖励和精神奖励相结合、以精神奖励为主的原则。除了给予学生一定的奖励外，还要给予指导教师相应的表彰和奖励，树立典型，从而在校内营造良好的科技氛围，推动科技活动继续向更高层次发展。

第三章　创新创业基地建设与高等教育人才培养策略

第一节　具有学科特色的院系级创新实践基地

大学生创新实践基地是学生开展科技制作、学术沟通、成果交流的重要场所。大学生创新实践基地的有无决定了大学生科技创新活动能否开展，其规模决定了大学生科技创新活动能否全面展开，其设备资产的先进性决定了大学生科技创新活动的技术水平。因而，大学生创新实践基地是开展科技创新活动的物质保证和基本前提。

一、创新实践基地的定义

表面上看，创新实践基地容易被理解为一个类似实验室的实体，只是从教学实验室转换为提供学生创新实践活动的场所或空间，创新实践基地建设也只是为了建设另一种服务学生、服务教学的实验软硬环境。但实际上，开展学生创新实践活动是创新实践基地建设的根本目的。从教学实验、实习转变为大学生创新实践活动，不仅仅只是一个物化的空间或原有实验室空间功能的转变，而是通过基地建设，将基地中从事实践创新活动的大学生、指导创新实践活动的教师、具体的实践创新活动项目和基地运作管理体制与机制的建设融为一体，使原有的仅限于实验软硬环境的建设提升到实践育人系统的基地建设。创新实践基地建设是将人、项目、环境和管理集合为一体的系统性建设。

二、大学生创新实践基地建设

大学生创新实践基地，以培养大学生的创新精神、创新实践能力为目标。

（一）培养途径和方法

在课程实验、课程设计和专业实习等实践教学环节中设置一些创新实验项目；在课余时间开设一些有意义的、学生感兴趣的开放性创新实验；开展各种科技创新活动、学科竞赛；给学生提供与社会接触的机会，从社会实践中得到创新实践能力的训练。

（二）建设思路

充分利用现有实验室、实践基地的软硬件资源，使这些资源能得到共享和有效利用；树立以学生为主体，通过学生的自主学习和自主实践来培养学生的创新实践能力的理念；建立健全大学生创新实践基地的运行制度，实施规范化管理。

（三）师资队伍建设

具有一支高水平高素质的创新实践教学师资队伍是大学生创新实践基地完成培养创新性人才目标的保证，基地应采用多种方式进行师资队伍的建设，包括内部培养和外部引进。通过多种渠道进行师资培训，努力提高基地教师的创新实践能力；也可聘请基地外人员担任基地教师，或采用软性引进的方式来充实基地师资。

（四）项目建设

具有一个数量充足、质量有保证的大学生创新实验或实践项目库是大学生创新实践基地有效运转的保障，基地必须花大力气建立内容充实、目的明确、可操作性强的各种创新实验或实践项目，通过这些项目的训练，真正提高大学生的创新思维和创新能力，并学生通过参加学科竞赛来获得相应的成果。

三、大学生创新实践基地运行模式

（一）开放性实验模式

开放性实验模式就是基于基地拥有的创新实验或实践项目库，由学生进行选择与申请，通过基地审核同意，进入基地，在基地的组织下开展创新实验或实践项目。有的项目可先由教师进行培训指导，然后让学生自主实践；有的项目可由学生自主进行，教师只做适当指导。总的来说，为了培养学生的创新实践能力，必须强调实践项目开展的自主性。完成实践项目后，成果应提交基地进行验收，合格后可给予一定的创新学分进行激励。

（二）兴趣学习小组或大学生协会模式

构建自主学习实验项目体系，设置自主学习实验项目咨询教师，帮助学生选择与设计实验项目方案，构建个人能力培养体系。成立自主学习实验兴趣小组或学生协会，选定组长和会长，定期进行实验活动，老成员带新成员，持续发展，并配备相应的指导教师进行实验指导。建立自主学习实验的网络管理平台，实现实验优质资源的开放共享，以及自主学习开放性实验的有效管理。在平台上实现信息共享、资源共享和互动交流。

（三）学科竞赛模式

随着教育管理部门和各高校对培养大学生创新实践能力的重视程度日益提高，越来越多的具有创新性的学科竞赛涌现了出来，如电子设计竞赛、结构设计竞赛、电子商务竞赛、数学建模竞赛、ERP 沙盘竞赛、统计调研竞赛等。这些竞赛对培养大学生创新实践能力起到了很好的作用，认真参与的学生，从中可以获得课堂教学中无法获得的知识与能力，综合素质可以得到较大的提高。基地应设立各学科竞赛分基地，开展各项学科竞赛活动。

（四）校政企联动模式

目前，学校、政府和企业都在大力支持大学生创新创业，学校投资新建、扩建了许多实验室、实践基地，政府出台了很多政策来支持大学生创新创业，企业也为大学生提供了许多创新实践项目，因此，大学生创新实践基地可积极运用学校的软硬件资源、政府的政策和企业实践项目，构建校政企联动模式，提供创新实践平台，让大学生能在这个平台上接触社会、进行训练，成长成才。

四、大学生创新实践基地的管理机制

（一）设立公选开放性实验项目

依据对大学生创新实践能力培养的需求，结合各大学生创新实践基地的软硬件情况、师资情况及特色，开设让学生公选的开放性实验项目。如在经济与管理大学生创新实践基地可设立证券模拟交易、国贸单证、多媒体设计、EXCEL 建模等多个公选开放性实验项目。

（二）允许设立自选项目

大学生创新实践基地应支持大学生尽早参与科学研究、技术开发和社会实践等创新活动，进一步调动学生学习的主动性、积极性和创造性，鼓励学生结合专业学科，从自身特点和兴趣出发，自行选题和设计实验实践项目方案并付诸实施，通过数据分析处理和撰写总结报告等工作，努力提升自身各方面的能力。自选项目可结合各学科竞赛来设计，也可结合学生兴趣或学生和老师的科研项目来设计。

（三）项目申报与实施

公选开放性实验项目，一般可在每学期初由应新实践基地组织申报。各班由学习委员负责，组织学生填写“开放性实验项目申请表”，并以班级为单位将申报表上交基地，得到基地审批同意后，于规定的时间内在教师指导下有序地进入基地进行实践活动，并以“教师讲授 + 学生自主实验 + 教师辅导”的模式进行。实验完成后按要求撰写实验报告，提交相关实验作品，基地进行验收。

自选项目可以以个人或组为单位随时向基地申报，填写“创新实践训练计划项目申报表”。申报的项目要求目标明确，研究方案及技术路线具有可

行性。填写的训练计划申报表得到基地审批同意后，方可进入基地进行实践活动。学生可自己聘请或由基地推荐指导教师，实践活动完成后提交相应作品或技术成果，由基地组织验收。

（四）项目成果的管理

项目成果的存档。项目验收后提交的实验报告、实验作品或论文等成果，由基地存档，并登记成册。可根据学校规定给予学生相应的学分与奖励，同时也允许实践项目的失败与不完全成功，重点强调过程的训练与所得。

优秀项目的推荐。对于好的作品和成果，优先推荐其参加各类学科竞赛。对参加开放性实践项目取得优秀成果的学生优先考虑评奖评优。

指导教师的考核。为激励教师参加开放性实践项目的指导，基地要对开放性实践项目进行合格验收，核实教师的指导工作量，并按教师指导工作量发放一定的课时津贴。

第二节　校院两级“1+N”创新实践平台

一、创新创业一体化实践的内涵

创新与创业是不可分割的有机整体，创业本质上是一种创新活动，创新决定了创业的出路。创新创业教育应积极探索建立一套系统的、完善的大学生创新与创业密切结合的一体化教育管理模式，以大学生的创新活动带动创业，以创业活动促进创新教育，相互联动，形成新的教育模式。要做到这一点，不仅需要深入理解创新创业教育的实质与内涵，更要深刻地认识到实践活动是高校创新创业教育实施的关键。

一般认为，创新创业实践包含创新实践和创业实践两个部分。创新实践侧重于培养学生的创新精神、创造性思维，拓展学生的创新操作能力；创业实践侧重于让学生确立创业意识，掌握创业的基本技能和方法。多数高校将两类实践定位于“两条腿”走路，相对独立地发展。事实上，创新实践和创业实践均强调开发并提高学生的创新创业的基本素质，让学生能独立自主地发现问题、解决问题，进而达到构思与创造的目的。两者具有教育对象、目标、功能、性质等多方面的共性，应以系统观念，将创新创业实践进行一体化考虑，统筹发展。

创新创业一体化实践的实质是实现创新实践、创业实践与专业实践、校外实践的深度融合，建立系统化的创新创业实践教学体系。其内涵丰富，实现途径多样，中心内容主要包括：①创新创业一体化实践硬件平台；②一体化平台的开放与运行机制；③富有特色的一体化实践教学模式。同时，创新创业一体化实践平台还应具备层次性、实践性、自主性、开放性等特征。

二、构建创新创业一体化实践平台的意义

创新创业实践平台一体化建设思路应体现创新创业教育大众化、普惠式思想，并能够与专业教育融合，对解决创新创业教育存在的问题具有积极意义。

（一）树立“综合式、普惠式”创新创业教育思想

创新创业一体化实践平台的建立，有利于学生在创新实践和创业实践之间的互动，把创新作为创业的基础，将创新的理念植入创业实践的过程中，体现“综合式”的教育思想，对学生的整体素质产生潜移默化的影响。在很多高校，创新与创业教育分属不同的管理部门，有限的资源投入一般仅惠及部分学习优秀者。一体化实践平台的构建将有利于打破不同管理部门、院系之间的隔阂，实现校内创新创业教育资源的共建共享，促进资源的最大化利用，扭转创新创业实践围绕少数学生进行的现象，实现“普惠式”的教育。

（二）建立创新教育、创业教育与专业教育新理念

由于我国多数高校的创新创业教育仅限于创业实务层面，导致了创新创业教育与学科的专业教育分离，形成了“两层皮”现象。其实，高校创新创业教育不能简单地理解为鼓励学生都去自主创业，其实质应是素质教育的深化和具体化，其目的应是培养高素质创新创业型人才。良好的专业技术水平是创新创业型人才的发展基础，专业创新意识、方法的积累，也为创业发展提供了可能性。创新创业一体化实践平台建设有效地将创新实践、创业实践和专业实践融合起来，专业的创新可在一体化平台上完成，并为创业实践提供项目支持，创业实践效果的反馈又为专业创新带来新思路。

（三）创新创业教育在实践教学中存在的不足

与发达国家相比，国内蓬勃发展的创新创业教育存在着学术研究有待系统化与深化、课程的体系化程度有待提升、实践教学欠缺等问题，创新创业教育还没有提高到国家经济发展“驱动力”的高度。现有的创业教育试点的教学模式也往往局限于知识传授型，没有给学生足够的实践机会和发展空间。通过搭建和运行创新创业一体化实践平台，可弥补实践教学的课程、教材、场地等教学资源的不足，使得创新创业教育途径由注重课堂转向课堂内外并重，理论学习与课外实践互补。同时，实践教学的加强，使得创新创业教育由单一教学转向教学与研究相结合，学生兴趣与个性培养将变得更为重要。

三、创新创业一体化实践平台的搭建模式

（一）模型构建

创新创业一体化实践平台的搭建应以创新常态化、培训系统化、创业整合化为指导思想，建设大学生创新实验平台、大学生创业实践平台和创新创业课程体系，推动形成有特色的实践教学模式，实现平台的多功能性、一体化与基地化。

一体化平台主体由“两硬一软”三个子平台组成，以不同方式组合的学生团队是实践的主体，两个硬平台以课程体系和创新创业活动为内涵，课程体系以两大硬平台作支撑，三个分平台相辅相成、循环共生，围绕学生团队这一主体而协同发挥人才培养功能。

（二）建设内容

一体化实践平台建设主要包括硬和软平台两个方面的建设内容。

1. 硬平台建设

第一，建设一批定位准确、面向对象广、集群式的大学生综合创新实验室。这类大学生综合创新实验室定位高于基础或专业教学，实验室，但低于中高级科研实验室，能为大学生科技创新实践活动提供硬件条件支持，是能够满足学生课外科研活动特点的全方位开放的实验室。例如，依托化学及材

料学科建立的大学生发明制作创新实验室，其依托于学校优势学科，相对独立存在，功能齐全，开放性、包容性强。大学生综合创新实验室的建成，可形成一批支持文科、理科学生创新团队进行科研实践活动的集群式平台，并可通过创业团队将功能延伸到创业实践活动。

第二，建设功能齐全、与社会互动性强、实战效果好的大学生创业实践平台。一体化实践平台中的大学生创业实践平台类似于瑞典隆德大学创业实验室模式，定位于为大学生提供创业技能培训和创业实践活动服务。其中，大学生创业模拟体验实验室主要用于培养学生的知识转化与实际动手能力，增强学生的就业与创业能力。大学生创业孵化基地可接纳各类创业团队进驻，并与地方政府部门及企业进行合作，提升创业团队与社会的互动性，促使孵化实战的成功。

2. 软平台建设

第一，建设层次多样、内容丰富、修读方式灵活的创新创业课程体系。根据创新创业教育的发展规律，依托校内外优质师资资源，组建一支高水平的创新创业理论教学与实践指导教师队伍。委托课程建设团队挖掘已有创新创业课程潜力，构建层次多样、内容丰富、修读方式多样、开设方式灵活的创新创业课程体系，包括必修、选修、通识等课程，并打造一批创新创业网络视频公开课。

第二，发挥平台系统优势，统筹管理，适应全体学生的发展。一体化实践平台实质上是资源共享的实验平台，科学管理、深度开放的实践平台，创新成果直接向创业实践转化的实战平台，同时也是与校外实践平台对接的开放平台。通过科学统筹的管理机制，使学生创业团队的实践活动成为创新实验与创业实践平台的衔接纽带，创新实验成为创业活动的发动机，学生的主动性和创造性得以充分发挥。所有专业背景、理论基础、实践阶段等不同的学生都可在平台上开展基于问题、项目、案例的学习实践，实现一体化实践平台的整体与部分功能的最优化，培养学生的自主学习能力。

（三）实践教学模式

一体化实践平台的建设是手段，培养社会需要的创新创业型人才是终极目标。探索一体化平台管理运行的最佳机制，构建创新创业一体化实践教学模式成为平台建设的重要工作。

在一体化平台上，各自子平台或体系既独立发挥自身功能，又紧密结

合，协调反馈，相互促进，实现平台整体功能的提升。不同专业背景的学生依据自身素质依次进入“互助小团队”“专业小团队”“联合创业团队”等不同团队，分别在基础实践阶段、中级实践阶段或高级实践阶段开展训练，形成“多专业三阶段”学生团队在平台同时受训的景象。基础实践阶段，学生以个体互助方式进入各个子平台，通过课程、实验研究培训，最终具备创新创业理论功底、基本技能、思维方法及合作能力。中级实践阶段，相同学科背景的学生组建专业小团队，通过完成大学生创新创业训练计划项目进入子平台，提高专业技能，强化创新创业意识。高级实践阶段，由取得创新成果的专业小团队，跨专业组建联合创业团队，直接进行创业模拟、实验、策划、工商注册、市场营销等创业实战。一体化平台通过系统整合、资源共享、信息互通，发挥各机体的能动性，实行统筹管理，达到平台实践教学的最佳容量和效益。以“多专业三阶段”的学生团队为中心，逐渐形成导师带动学生、课题带动团队、合作带动创业和实验促进创新、项目促进创造、实践促进创业的“三带动三促进”创新创业一体化实践教学模式。在人才培养过程中，以能力培养为点，实践活动为线，子平台为面，组成“点线面”结合的一体化实践平台，在创新创业思维和方法、创新创业技术与能力的“两层次”培养上实现学生能力与个性的发展。

（四）建设步骤

第一，健全管理机构和保障措施。成立学校层面的一体化平台管理机构，垂直监管各个子平台的日常运行，统一调配资源，解决创新教育和创业教育“两张皮”的问题。联合人事、财务、院系等单位制定一系列保障平台运行的评价和激励措施，使各子平台真正高效运行。建立学生团队进驻平台的准入资格审查和实践活动质量考核制度。

第二，资源整合与重建。依据一体化平台建设目标，对各二级单位在大学生创新创业实践教学的投入进行梳理；摸清家底，为资源整合与重建提供依据。

第三，打造结构合理、相对稳定的创新创业指导教师队伍。吸收一批具有创造力的校内教师、校外导师、博士生、硕士生等以专职或兼职的形式为创新创业实践活动的指导教师，并对他们的职业发展提供支持。

第四，调整优化，总结创新，基地化发展。根据建设目标，及时总结平台运行、管理中存在的问题，不断调整优化，使平台以最佳状态运行。运行成熟后，调整和提升其结构与功能，按照创新创业人才培养基地的高标准推进平台建设，挖掘基地化平台对人才培养的复合功能与潜力。

第五，加强与校外实践平台的交流与合作。一体化平台在设计上预留了3个与校外对接的平台接口，为校内外互动提供了有效途径。以一体化平台为基础，通过产学研合作与地方政府或大型企业加强交流，促进校内外实践平台合作培养，达到学校、地方或企业、学生“三赢”的局面。

第三节 “三位一体”的创新创业项目训练体系

“国家大学生创新创业训练计划”是教育部第一次在国家层面实施的、直接面向本科生的创新训练项目，其坚持“兴趣驱动、自主实验、重在过程”的原则，旨在带动广大在校本科生加强科学研究与发明创造的训练，改变目前高等教育培养过程中实践教学环节薄弱的现状。同时，通过实施该项计划，有效促进高校转变教育思想观念，改革人才培养模式，增强对在校学生的创新能力培养和在创新基础上的创业能力训练。

纵观当下，多数高校在实施创新创业训练项目教育方案的拟定与实施时，往往是从学校的层面来开展，且形式相对单一，针对性与系统性不强，从而很难实现大学生的创新实践能力的全面发展。大学生的创新实践能力只有建立在扎实的专业基础和高尚的创新人格上才能稳定和持久。因此，基于课内、课外、专业特点、受教育对象的特点和需求等因素综合考虑，“国家大学生创新创业训练计划”提出“三位一体”的培养模式。

所谓“三位一体”，指的是通过与学生实践教学相结合，与教师科研项目相结合，与科技竞赛制作相结合，形成一种“三合一”的模式，在“三位一体”视角下积极为学生提供各种创新学习的机会和搭建锻炼平台，多渠道地为学生提供更多的锻炼机会。

一、与学生实践教学相结合

创新人才的培养，应以市场需求为风向标，立足于为经济社会发展服务。目前，国内许多工科大学把本科生按研究型人才培养，往往重理论轻实践，重探索轻应用，重分析轻综合，导致学生在应有的实践能力和综合素质方面缺乏锻炼。这种传统观念，影响和制约了学生创新实践能力培养的进程和发展。

（一）改变教育观念，建立院系级大学生创新实践能力培养体系

大学生创新创业实践能力的培养不是一蹴而就的，既不能任其发展，也不能拔苗助长。需结合市场经济对人才的需求，通过不断走访用人单位，收集单位和毕业生工作的反馈情况，及时调整教学培养方案及应用型教学课程的内容。与此同时，教育者还需关注技术发展、用人动态和就业市场，在学生当中开展职业生涯规划教育和创新启蒙教育，激发学生的创新思维和学习热情，重视学生的创新实践能力和综合素质的均衡发展。

同时，应从课内的教学目标、教学大纲的制定和以能力为中心的创新课程体系、能力考核体系的设置，到课外的以院级创新基地为载体的课外创新实践活动，来有针对性地开展院级创新人才培养体系的建设，形成具有“宽基础、强能力、高素质”的创新型人才培养基地。

大学生创新实践能力的培养应以创新能力和实践应用能力的培养为主线，根据“实际、实用、实践”的原则进行设计，从而确定所开设的理论课程和实践课程，形成培养体系。

（二）改革教学内容与教学方式，构建学生的创新知识结构和实践体系

实践教学是培养创新人才的重要环节。为此，许多高校根据各专业特色，初步构建了集基础实验训练、实践能力培养和创新能力拓展为一体的实践教学体系，形成了“理论教学—实践教学”相互渗透的人才培养机制：培养学生基础实验实践能力和基本技能的基础教学层，对学生综合实践和创新基础能力进行系统培养的提高教学层，培养学生综合实践能力和创新能力的综合教学层。

要提高大学生的创新实践能力，需要对教学和实践的内容进行改革。可以通过以下几个方面的工作来推进改革：

第一，删除过时、陈旧的教学内容，保留有生命力的经典内容，增加科学前沿成果的内容。

第二，增加创新人格培养及创新启蒙教育的内容，遵循“精炼扼要”的原则，突出重点、要点和难点，着重介绍动态的、发展的内容和科学的创新思维方法。

第三，创新教材的编著与使用。组织教师编写反映创新及应用特色和课

程整合的特色教材，把行业发展的新动向、新技术及时纳入教材。在使用教材的过程中，让学生参与教材的修订，不断收集学生的反馈信息，及时弥补创新教材的不足。

第四，注重理论与实践的转换。正确处理好两者之间的衔接问题，避免重复，并保证课程本身的完整性和有机发展性。

教学内容的改革必然带动教学方式的变化，要充分利用已有师资资源和硬件资源，结合学院学科的特点，加大实践教学力度，建立系列实践课程，加强工程设计和创新能力培养，突出应用"三段式"工程训练模式，即基本技能、专业工作能力、工程实践和创新能力三个层次模块有机结合的实践教学。

（三）充分利用第二课堂，全面实施创新教育和素质教育

除了课内理论与实践教学的改革外，课外活动的引导也是不可缺少的。可以在团委和学工系统的支持下，开展丰富的第二课堂活动，不断加大外部宣传，坚持对学生进行科技创新的启蒙教育，使大多数学生不断受到创新教育的熏陶；通过树立科技创新的优秀典型，在学生当中产生榜样作用，营造"比、学、赶、帮"的良好风气；通过精神鼓励与物质奖励相结合的方式，设置奖励办法，鼓励更多的学生参与到科技创新当中；通过创新活动的开展，竞赛比拼的倡导与组织，让学生切身体验科技创新的成就感；通过对就业市场形势压力的分析，使学生意识到科技创新意识和能力的优势，激发他们的参与热情。如将学生教学计划中的课程设计拿出来，经过形式上的变换，组织相应培训，为学生提前熟悉相关知识提供平台。

二、与教师科研项目相结合

（一）大学生创新创业项目与教师科研项目相结合的必要性

1. 本科生的研究性学习能力和创新能力需专业教师带动

低年级学生是高校创新项目的新生力量，但是刚进入大学校门的学生还没从高中的教育模式中走出来，还习惯于强迫式学习，他们对于自主学习和创新，心有余而力不足。因此，在项目申报的过程中，他们虽然有很高的热情和兴趣，但是大部分学生对如何申报和如何选题不知所措。这时，学生如

果选择与教师课题相关的研究内容，可在一定程度上由教师带动而获得学习研究能力的提升。

2. 专业知识与专业方向需专业教师引导

低年级本科生课程较多，而且多以公共课为主，专业课内容相对较少，同时，学生与本院专业教师的接触较少，导致学生对专业研究方向缺乏了解，不知道具体有哪些可以研究的方向。这些因素导致学生在申报创新创业项目的时候不知道从哪些方面入手。这时，除了需要学校加强对创新创业项目的宣传，更需要学院加强对学生的引导。这其中最重要的就是鼓励学生与相关专业教师联系，选择与自己研究兴趣相关的教师，在教师的指导下确定具体的研究方向和内容，并在教师的指导下完成申报文本的写作。

3. 创新创业项目的申报与实施需专业教师的指导

大学生创新创业项目的申报虽然强调以学生为主体，遵循自主性实验的过程，但是在真正的项目实施过程中，这种自主性实验的过程在很大程度上是离不开教师的悉心指导的。实践证明，本科生创新创业项目的成功申报和顺利结题，离不开专业教师的指导。高校很多教师都有自己的科研课题，大部分教师在上课之余会把主要精力放在科学研究工作上。当然，这些科研工作也非常需要本科生参与。如果学生选择的创新项目与教师科研课题不相关的话，那很多教师将可能没有太多时间和精力指导学生进行一项单独实验。而在创新创业项目实施过程中如果没有教师的耐心指导，就会导致学生在关键时刻缺乏相应的指导，影响实验进度和学生的研究热情，达不到培养学生创新能力的目的。所以，大学生创新创业项目的申报和实施与教师的科研课题相结合是很有必要的。

（二）大学生创新创业项目与教师的科研项目相结合的作用

1. 发挥学生开展创新创业项目的主体能动性

学生主要是利用课余时间进行实验研究，由于他们的研究时间和精力有限，再加上他们的实验经验和理论知识相对不足，从而导致很多时候学生想做事而不知道怎么做。这时，如果没有指导教师的及时指导，就会使学生的实验热情大打折扣。另一方面，如果完全由学生进行实验设计，会耗费大量的时间和精力，轻则影响学生学习，重则使学生失去研究兴趣，起到相反的效果。而大学生创新性项目与教师科研课题相结合，可以使学生在教师的适当指导下找到关键问题的解决方法，从而能更有效率地进行实验设计和实验运行。这样，不仅可以增进学生的研究兴趣，而且对提高学生的创新能力和综合素质都有很大的帮助。

2. 有效提升指导教师的工作效果

由于指导教师的科研和教学工作较多，很难单独分出时间来指导学生实验，所以，如果学生的创新创业项目能与教师的科研相结合，那指导教师就不用再花时间单独指导学生实验，而且学生也可以利用教师的实验设备进行相关研究，大大提高实验效率。这样，指导教师对实验指导的时间和成本大大减少，而指导效果却大大提高。

3. 充分利用学校固定的实验设备

为增强学生的实验能力，部分高校的实验室采取开放式管理，但是由于具体实施过程中还存在一些问题，导致学生使用实验仪器时也存在很多问题。如果学生每天都在为到哪里做实验烦恼的话，势必会影响实验进度。如果学生进入专业教师的科研队伍，有了固定的实验室，则可以安心地进行实验，不用为在哪里做实验而操心，这样，学生的实验热情和实验效率会大大提高。

4. 提高学生对专业知识的学习兴趣和学习效率

学校教育主要以理论教育为主，实验课内容较少，而且多为验证实验，对学生进行更深入的专业研究没有很大帮助。但是，如果学生进入教师科研团队，则实验内容基本上是学科较前沿的内容，学生们可以了解到更多更新的学科知识。这些知识是课堂上学不到的，对学生来说是新鲜的、有价值的，所以，学生在实验的过程中兴趣会更高，这种兴趣会延伸到理论课的学习中，会使他们对专业知识的学习兴趣大大提高，从而提高学习效率。

（三）大学生创新性项目与教师科研项目相结合需要注意的两个问题

1. 由指导教师制定实验计划

由于学生的主要任务是上课，因此，所有人员的实验时间不能与上课时间冲突。这就需要指导老师根据每个学生的课表进行宏观的规划，制订科学合理的研究计划和实施方案。比如：上课时间较多的学生实验任务就安排的少些，空余时间多的学生就多做些实验。同时，要求所有成员在空余时间都要到实验室，有事要向指导老师请假。这样，才能保证实验项目的顺利进行，避免学生之间相互推脱责任现象的发生。

2. 兼顾学习与研究，重在学习

由于现在的教育体制还是以分数为重要衡量指标，因此，指导老师在指导学生进行实验的过程中也要同时注意提高学生的学习成绩，尽量做到学习、实验两不误。在指导过程中，如果发现某个同学的学习成绩因实验占用太多时间而下滑，老师就要减少或终止该学生的实验，以保证其学习时间。实践证明，只有极个别同学会因为实验而影响到学习，大部分学生都会因实验而加强学习。因为他们在实验的过程中学习专业知识的兴趣被充分调动起来了，所以学习专业知识的动力更强。兴趣是最好的老师，有了学习兴趣，学习效率和学习积极性就会大大提高。

三、与科技竞赛制作相结合

大学生科技竞赛文化活动是高校培养学生实践能力、创新能力和就业能力的有效载体。科技竞赛作为大学生课堂理论和专业学习的有效补充和延伸，能够让大学生综合运用相关课程的知识去设计并解决实际问题或者特定问题，已经越来越受到大学生的欢迎。

科技竞赛一般具有实践性、创新性，要求大学生理解相关专业的基础知识，运用专业知识分析问题、提出思路、设计方案，并实际动手完成。同时，科技竞赛往往要求以团队的方式参加，要求参与的学生具有较强的团结协作能力、人际沟通能力，以及组织领导能力等，这既能培养大学生的创新能力，又能提高其综合素质。因而，高校应借助科技竞赛的契机，完善创新人才培养模式，搭建科技创新实践平台，健全科技竞赛管理体系，形成大学生科技竞赛文化活动的长效机制，保障科技创新人才培养的可持续发展。

（一）科技竞赛的含义

科技竞赛是指在高等学校课堂教学之外开展的与课程有密切关系的各类科技竞赛活动，是综合运用一门或几门课程的知识去解决实际问题或特定问题的大学生竞赛活动。其中国家级竞赛有：全国大学生数学建模竞赛、“挑战杯”全国大学生课外学术科技竞赛、全国大学生机械创新设计大赛、全国大学生结构设计竞赛、全国大学生电子设计大赛、全国大学生广告设计大赛、ACM 全国大学生程序设计大赛、全国化学实验竞赛等。

（二）开展科技竞赛对创新创业人才培养的意义

1. 培养大学生的科技创新思维与创新能力

科技竞赛往往采用组委会命题方式或者指导性命题方式，前者如大学生数学建模竞赛、ACM 全国大学生程序设计大赛等，后者如“挑战杯”全国大学生课外学术科技竞赛、全国大学生信息安全竞赛等。无论哪种命题方式，它们都强调创新在竞赛中的运用，强调在作品中采用新方法、新思路或者新技术。这些要求大学生在科技竞赛准备阶段注重培养创新意识，训练创新思维，以便在竞赛过程中胜出。

在大学校园开展丰富多彩的竞赛活动和设立各类创新性实验项目，能吸引学生根据兴趣与同学合作，在指导教师的指导下选题、分析、设计、制作、完成作品直至论文撰写完成，这一系列过程培养了学生独立思维的意识和发散创新思维的能力，促进了学生逻辑思维能力的发展。而且，通过竞赛，大学生与来自全省、全国、全世界各大学的学子进行较量，在广阔的空间里展示自己、认识自己，更能激发追求科学、追求真理的创新精神。

2. 促进课内专业知识的学习，增强实践动手能力

科技竞赛和创新性实验计划本身就是一个综合性教学活动，学生参加竞赛与完成创新实验的过程是建立在扎实的专业知识基础上的。大学生在教师的指导下将专业理论知识运用到社会实际问题中，不断发现问题，又不断解决问题，能让大学生发现自己专业知识的欠缺，以便及时进行补救，从而完善自己的知识结构。学以致用的学习方式能够促使大学生产生自主学习专业知识的动力。

科技竞赛不同于一般的课程学习或学习竞赛，其主要成绩评价是与命题相关的程序、方案或者产品，这就要求大学生具有较强的实践动手能力。如在 ACM 全国大学生程序设计大赛中，要求选手在一定的时间内完成一定的程序；“挑战杯”全国大学生课外学术科技竞赛往往要求参赛者提交相应的设计方案或者产品原型；全国大学生信息安全竞赛则通常要求参赛者将相关的想法转化成软件或者硬件产品。

3. 培养大学生团队合作精神

在指导教师的及时教育引导下，学生会改进自己处事待人的方法，友好地与队友讨论问题，耐心地听取别人建议，并扬长避短地进行分工合作。通过同学间的相互磨合和指导教师的指导，学生的思想境界、沟通能力、协作

能力、角色转变能力和组织能力会得到提高，同时培养了团队合作精神。

4. 有助于磨炼意志品质和提高心理素质

在竞赛或创新实验的过程中，查阅资料、分析题目、制定多个方案、选择最佳论证方案、制作调试作品、书写论文等一系列环节，通常需要学生长时间地工作，有的还要进行反反复复的实验测试。在数天、数十天或一年的实验过程中，要经受挫折的打击和探索的迷茫，只有具备科学探索的毅力、直面困难的勇气、勤奋求索的决心、衣带渐宽终不悔的恒心才能完成实验。通过挫折甚至失败的考验和洗礼，学生磨炼了意志品质，增强了心理抗压能力，这些将使他们终身受益。

（三）依托科技竞赛全方位培养学生的科技创新能力

1. 开展科技创新的文化建设

要培养创新人才，高校应以全局的高度来统筹规划，形成可持续发展的科技文化环境。科技创新文化是大学生培养创新能力的载体和手段，其作为一种无形的精神理念，若能存在于师生的思想观念中，体现在学校的教学和管理过程中，就能通过认知、导向、陶冶、激励、规范、示范和同化等方式促进学生的科技创新观念、科技创新能力和科技创新品质的形成，从而促进科技竞赛和创新性实验的开展。科技创新文化建设的首要任务就是使学生树立社会责任感和历史使命感。通过学习与宣传，让广大师生认识到，培养创新人才是提高中华民族创造力的需要，是推动中国科学技术进步的需要，是国家经济、社会快速发展和民族复兴的需要，要使创新成为大学生的崇高理想。为此，高校应制作大学创新能力培养的网页，运用这一有效传播载体宣传、倡导拼搏进取、求真务实、勇于创新、尊重个性、宽容失败、不轻易放弃、敢于怀疑批判等的科学理性精神；并建立光荣榜展示学生成果，表扬在创新活动中表现突出的优秀大学生，同时弘扬校园科技文化，让学术性、科技创新性精神在校园文化中占领主导地位。

2. 开展各类科技竞赛

科技竞赛要求学生在有限的时间和紧张的氛围中，组成团队来完成某项科技作品的制作或设计。团队要在现有成员的知识能力的基础上来讨论、确定竞赛题目，然后进行任务分工：竞赛主管，资料的收集和分析，计算机操作，论文撰写，不同解决方案的制定、修改与选择，作品制作与调试，各类工作的助手等。而且，在竞赛过程中成员的角色是不断转变的，因此可以说竞赛是一个小型的研究项目。竞赛时，学生有时要连续多个夜晚住在实验基地。通过竞赛过程的这种体验、尝试、创新，学生的社会责任感、科研能力、合作精神、意志品质会获得一次质的飞跃。

3. 鼓励学生申报各级创新创业训练计划项目

做项目时，学生是在教师的指导下从基础性的实践开始的，在长达一年的研究中，学生要查阅资料，进行实验操作，还要自学与课题相关的专业知识，这增加了学生与教师接触和交流的时间。这种以学生为中心的实践教学模式，让学生在学术氛围中体验了科学研究的过程，掌握了科学研究的方法，养成了主动学习的习惯，学生的个人品质也得到了磨炼。

4. 扶持学生发展科技社团

大学生创新创业社团也是开展科技创新活动的良好载体。大学生科技社团通过参与科技竞赛，申报创新性实验项目，举办大学生科技节、各类学术讲座、科技沙龙、大学生课外学术和科技成果展，能够吸引大学生参与到各类科技创新的活动中。这些课外实践活动培养了学生的求真务实精神和团队合作能力，提高了社团成员的科技创新素养。

同时，科技社团针对竞赛和创新性实验开展形式多样的讲座，一方面补充了学生的相关知识技术，拓展了学生的知识面，促进了学生掌握理论知识与设计制作的方法和技巧；另一方面，获奖学生的亲身经历和赛后感受激发了其他学生参与科技竞赛的热情，在学生中树立起“你行我就行”的信念，培养了学生不甘落后的态度和坚韧的意志品质。

四、积极探索开展大学生科技竞赛的有效方法

（一）从政策上规范科技竞赛管理制度

前几年，学院举办科技竞赛还处于初始阶段，其活动主要是部分教师的个人行为，往往只是和相应的科技活动相结合，没有稳定性和延续性。随着科技竞赛的发展，学校和学院相继出台了一系列科技竞赛管理制度，为形成长效机制，有序、有效、稳定地展开科技竞赛提供了政策上的保障。

这些管理制度主要包含两类：

第一，竞赛管理办法。明确了各类科技竞赛的管理体系，以及在竞赛过程中各相关职能部门的责任。

第二，竞赛激励机制。明确指出了对参与竞赛学生的激励方式，如通过竞赛培训课程可获得选修课学分，竞赛获奖纳入学生自主学分和其他评优统计。

对参与组织的教师方面也制定了相应激励机制。

（二）从组织上完善科技竞赛管理体系

科技竞赛作为大学生创新能力培养的平台，其成效主要取决于相应的管理体系。近年来，学院探索出了以教务处与二级学院为中心、竞赛负责人为重点的管理体系。

竞赛负责人为竞赛组织团队的领导，全面负责该项科技竞赛的具体运行，调动团队教师和学生的积极性，组织培训、命题、评测等一系列竞赛活动。

学院为科技竞赛提供全方位支持，以学院下属的系或教研室为核心，组成竞赛团队，并配以与学生工作相关的辅导员。同时，学院在团队中构建优秀的指导教师队伍，成立竞赛指导委员会，授权并协助竞赛负责人组织科技竞赛的具体开展。

教务处主要代表学校从政策、资金和宣传上对科技竞赛予以支持，动员并激励学生积极参加科技竞赛。

（三）以校级竞赛为主，积极拓展科技竞赛形式

各类科技竞赛往往限制参赛人数，因此创新人才培养人数有限，覆盖面窄。为了解决这个问题，学院针对各类科技竞赛设置了相应的校级竞赛，这样做有两个方面的好处：

第一，扩大了创新人才培养覆盖面，使之成为面向大部分学生进行的创新能力培养的竞赛，打破了参与科技竞赛人数的限制。同时，通过设置与科技竞赛培训相关的选修课，让学生在参加科技竞赛的同时完成学分，减轻学生负担。

第二，为更高级别的科技竞赛选拔人才，通过示范作用激发学生热情。从校级科技竞赛中选拔优秀团队，参与更高级别的科技竞赛，这样做既能完成优秀团队的选拔工作，又能以其示范作用激发学生的竞争意识和学习热情，扩大作为创新能力培养载体的科技竞赛的影响力。

以上三个层面的措施可以为高校开展学生创新创业活动搭建一个良好的平台，以这个平台为基础，加强大学生创新创业活动的力度，使创新创业教育成为高校学生培养体系的重要组成部分；树立新的教学质量观，以满足青年学生成长成才的需求；倡导以学术性、科技性为特色和主流的校园文化活动，提升校园文化品质，提高大学生综合素质，促进学生全面发展。这些平台的搭建既能拓宽活动参与面，又有利于优秀人才的培养。

第四章　大学生创业教育培养目标

第一节　创业教育培养目标概述

目前，从把创业教育纳入整个国民教育体系的美国，到提出“要使高校成为创业者的熔炉”的德国，从把创业教育作为“社会发展之急务”的日本，再到提出“大学自我就业教育”的印度，创业教育俨然已成为一种国际潮流，成为世界教育改革发展的基本共识。在我国，与近几年高校开展创业教育的热闹场面相比，创业教育的成效与我们当初的期望还相差甚远。

创业教育目标是指创业教育所要达到的目的和标准。明确的创业教育目标关系到国家、社会相关制度政策的正确制定和相关支持体系的构建，也有利于纠正在创业教育实践中存在的认识偏差。对高校来讲，设立明确的创业教育目标是学校开展创业教育的出发点与归宿，也是构建创业教育课程方案等教育模式所要解决的基本定位问题。

从高校创业教育的内在逻辑来讲，创业教育与其说是高校在目前社会形势下的一种因应选择，不如说是高校主动顺应时代发展而做出的一次人才培养模式的深化和转变，也是高校践行素质教育和创新教育人才培养理念的进一步具体化。也就是说，高校创业教育与人才培养一样，其实质都是“培养什么样的人才”的问题。作为在目前社会形势下形成的教育理念，创业教育虽然具有它独特的理论内涵和意义边界，却与高校整体的人才培养工作具有相当大的关联性。

创业教育的基本价值取向是培养学生的创业意识、创业能力和创业精神，为造就社会需要的创业型人才奠定基础。根据创业教育的这种价值取向，我们很容易体会到它的教育目的和人才培养的总目标。但从实践的层面看，这种培养总目标还过于笼统和模糊，因为不同层次、不同类型的教育所培养的创业型人才在方向、规格和要求上是有差异的。我们尚需对总目标进行分析并使之层级化，以构建对创业教育实践有指导作用的体系。本章的创业教育目标主要涵盖创业意识、创业能力和创业精神。

第二节　创业意识

随着我国高等教育的发展和时代的变化，大学生就业的形势越来越严峻，且这种严峻的形势在今后若干年将会持续下去。解决这一问题需要多方面的努力，其中很重要的一个方面就是通过教育强化大学生的创业意识，指导大学生由被动就业转向主动创业。在创业教育的视野下，培养和强化创业意识成为当代大学生思想政治教育的一项新课题。

一、创业意识的内涵和实质

从实质上讲，创业意识是一种新的生存观念和生存方式。《我国大学生创业教育运行机制研究》一书提道："创业意识是创业主体的一种期望和执着于创业活动的心理倾向，包括需要、动机、兴趣、思想、信念和世界观等心理成分。创业意识支配着创业者对创业活动的态度和行为，是一种对创业主体起引导作用的自我意识，这种自我意识是客观物质世界在人们头脑中的反映，是经过认识主体的认识建构模式过滤重组之后的映像。一旦个体形成一定的创业意识，就会形成一定的创业动机并且能够产生一种强大的内在的动力，驱使人们为了实现创业的愿望而奋斗，激励人们克服困难、勇往直前。"

我国的传统教育很少涉及创业意识的引导和培养。笔者从事大学毕业生就业工作多年，看到大部分毕业生只能依赖学校、家庭和社会的帮助来寻找工作，选择现有的就业岗位的现象极为普遍。通过大量的社会调查可以看出，当今大学生普遍缺少创业意识和内在动力，没有掌握一些常识性的创业知识，创业能力低下。正是基于这样一种现实，创业意识应该成为创业教育的核心内容，大学生应在创业意识的指引下，从固有的模式和思维中解放出来，勇于进行大胆的探索与尝试，通过不同方案的具体比拟，从中找到最佳的创新捷径，为成功创业打下坚实的基础，获得积极适应世界乃至积极挑战命运的本领和勇气。

一、培养大学生的创业意识的重要性

1. 大学生的创业意识和就业能力是学校人才培养的方向

大学生创业尽管有许多的不利因素，但知识经济时代市场经济的发展迫使我们必须创造条件，逐步培养大学生的创业意识与理念，通过创业向社会提供就业机会，促进社会发展。培养和强化大学生的创业意识，为社会培养创业者是社会发展的客观要求。由于知识经济对个人的创造精神、开拓精神的重视，智力已成为个人获取财富的资本；又由于计算机网络等通信手段的发达，知识的产生、传播、转移的成本降低，创业变得容易实现，这也使大学生创业能够成为现实。所以我们要强化创业意识，培养创业品质，提高创业智能，引导和帮助大学生成为创业者。高校以培养全面的劳动者为己任，在激烈的招生竞争下，毕业生就业率的高低将直接影响学校的规模、质量和发展前景。学生的创业意识和就业能力的高低不仅决定了个人的生存和发展，也决定了高校的生存和发展。

2. 适应知识经济时代需要培养大学生的创业意识

21 世纪，意味着一个知识创新和可持续发展的新时代已经到来。要顺应我国知识经济发展的现状与要求，就迫切需要大批掌握现代化科学技术，具有创新能力和市场实现能力的创业型人才，担负起推动 21 世纪我国经济可持续发展的历史重任。然而，大学生在成长过程中缺乏的恰恰是全方位的能力、素质以及创新、创业精神。传统的学校教育偏向于传授学生知识和技能，缺乏创新能力、适应能力和实践能力的培养。因此，当代教育特别需要改革人才培养模式，加强对大学生创业意识与能力的培养，纠正把知识的生产、传播和运用当作校园内一种纯学术活动的错误倾向，着力培养大学生的市场开拓能力，从而真正做到高度关注社会经济的发展以推动教育理念的全面创新。

3. 大学生渴望成功要求学校培养大学生的创业意识

成就欲是一种期盼在事业上做出成绩的心理追求，这是一种高层次的人生欲求，它促使人产生一种主宰自己命运的冲动，也驱使人们产生造就人生辉煌的强大的内在动力。其实成就欲存在于每一个人的意识或者潜意识中，只是受环境条件的限制，缺少把这种潜在的欲求转化为现实冲动的触媒，所以说成就欲是一种可以培养和开发的心理素质。从大量的成功的企业家身上我们不难看出，强烈的成就欲可以说是一切企业家所共有的心理特征。因而我们可以通过创业教育去挖掘大学生身上那些潜在的、渴望成功的冲动和欲望，帮助他们锁定人生目标，培养他们实现人生价值的心理预期的能力。

4. 创业意识体现大学生开拓进取的勇气与胆略

自主创业的开创需要开拓进取的勇气与胆略，而自主创业过程中的艰难险阻同样需要开拓进取的勇气与胆略。创业的主体要想赢得市场、赢得先机，不能没有开拓进取的勇气与胆略，不敢越雷池半步，就无法取得创业的成功，因为任何一条创业道路都充满了荆棘和坎坷，吉凶未卜、祸福难测，每前进一步都会有困难和阻力，甚至有牺牲，但是风险孕育着机会，往往风险越大，机遇也就越多。实践证明，敢冒风险就能抓住机遇，安于现状，不敢冒险，只能错失良机，也就不可能成就大业。所以从某种程度上说，开拓进取的勇气与胆略是创业意识中一种重要的品质。

5. 增强大学生的创业意识是学校的培养方向和大学生实现理想价值的需要

新时期，创业意识是学校培养人才的一个重要内容。学生在校学习期间，要以培养出色的创业意识和就业能力为目标，练就过硬的就业本领，从而为自己找到理想的生存发展环境，进而达到服务社会和实现自我价值的统一。当前，要从根本上解决整个社会就业形势比较严峻的问题，以创业促进就业是一个很重要的分流选择。

三、大学生创业意识的主要教育内容

1. 培养风险意识

培养风险意识是培养创业意识的关键。创业不可能一帆风顺，要让大学生清楚地认识到市场是无情的，它并非每一次都会青睐大学生创业者，所以要注重培养大学生的风险意识，使他们能够承受住创业过程中的风险和失败。现实中，很多大学生创业者只看到他人成功的表象，不顾时间、地点的差异，盲目照搬、照抄别人的经验，致使自己的优势没有得到充分发挥。对可能出现和遇到的风险准备不足是当前大学生群体创业中存在的一个普遍现象。这种风险意识的缺位，在心理准备、决策与执行、经营与管理等方面尤为突出，可以说是创业者无正确的风险经营意识的典型表现。正确的做法是

既要从害怕风险、不敢迈步之中解放出来，敢于在市场经济的大潮中劈风斩浪，又要在商海的历练和锻造中，善于规避风险，化解风险，使自己在迎战风险的过程中站立起来，成熟起来，成为商海的精英和栋梁。

2. 吃苦耐劳的意识

培养大学生吃苦耐劳的意识是培养大学生创业意识的前提。“宝剑锋从磨砺出，梅花香自苦寒来”，人的成长是如此，自主创业亦然。在物质生活比较丰富的今天，培养大学生吃苦耐劳的精神显得尤为重要。实践证明，只有具备吃苦耐劳的创业精神，大学生在创业实践中才能具有更高的成功率，如果生存环境过于安逸，往往影响创业的进取心。事实上，大学生在创业过程中经常会遇到一些棘手的问题，尤其在创业之初，条件往往比较艰苦，只有那些具有艰苦创业意识的人才能奋发有为，努力攻克难关。可见，培养大学生吃苦耐劳的意识，不断地在广大学生中进行艰苦创业精神教育显得十分重要。首先，要培养和强化大学生的创业需要，使成就动机转化为创业动机，使外在的客观需要转化为大学生的内在需要；其次，要培养和强化大学生的创业兴趣，使大学生把创业作为实现人生价值、人生抱负的途径；再次，要培养大学生的创业信心和创业信念，使之有百折不挠、艰苦创业的精神。

3. 树立创业观

就业问题在我国是一个长期存在的问题。某项研究报告显示，我国未来人口劳动力数量会持续数年增加，中国人口高峰期是在 2045—2050 年，预计那时总人口数约为 16 亿，此后持平一段时间，到 22 世纪之后，我国的人口总量和劳动力总量才会开始缓慢下降。由此可见，我国的就业问题短期内只能缓解，不能根本解决。因此，把就业动机转化为创业动机，使外在的客观事实转化为大学生创业的内在动力，就成为大学生自身就业的有效途径。一方面，要通过有效的宣传教育，使大学生充分了解就业形势，从外部生存压力方面使大学生理解自主创业的重要性。另一方面，要注重培养大学生的创业动机，充分调动大学生创业的内在需要。调查表明，大学生普遍对创业具有高度的热情，这对培养其创业需要是一大支持。

4. 强化创业品质

创业品质包括独创性、自觉性、果断性、适应性、合作性五种因素。教育目标是培养学生五种良好的心理品质：能独立地思考、判断、选择、行动的心理品质；敢于行动、敢于冒险、敢于拼搏，并勇于承担行为后果的心理品质；坚持不懈、不屈不挠、顽强努力的心理品质；善于进行自我调节、适应性强的心理品质；善于交往、合作共事的心理品质。引导大学生树立创业思想只是奠定了大学生未来创业的认识基础，要实现创业还必须帮助大学生培养和强化创业品质。因为创业需要具备一系列心理条件，即创业的心理品质或心理素质。不言而喻，创业很少能一帆风顺，往往要面对许许多多的实际困难和挫折，如果没有良好的心理品质，是不可能实现创业理想的。独创性是创业者的首要品质，它是指善于独立思考，善于在平凡事物中独立发现新问题并创造性地独立解决新问题。自觉性是指对创业的目的和意义有充分的认识，既不盲从也不独断专行，能随时控制自己的行为，使之符合正确的目的。果断性是指创业者能根据不断变化的实际情况，适时、果断地采取措施的心理品质。果断性以自觉性为前提，是指创业者在遇到特殊情况时必须善于分析问题，辨明真伪，当机立断，敢作敢当，否则，犹豫不决，顾虑重重，只会失败。在创业过程中，要做到百折不挠，坚贞不渝，不达目的决不罢休。适应性指创业者能适应社会生活，善于在现实环境中求生存、求发展。合作性指创业者必须善于和人共事，形成合力。针对我国大学生的特点，应该特别重视大学生独创性、坚韧性、适应性和合作性等心理品质的培养和塑造。

5. 提高创业智能

要使创业思想成功地转化为创业实践，必须有由相应的创业知识和创业能力组成的创业智能。创业智能具体包括专业知识和能力、经营管理知识和能力及综合性知识和能力。其中，专业知识和能力主要靠专业学习来完成，因此，创业教育工作要引导学生主动学习和提高各方面的知识和能力，包括经营管理及综合性的知识和能力，为创业做好知识与能力准备。在学习创业知识的过程中，重点要引导学生建立合理、有序的知识结构，而不是机械地吸收大量的系统的全面的知识，因为创业者需要的是精当的知识，而不是大而全的理论体系。同时，还应该引导学生掌握有效的学习方法，树立主动学习和终身学习的观念，使之扩大知识视野，在培养创业能力的过程中，重点培养学生善于发现实际问题并善于灵活运用各类知识独立解决问题的能力。

第三节　创业能力

创业教育就是开发和提高学生创业的基本素质和基本能力的教育，使学

生具备从事创业实践活动所必需的知识、能力及心理品质。创业教育的提出，促进了高等教育观念的转变，开拓了高等教育理论研究和实践的新视野。我国《高等教育法》和《中共中央国务院关于深化改革全面推进素质教育的决定》中明确指出，高等院校要注重培养学生的创新精神和实践能力，必须加大教育改革的力度，不断加强对大学生的创业意识、创业精神和创业能力的培养。创业是一项综合技能的展示，是高智慧的活动，需要一个人具备很强的驾驭知识的能力，需要将其拥有的自然和人文科学的知识转化为外在的表现形式，转化为实实在在的生产力，而这个过程需要依靠创业者的创业能力。因此，大学生在创业前及创业过程中必须不断提高创业能力。

一、创业能力的内涵和实质

创业能力是创业成功的重要因素，是创业者从事创业活动的本领，包括具有较扎实的基础知识、基本技能，有较宽的知识面、较强的实践能力和一定的实践经验等。创业能力的形成与发展始终与创业实践和社会实践紧密相连。创业是一种风险性的活动，需要创业者具有较高的智商和情商。一个成功的创业者应具备多方面的综合能力，既有优秀人才普遍性的一面，更有其特殊性的一面。创业能力是一种以智力为核心的具有较高综合性的能力，是一种具有突出的创造特性的能力。

二、提高大学生的创业能力的必要性

1. 现阶段的大学生普遍缺乏创业能力

大学生受传统的应试教育影响较大，具体表现为：以背功见长，极会考试。现在很多的高等院校、考试中心的要求也是要多背诵，少理解、发挥，创新也就更少。一些高校学生平日无所事事，到期末时临时抱佛脚，拿着讲义和笔记奋斗两三个星期，成绩也能及格。一些大学生老实、守规矩、不愿冒险，因而极易满足，这种人才对社会知识的继承和社会的稳定大有好处，但在推进社会的发展、及时捕捉新信息、占领社会发展前沿的机遇等方面则有弊无利。这些人不仅创业意识淡薄，创业精神、个性思维、创业技能更是缺乏。

2. 就业形势严峻需要培养大学生的创业能力

从目前情况看，对大学毕业生实行“自主择业，双向选择”制度后，随着高校的扩招，就业形势越来越严峻，特别是一些冷门专业、专科类毕业生。这固然存在社会偏见等原因，但是现在一些毕业生走上岗位，刚签订就业合同，就因能力太差被用人单位解聘，这就不能不说是个人的问题了。面对新情况，大学生也可以选择新的行业，由待业者变为工作岗位的创造者，当然，这对大学生的创新能力的要求是极高的。由此可见，在大学教育中培养学生的创业能力，是缓和大学生就业形势的必由之路。

三、大学生创业能力的主要教育内容

1. 社会交往能力

创业是一项系统工程，它涉及社会经济活动的方方面面，不是一两个人就可以完成的。创业离不开人与人之间的沟通和协调，尤其是现代社会，整个世界成为一个地球村，快捷的信息渠道把人们联系得十分紧密，要想创业成功，只靠个人的单打独斗已经行不通了。创业者必须具有社会交往能力，勇于并且善于与人合作，学会共同生活，要具有较强的凝聚力和号召力，为了共同的创业目标而努力奋斗。如果孤立单干，不能知人善任，难以与人和睦相处，即使获得了成功，也终究会走向失败，因此，要鼓励学生在交往中成长，不断发展和改善人际关系。要依托学生社团和校园文化活动，为学生的社会交往活动提供互动的平台。

2. 实践操作能力

实践操作能力是把创业理论知识应用于实践活动的能力，通过实践把学科知识加以综合、应用，形成自己比较成熟的思想和理念，并增强创业的本领和能力。它是创业思维能力、社会交往能力等其他创业能力在创业实践过程中的综合体现。对于创业者来说，只有真正掌握了实践操作能力，才能着手创业，把创业的想法变成现实。因此，培养大学生的创业能力，要依托校园文化活动开展创业技能大赛，依托学生社团或实践基地开发项目，模拟创业，在创业的真实情景中培养和提高学生的实践操作能力。

3. 自我认知能力

随着社会分工的不断细化，各行各业对人的能力的要求差异也越来越大，新的职业层出不穷。因此，创业者必须首先了解自身适合干什么，再决定将来的创业目标，要对自己的兴趣、爱好、特长、潜能有一个准确的定位，以便在未来的创业过程中找到真正适合自己的职业，更好地发挥自己的潜能。

4. 心理调适能力

创业需要面对变幻莫测的激烈竞争，正确、迅速地解决问题和矛盾，要

求创业者具有强大的心理调适能力和保持一种积极、沉稳的心态。心理调适能力受个性倾向性等各种因素的影响，是健康心理乃至健康人格的外在表现。创业者应该具备良好的心理调适能力，包括健康的人生观、价值观和崇高的理想，高层次的精神需求，强烈的成就动机，高雅的兴趣爱好以及灵活、果断、敏捷的气质。

5. 市场运作能力

创业者要具备一定的市场运作能力，包括发现和识别市场需求的能力、整合社会资源的能力、迅速决策的能力以及拓展业务的能力。发现和识别市场需求的能力是创业者进行创业的首要条件，市场机会稍纵即逝，只有具有敏锐的嗅觉才能捕捉到、利用好机会；整合社会资源的能力是对创业者利用外在因素能力的一种要求，只有善于将资源为我所用，才能更好地达到创业的目的；迅速决策的能力以及业务拓展的能力对于创业者则更为重要，往往在创业过程中起着“一锤定音”的关键作用。

6. 专业技术能力

专业技术能力是创业者掌握和运用专业知识进行专业生产的能力。专业技术能力的培养具有很强的实践性。创业者要重视在创业过程中积累专业技术方面的经验，加强职业技能的训练，对于书本上的知识和经验要在加深理解的基础上予以提高、拓宽；对于其他实践经验要在探索过程中详细记录、认真分析，进行总结归纳，并将其上升为理论，形成自己的经验并积累起来。

第四节　创业精神

随着改革开放的不断深入，中国经济的发展势头愈发强劲。面对席卷全球的金融危机，国家出台了一系列保增长、扩内需、调结构、惠民生的政策，同时也深刻认识到创业对就业所起的带动作用，将鼓励创业、强化创业放在了突出的位置。我国全面建设小康社会的伟大创业实践需要有伟大的创业精神来支持和鼓舞。

在世界经济论坛中国企业高峰会议上，一份由埃森哲公司提交的、对26个国家和地区的企业就如何鼓励企业的创业精神进行的一项为时3年才得以完成的调研报告指出：20世纪80年代，中国企业最缺什么？结论是：创新意识。21世纪中国企业又缺什么？答案是：创业精神。该报告还指出：

“中国有相当的企业和政治领导人已经能够认识到创业精神的重要性，中国97% 的企业高层管理人员认为创业精神非常重要，88% 认为他们的企业在未来两年里将会变得更富创业精神。”

因此，如何培养和塑造能够适应这种变化并在社会变化中具有创业精神的人才，是当代中国高等教育改革与发展面临的重要课题。高等学校凝聚人心、指导实践，需要对新时期创业精神的时代意义、基本内涵和实践途径进行探讨和研究。

一、创业精神的内涵和实质

创业精神是一个过程，即不管手中是否拥有资源，某个人或者某个群体都可以通过有组织的努力，以创新的和独特的方式追求机会、创造价值和谋求增长。

创业，无疑是当今时代极具吸引力的一个字眼，因为创业不仅意味着可以过一把老板瘾，还可以施展才能，实现自身价值和人生理想，创造出更丰富的产品、服务，为我们自身和社会创造财富。当前的时代是一个全民创业的时代，不管是继承创业、主动创业，还是“被创业”，越来越多的人开办了自己的企业，飞速发展的经济和宽松的经济环境为创业者创造了前所未有的机会。

哈佛大学商学院对创业精神的定义是：“创业精神就是一个人不以当前有限的资源为基础而追求商机的精神。”从这个角度上来讲，创业精神代表着一种突破资源限制，通过创新来创造机会、创造资源的行为，而不是简单地体现在创造新企业或创新上。因此，创业精神可以简洁地概括为：“没有资源创造资源，没有条件创造条件，用有限资源去创造更大资源。”

关于创业精神，《我国大学生创业教育运行机制研究》中说到其主要包括三个重要的主题：

一是对机会的追求。创业精神追求环境的趋势和变化，而且往往是尚未被人们注意的趋势和变化。

二是创新。创业精神包含了变革、革新、转换和引入新方法、新产品、新服务或者是做生意的新方式。

三是增长。创业者追求增长，他们不满足于停留在小规模或现有的规模上，希望企业能够尽可能地成长，员工能够拼命工作。因为他们在不断寻找新趋势和机会，不断地创新，不断地推出新产品和新的经营方式。

弘扬新时期的创业精神，要把创业精神作为促进全民创业的动力源，通过大力培育、倡导新时期的创业精神，让创业意识深入人心，让创业成为人们的价值取向和自觉行动，成为全社会的风尚。

由于我国的创业教育起步较晚，现实生活中的诸多因素阻碍了创业意识的形成和创业能力的培养，因此每当谈到自主创业，很多人都认为自己不具备创业的条件，似乎目前所有的钱都被之前的人赚光了，而且自己没有资金，没有技术，没有门路，没有必要的经验和知识，害怕承担风险和压力等，总之他们认为创业对于自己来说是“闻着香，吃着难”，所以根本不敢有创业的想法。

目前，网络、媒体的大力宣传打开了创业精神传播的绿色通道，社会上各种创业培训和咨询机构为创业者提供了多层次、全方位的信息指导和服务，各地大力开展以政府为主导的创业专家志愿团专业指导、创业竞赛等活动，他们向普通的大众传递着一个信息，即草根创业不是那么可望而不可即，哪怕从开一个小店、承包一片农田开始。对于一个创业者而言，拥有创业精神是创业成功的首要条件。不管是多大的项目，创业者都不可忽视创业精神的学习，这项学习是使人素质不断提高、不断升华的终身性学习，这次学习可以使创业者具备事业心、进取心、探索精神、冒险精神，具备独立工作的能力，使创业者能通过自己的努力，开创一番事业，是让事业走向成功的必要保证。

当前我国的就业形势严峻，但是大学毕业生中的自主创业者寥寥无几，大中专毕业生自主创业的意识和能力十分薄弱。当前中国的大学生创业成功率平均为 2%，这一数字与美国的大学生创业成功率 20% 有整整 10 倍的差距。为了改善创业者的知识结构和经营能力，形成全民创业热潮，一个重要的举措是把创业教育引入学校课堂，在高校教学中增添创业内容。大学生通过课堂学习能掌握过硬的专业知识，在创业过程中将受益无穷；大学图书馆通常能找到创业指导方面的报刊和图书，广泛阅读能增加对创业市场的认识；大学社团活动能锻炼各种综合能力，这是创业者积累经验必不可少的实践过程。为了适应当前形势，各高校通过与时俱进地更新教育目标、内容和方法，弘扬和培育创业精神、开拓创新精神，又以同样的进取精神引导学生紧跟时代步伐，寻求变革、适应变革，为大学生今后的创业提供精神动力与支持。虽然这些活动还处于起步阶段，但只要持之以恒地坚持下去，大学生必然成为创业大军的一支重要力量。

二、培养大学生创业精神的必要性

1. 迎接知识经济时代挑战的需要

众所周知，知识经济是建立在知识和信息的生产、分配和使用之上的经济。随着科技的进步和知识经济时代的来临，“智力资本”已成为企业最重要的资源，有知识、受过高等教育的人将成为企业劳动力的主体。在知识经济时代，一方面，就业充满着激烈的竞争，就业人员掌握的知识越多，创新意识和创业能力越强，获取高阶层的理想职业的机会也就越多，在优胜劣汰的机制下，一个知识贫乏，尤其是创业能力低的人，是很难有美好的前途的。另一方面，由于整个社会生产力水平的提高和物质产品的丰富，追求自我价值的实现和获取社会的尊重将成为人们就业的主要动机，人们将趋向于采用一种更加成熟的、独立的自我就业方式，通过开办自己的企业来开创自己的事业以实现人生价值。虽然知识经济在中国只是初见端倪，但高校教育要直接参与经济建设，培养出越来越多的不同行业的创业者已经是现实的任务。这不仅是我国现阶段经济结构调整的需要，也是迎接知识经济时代挑战的需要。

2. 大学生全面成长和就业的需要

在知识经济时代，在以人的思维变革为主导、以人力资源的开发与管理为主的社会中，人们不仅要适应原有的社会生活规律，更需要创造条件，不断完善自我。随着我国改革开放和社会主义市场经济的快速发展，越来越多的大学生渴望创业，实现其自我价值。因此，创业精神和实践能力已成为个体全面成长过程中的必备要素，尤其是在高等教育由“精英教育”向“大众教育”转变的今天，面对大学生就业的严峻形势，对学生进行创业教育，培养学生的创业精神显得尤为重要。因此，在高等教育阶段，必须培养大学生的创新实践能力和创业精神，使其从“择业者”变为“创业者”，这无论是对以后以受聘形式就业，还是自主创业，都非常重要。

三、大学生创业精神的主要教育内容

1. 坚定信念

美国成功学奠基人、最伟大的成功励志导师奥里森·马登说过这样一段耐人寻味的话：“如果我们分析一下那些卓越人物的人格品质，就会看到他们有一个共同的特点：他们在开始做事前，总是充分相信自己的能力，排除一切艰难险阻，直到胜利！”所有创业的失败者都是被自己打败的，而不是被竞争对手打败或者因商业环境等条件影响导致失败的，而所有创业的失败都首先因为丧失了创业精神或者说失去了取得成功的信心。企业在发展过程中免不了出现危机和困难，越是危急关头，就越需要我们付出更大的热情和勇气。对于成功的企业而言，正如比尔·盖茨所说，面对挑战，微软员工几乎达到了乐此不疲的境界，这就是微软帝国赖以构建的坚实基础。成功的开始不过就是一个想法，一个强烈的渴望成功的想法，它是奋斗拼搏的动力，因为没有破釜沉舟的意识，是不可能激发出自己的潜能的。

那些失败后能够东山再起的创业者，每天支撑自己向前的正是一种持续的精神力量，这种精神力量就是相信自己，相信自己仍能转败为胜，创造出更大的商业传奇。美国总统唐纳德·特朗普曾经是全世界最穷的人，最高时负债92亿美元，但是不到10年的时间，他凭借自己的顽强信念和精神，不仅还清了债务，而且又再次成为亿万富翁。这些都首先来自他顽强的创业必胜的精神信念。

很多人往往在做某事之前瞻前顾后，害怕失败，因而总是迈不开步子，不能集中精力去争取成功，而是把精力耗费在避免失败上，因此总是显得步履维艰。从事任何开创性的工作都是关隘遍布、险阻林立的，没有坚定的必胜信念作为精神支柱是不可能克服一个又一个困难，到达光辉的彼岸的。名闻遐迩的苹果电脑公司，当年两个年轻的创始人创业时靠的是400美元贷款，租借一间废旧汽车库，在旧货摊上购买一些元器件，但是他们抱着定能成功的信念，连续两年每周工作7天，每天15个小时，克服了许多现在看来似乎无法克服的困难，争分夺秒地研究出新产品，最终才获得成功。

2. 注重价值创造

市场经济承认个人利益，重视物质利益，但是这绝不意味着市场经济等于物欲横流，或者创办企业一定唯利是图。实际上，创业具有“修身、齐家、治国、平天下”的意义，可以规划人生目标，反映人生价值，实现社会责任，体现崇高理想和远大志趣。

创业家们坚信他们的事业对全人类有着重要的意义，他们坚信他们能为消费者、员工，当然也包括他们自己创造价值。我们称他们的工作带有使命感。这就引申出两个问题：我们的战略是什么？我们如何实现它？在这两方面都能表现出众是所有伟大的创业家的共性——他们能制定聪明的战略并创造卓越的价值。

谁都无法否认，每个人都有自己的理想，都有自己的生活，其区别只在于，有的人心中只有他自己，想到的是个人的名利；有的人心中只有少数与己有关的人，想到的是小集团的利益；而有的人心中装着的是融入社会的事业，是那些渴望得到帮助的百姓大众。事实证明，个人的理想总是在无私和忘我中升华为人类的共同理想，进而在奋斗中熔铸理想信念的力量，开创出美好的未来。

3. 培养执行力

执行力是贯彻战略意图，完成预定目标的操作能力，是把企业战略、规划转化成为效益、成果的关键。再伟大的目标与构想，再完美的操作方案，如果不能强有力地执行，最终也只能流于形式或成为空谈。创新思路能否付诸实践，获得预想的或更好的效果，靠的就是执行力。

因此，培养学生的执行力至关重要，创业者的生存之道正逐渐从抓住机会和资源，转向以市场为中心。这个时候决定创业者命运的将不再仅仅是创业者抓资源、抓机会的能力，而是创业者的综合运作水平。这需要创业者从基本功开始，扎扎实实地做好企业管理与执行。

第五章　大学生创业教育模式的建构

第一节　建构大学生创业教育模式的指导思想

思想是行动的先导。要想搞好创业教育，高校首先应该转变过去的教育观念，树立创业教育的办学理念。这也是实施好大学生创业教育的前提条件之一。许多高校以前只重视知识的传授，而忽略了学生对知识在实践中的运用，以至于让学生只读圣贤书，而不关注社会的变化、市场的需求。不少大学几乎是闭门办学，从不与社会接轨。

在新的时期，不少高校开始转变教育观念，开展素质教育，这是教育面向社会、面向未来的必然要求。素质教育应当培养出能适应国家市场经济建设和国际社会竞争所需要的人才，应当充分发挥高校教育对经济和社会发展的推动作用。然而素质教育不应该只停留在口头上，高校更应该使之落实在行动上。

创业教育是素质教育应有的内容，是高校实施素质教育的重要一环。实施素质教育需进一步转变教育观念、理清办学思路，进一步突破封闭的办学模式。创业教育应当坚持以社会需求为导向，密切学校教育与社会生产、生活的联系和融合，引导大学生进行创业，以达到学以致用的目的。

第二节　大学生创业教育构建模式的探索

创业教育是一个系统工程，它不仅包括课程体系，还包括非课程体系。创业教育体系不仅仅需要学校的参与，还需要社会的参与；不仅要具有理论性，而且还要具有实践性。因此，本书在借鉴国外高校的创业教育体系和项目的基础上，

结合中国的实际情况，提出了以下六个模式进行探索。

一、实行“2+2”模式，把创业教育课程纳入教学培养计划，设为必修课

在国外，大学开展创业教育的“自主性”很强，以斯坦福大学为例，他们开发了21门创业学科领域的课程，主要有“创业管理”“创业机会评价”“创业和创业投资”“投资管理和创业财务”“管理成长型企业”“高科技企业的战略管理”等。这些课程主要面向MBA的学生，同时也有一小部分课程对其他院系开放。在本科阶段开设了“高新技术创业入门”“技术创业企业的管理”等介绍性课程；在研究生阶段，开设了“全球创业营销”“技术创业”等相对深入的课程。这种对不同阶段、不同层次的学生开展不同课程的做法值得我国的高校借鉴。我国的创业教育尚处在起步阶段，结合我国发展创业教育的实际，笔者认为在课程体系上应分类、分阶段进行课程设置，实行选修课与必修课相结合为教学形式、“2+2”模式为体制的教学计划。所谓“2+2”模式，就是指把大学生的创业教育大致分为两个阶段，第一阶段为前两年，是主要学习创业理论的时期，第二阶段是后两年，是主要进行创业实践的阶段。当然，笔者在这里强调了“主要”，因为每个阶段都应该理论联系实际，只是有所侧重而已。“2+2”的创业教育模式有利于理论和实践的统一，解决理论讲得多、实践做得少的问题，使理论指导实践并在实践中得到进一步发展。另外，我们这里所讲的“2+2”创业教育模式针对的是四年制本科生，对于三年制的大专生或者研究生可以实行“2+1”的创业教育模式，总之应该灵活应用，不能生搬硬套。根据我国的教育实际，创业课程要突出理论联系实际，在大学一二年级开设必修课“创业学”“创业管理学”“创业实务”“创业法学”。“创业学”课程

主要让学生了解什么是创业，如何真正实行创业；如何进行风险投资，如何做好创业前的准备，以及如何进行企业的战略管理，怎样培养和提高正确分析和解决市场管理问题的实践能力等，培养学生的创新思维。“创业管理学”课程的主要目的是让学生认识到如何发掘创业构想，培养学生评估创业项目的市场潜力和效益、筹措创业资金、解决经营管理问题等的能力。“创业实务”讲授创业者的素质要求，培养学生对具体问题的决策能力，培养学生在创业中把握市场、进行工商注册程序、进行案例分析、运作公司的能力。“创业法学”使创业者了解与创业相关的法律制度；掌握企业在运行过程中的法律与政策；熟悉各种创业法律规范，培养创业者处理企业法律纠纷的能力，主要内容是学习与市场主体、市场运行、宏观调控、劳动保护等相关的法律条文及法律解释。

大三、大四为“2+2”模式中的实践阶段，大三、大四主要是培养创业素质，通过大一、大二时的理论教学活动来尝试创业实践，获取亲身体验和直接经验。社会实践活动是沟通校园和社会的纽带，学生们亲身参与的创业活动丰富了他们的创业经历。学校定期开展如“挑战杯”“创业大赛”等课外科技竞赛，举办创业交流和创业讲座等丰富多彩的活动，激发学生们的实践热情。根据实践需要，学校可以让大学生们自设模拟公司，到创业实践基地进行实战训练，让学生们直接与大公司接触，将一些公司的产品设计或创意交给学生来完成，一些小的项目交给学生创业团队来实施，让他们参与到实际工作中去。同时指派创业教育指导老师全程根据学生的实际情况，制订创业计划，避免学生们在方向上的盲目性，并对创业计划从制订到实施的全过程进行评估和考核，纳入学分考核体系中。

俗话说“凡事预则立，不预则废”。把创业教育课程纳入教学培养计划，可以使大学生在学校和老师的指导下，一进入大学就制订好有关创业教育课程的学习计划，使以后能够有计划地学习创业理论知识，进行创业实践操作，做到方向清楚、目标明晰。把创业教育课程设为必修课，可以加强高校及其教师对该课程的重视程度，提高大学生对该课程的学习意识，使更多的大学生可以学习更高质量的创业教育课程。

二、构建全面的创业教育课程体系

大部分高校在创业教育开展时重理论传授、轻实践参与，在课程设置上，很多高校仅将创业教育课程作为职业生涯指导或就业指导的一部分，未有系统的创业相关理论的传授。这也是调研中多数学生呼吁高校创业教育改革的重点所在。

（一）创业教育理论知识体系

课程设置、教材选用和教学方法改革是高校创业教育的基础，省属地方高校开设哪些专业课程，开设的课程包括哪些内容，作为选修还是必修，怎样设计专业教学与实践计划，采取怎样的教学方式和教学模块去实现创业教育教学计划等，这些正是高校创业教育要改革的地方。长期以来，高校很少做人才市场需求和大学生身心健康发展需求的调查研究，往往生搬硬套多年不变的陈旧的专业培养计划，或是关起门来搞专业设计。地方高校的课程改革归根结底要紧紧围绕创业型人才培养目标，以人才一市场为导向，以用人单位需求和大学生需求调研为依据，在调查研究的基础上，集国内外创业教育专家学者的智慧，为大学生设计出有针对性的创业教育课程培养计划。在课程内容的设计上应做到普及性教育与重点教育相统一，既要有面向全校大学生的创业公选课，又要有针对有创业意向的大学生的创业核心课程，设立创业教育学分。课程内容应包括“创业学”“企业家精神”“创业计划”“市场营销学”“企业与创业团队管理”“创业投融资”等。另外，还应开设“社会常识”“创业心理和技能”“经营管理”“公关和交往”“法律和税收”等与创业活动密切相关的课程。在授课方式上，应改变“满堂灌”式的传统讲授式教学方法，实行理论讲授与案例分析、小组讨论等相结合的方式，充分调动学生的上课积极性，进行师生互动交流。

（二）创业教育实践体系

大学生创业素质的培养，最终要通过创业实践活动得到巩固和发展。在创业教育的课程体系中，创业实践活动能使学生进一步巩固知识，提高将所学知识和技能转化为实际运用的能力，进而全面提高创业所需的综合能力。因此，需要构建一个具有广泛性和全面性的创业教育实践体系。

第一，开展科技创新和经济管理活动。例如，创办各种形式的创业园，指导学生自主设计、创办、经营商业企业或科技公司等。但此活动受资金、专业等条件的局限较多。

第二，开展各种形式的创业教育活动。例如，举办创业计划大赛、创业

论坛、人才论坛、创业沙龙、成功创业者报告会，成立创业教育网站、创业俱乐部，开展学术报告、研讨、科研竞赛和创业交流活动等。

第三，开展课外创业实践活动。从培养学生在未来社会中的生存能力和创业能力的角度看，除开展大学生课外科技活动外，各种专业、各种特长的学生（包括理工科类和文科类学生）都可以接受创业教育，开展创业实践活动。如一种解决问题的方法或路径的设计，一种报刊的构思与设计，一种新观点的提出，一次公共活动的设计与组织，一个小实验、小制作和一些竞赛活动的实施方案等，都是创业实践活动的重要内容。

三、建设高素质的创业教育队伍

由于创业教育在我国的发展还处于起步的阶段，创业知识的交流更应该加强。除了创业教育教师讲授创业教育课程外，高校还应开设第二课堂。第二课堂应该聘请一些校外相关人士举行讲座，这些人士包括政府劳动保障部门、教育部门等在研究创业理论上有较高造诣或者是接触创业实践比较多的人士，国内其他从事创业教育较好的高校的专家，国外的创业教育专家等。当然，被邀请来在第二课堂作讲座的人也少不了那些亲身经历过创业实践的创业人士。一提到邀请创业人士，很多人都认为应该邀请那些成功的创业人士，其实这种想法比较片面。成功的经验固然可贵，失败的教训亦值得我们珍惜。我们可以从成功的经验中得到激励，也可以从失败的教训中学会避免重蹈覆辙。开辟第二课堂可以及时沟通创业教育方面的知识信息，学习其他高校、其他专家和创业人士的已有经验，从而提高自己学校及教师的创业教育水平。开辟第二课堂还可以开阔学生的视野，不同教师的教学方式还可能会激发学生对创业课程的兴趣。

创业教育中还有一个比较关键的问题，即教师队伍问题。师资队伍的好坏是决定学校创业教育能否取得好的效果的一个重要因素，创业教育师资队伍应该朝专业化、创造性的方向发展。这也是创业教育的必然趋势。针对目前创业教育中师资缺乏而且主要是兼职的现状，高校要加强师资培训与整合，形成一支政治素质高、理论功底扎实、有一定实践经历的创业教育师资队伍。

首先，招聘、培养一定数量的创业教育教师。创业教育首先要有教师，教师需要培养。学校必须首先招聘或培养一批可以从事创业教育的教师。由于我国的创业教育起步较晚，专门从事创业教育的教师很少，所以招聘到高校就能讲授创业课程的教师不多。如果不能招聘到充足的从事创业教育的教师，高校就应该从已有的教师中抽取部分比较合适的教师进行培训，可以聘请国外的教授进行培训，也可以有计划地参与我国政府部门（包括教育部门）等组织的培训，也可以由有创业经验的成功人士开办研习班，也可以选派教师去国外大学深造、去企业挂职锻炼等，当然，把各种方法综合起来效果会更好。创业教育是中国教育的一种趋势，高校要充分意识到这一点，不能因为招聘不到相关教师而不设置创业教育的课程。总之，没有专业教师队伍就要招聘专业教师，招聘不到就要从已有教师中培训专业教师。

其次，转变创业教育教师的教学方式。由于专门从事创业教育的教师缺乏或者受传统教学方法的影响，教师难免会采取过去的单一的课堂面对面讲授知识的方法，而中途转向的教师更可能会采用传统教学手法。然而创业教育要求教师具有创新思维、创新能力、创业意识、实践指导技能等，他们的教学模式应该更多地倾向于积极的讨论式、实践指导式，采用理论与实践相结合的教育手法。面对这种必要的转变，也要相应地对师资队伍的知识结构和教学手法进行调整。教师要从单纯的“知识传授型”向“知识探讨型”“实践指导型”“互动创新型”人才等灵活多样的教学人才转化。总之，承担创业教育工作的教师不仅要传授必要的创业知识给学生，而且要注重采取互动、共同讨论、案例分析与指导等教学方法，不仅要从思想上深入激发学生创业的热情，而且要调动他们的创业潜能，鼓励和指导他们去从事创业实践活动。

最后，高校应建立和完善创业教育教师的选拔和竞争机制。由于目前高校创业教师主要来自教育学、管理学等专业或从事思想政治指导等工作，不仅总体水平不高，而且各个教师的教学水平和实践经验差别很大。开展创业教育不仅要有教师队伍，而且这些教师应该具有良好的素质和水平。学校应当采取多角度选拔制度，不仅要选拔学校已有的潜力型老师，也应面向社会选聘一些具有创业经历和理论水平的企业人士来学校任教。有条件的学校也可以选聘一些经验丰富的外籍专家和教授。另外，学校要引入竞争机制，对创业教师进行定期考核，实行能者上、庸者下的优胜劣汰的良性运作机制，促使教师不断地学习，提高自己的理论和实践指导水平。

总之，从事创业教育的教师应该是社会和学校中的精英，因此高校应该采取必要的措施确保这支队伍的建设。

四、注重创业实践的教育，建立创业平台

正所谓："纸上得来终觉浅，绝知此事要躬行。"理论的完美不代表其在实践中就一定具有可行性。创业教育不仅是理论教育，更是实践性很强的教育，因此创业教育要注重创业实践。创业实践是创业课程的必要组成部分，至于如何加强创业实践的教育，笔者认为可以从以下几个方面进行。

第一，可以组织学生进行创业规划设计。创业规划实际上是把自己平时所掌握的创业理论知识，结合自己的想法，设计成具体的规划，从一定程度上来说，它具有实践性。创业设计可以在课堂上进行，也可以由学校有关部门统一组织，以"创业设计大赛"等形式进行。前者的好处是方便易行，能够及时巩固所学知识；后者的优点是参与者广，易于调动更多大学生的创业激情。

第二，可以组织大学生去企业见习。见习的企业可以是校内产业，也可以是与学校合作的校外企业。大学生深入到初建企业，可以亲历创业过程，感受到创业的不易，从而树立要创业就一定要有坚定不移、吃苦耐劳、勇往直前的信念。深入到成熟企业实习可以使大学生体验成功的经营经验，使他们感受到创业所带来的成功喜悦，从而激发他们创业的热情和发掘他们渴望成功的创业潜力。

第三，可以设立基金，建立创业平台。创业不是凭空想就可以办到的，需要有切实的实践；同样，创业教育不仅需要有理论的教学，而且应该有实践的支持。正如笔者的调查以及其他调查显示的那样，许多大学生有创业的想法，然而困扰大多数大学生的往往是资金的问题、创业场地的问题和技术指导的问题。

高校创业教育要想有所成效、有所突破，不解决上述问题是很难做到的。因此，高校在创业教育、创业实践上应该为学生设立创业基金，提供创业场地，构建创业平台。

创业基金的设立在一定程度上可以有效解决大学生创业时缺乏资金的问题。如果没有资金，再好的创业想法也无法付诸实施，无法实施的创业设想就如同空想。因此，高校应该把创业基金用于那些创业设想比较好的、能够很好地被实施的创业计划上，这也有利于基金的回收。

有了创业资金，如果没有市场可以运作的话，创业也是空谈。创业资金运用于市场就需要创业场地，然而，创业场地对于许多大学生来说，也可能成为他们创业的瓶颈。因此，高校应该为具有能力的学生提供适当的场地，让他们拥有施展自己创业才华的平台。

对于许多想创业的大学生来说，他们往往会对寻找哪些创业项目感到迷茫。而另一些从事创业的大学生基本上是没有实践经验的，在创业的道路上往往会遇到这样那样的实际困难，有些困难单靠他们自己或许就可以克服，有些则需要指导。创业平台可以帮助大学生寻找创业项目，为创业过程中遇到困难的大学生提供指导。

以上的措施要求学校有一定条件作保障。首先，高校应当建立一定的创业实践基地。其次，高校要对创业实践基地予以一定的人力、财力和物力上的支持。再次，高校应当建立相应的创业实践基金、实践基地，配备有经验的指导教师，对大学生的创业项目予以指导。

五、重视大学生创业意识的培养，营造良好的创业教育氛围

创业意识支配着创业者对创业的态度和行为，并规定着态度和行为的方向、力度，具有较强的选择性和能动性，是人们从事创业活动的强大内驱力。因此，高校的创业教育要注重大学生创业意识的培养。这就要求高校平时注重培养学生的自主、自立、自强能力，克服依赖心理和人命天定的思想；高校还要增强学生对市场经济的竞争性的认识，懂得“适者生存”的道理，从而培养其竞争意识，避免或者克服畏惧困难、缩手缩脚的坏习惯；高校还要强化大学生对自主创业的成功感和荣誉感，激发他们的创业兴趣和创业热情。

环境造就人，人是环境的产物。创业教育的环境氛围会对大学生的创业思想意识、创业价值观念以及创业行为活动等产生潜移默化的影响。好的创业教育氛围会产生积极的影响，相反，不良的创业教育氛围会产生消极的影响。

为营造良好的创业教育环境，高校应当加强对创业教育的宣传。高校可以利用学校报刊、校园网站和校园广播等各种媒体，对创业思想、创业精神、有关政策、成功案例等广泛地宣传，对在创业方面表现优秀的大学生个人、集体进行鼓励和表扬，从而形成良好的创业教育舆论氛围。高校还应当自己或者与其他企业等合作组织创业设计大赛、营销策划大赛等形式多样的赛事活动，激发学生的创业潜能，锻炼他们的团结协作精神。

为帮助营造良好的创业教育环境，政府和社会应该给予创业教育应有的

重视。政府要出台有关的政策制度保障创业教育，社会应当对创业教育予以必要的尊重和支持。

六、加大创业教育资金投入，促进创业教育的快速发展

由于我国的创业教育发展起步较晚，与发达国家相比相差很远，在这种情况下就需要政府、高校加大对创业教育的资金投入，促进创业教育的快速发展。在资金投入方面，可以根据我国的具体情况和各个高校的实际状况，借鉴发达国家和地区的有益发展经验，政府应当设立相关的创业教育基金，建立健全政府财政支持的创业教育发展机制；高校也应该根据自己的情况加大对创业教育的资金投入，拨付专门用于创业教育的款项，并且做到专款专用。

创业教育资金的投入有助于做好高校创业教育培训，建设一支较好的创业教育师资队伍；有利于高校组织编写相应的创业教育教材，设立创业教育专业和开设相关创业课程；有助于高校设置专门的创业教育机构，建设创业教育基地等。总之，没有资金作保证的创业教育不会得到很好的发展，甚至会止步不前。

第六章 创业教育实施

创业教育实施是创业教育目标实现的保证，是创业教育运行机制的核心和关键。本章主要从环境建设、组织管理机构建设、师资队伍建设、课程体系建设和实践教学五个方面，结合我国实际，借鉴国内外成功经验，对创业教育实施进行具体分析。

第一节 创业教育环境建设

一、国内外创业环境介绍

（一）国外创业环境介绍

当前美国的创业教育已经形成一个相当完备的体系，涵盖了从小学、初中、高中、大专直到本科、研究生的正规教育。一项调查研究表明，37.6% 的被调查的美国大学在本科教育中开设了创业学课程，有 23% 的大学在研究生教育中开设了企业创业课程，38.7% 的大学同时在本科和研究生教育中开设了至少一门创业课。

获得创业启动资金对于没有财产积累的大学生来说至关重要。一般来说，创业者可以从三种渠道获得创业启动资金：一是银行商业贷款，二是小额信贷，三是政府或其他机构的无偿资助。但事实上，大学生很难利用好这三种渠道。为此，各国政府为提高国内的创业水平，提升国家的竞争

力，都采取了针对大学生创业的特殊措施，为大学生创业创造了实实在在的创业环境。

如美国的创业教育得到了社会资金的大力支持，像考夫曼创业流动基金中心、国家独立企业联合会、新墨西哥企业发展中心等机构，以提供经费赞助创业大赛、奖励创业教育的优秀学生、开发创业教育课程等方式对创业教育提供了资金赞助与支持。自 1963 年美国设立第一个捐赠的创业教育基金后，创业教育学科的资金已经超过了 44 亿美元，其中 75% 的资金是 1987 年后获得的。

在英国，青年创业计划针对青年特点提供了发展债券式的创业启动资金。这种资助方式不同于银行贷款或者小额信贷，因为青年在申请资助时不需要任何财产作抵押和担保，而且手续简便。当然，它也不是无偿的创业贷款，青年要支付利息（利息通常低于银行利息），并要按规定分期还款。如果青年人确实经营困难或者经营失败，也可以减免或者延期还款。这种独具特色的资助方式在英国取得了较好的效果。在参与创业计划的青年中，创业 2 ~ 3 年内还清贷款的比例为 70%（这一比例表示风险投资的回报率高）。英国政府还启动了高等教育创新基金，该基金支持在大学周围建立各种科技网络群，同时还支持各大学内部师生的创业活动，如专利申请与保护、资金启动、公司筹建和市场开发等，有力地促进了英国大学智力财产的转化。

（二）我国创业环境介绍

为了更好地开展大学生创业教育，了解我国大学生的创业环境是非常必要的。

1. 国家政策环境

我国明确提出“鼓励和支持高校毕业生自主创业，工商和税收部门要简化审批手续，积极给予支持”。对自主创业的大学生“除国家限制的行业外，自工商部门批准其经营之日起 1 年内免交登记类和管理类的各项行政事业性收费”，有条件的地区要“为高校毕业生提供创业小额贷款和担保”。对到基层自主创业的大学生，“3 年内免交登记类、管理类和证照类的各项行政事业性收费”，同时强调，“为大学生提供有针对性的项目、咨询等信息服务，对其中有贷款需求的提供小额贷款担保或贴息补贴”。国家为高校毕业生创业制定了优惠政策，这对大学生自主创业良好环境的营造打下了坚实的基础。

国务院办公厅发出《国务院办公厅关于加强普通高等学校毕业生就业工作的通知》(以下简称《通知》)，指出要加强高校毕业生的就业工作。为了鼓励高校毕业生自主创业，《通知》提出了四项优惠政策：一是免收行政事业性收费。《通知》提出，“对高校毕业生从事个体经营符合条件的，免收行政事业性收费”。同时，“落实鼓励残疾人就业、下岗失业人员再就业以及中小企业、高新技术企业发展等现行税收优惠政策和创业经营场所安排等扶持政策”。二是提供小额担保贷款。对于创业者而言，创业初期多是开办中小企业，然而中小企业融资难一直是制约企业发展的瓶颈。针对这些问题，《通知》明确要求，“在当地公共就业服务机构登记失业的自主创业高校毕业生，自筹资金不足的，可申请不超过5万元的小额担保贷款；对合伙经营和组织起来就业的，可按规定适当扩大贷款规模；从事当地政府规定的微利项目的，可按规定享受贴息扶持”。三是享受职业培训补贴。要想创业成功，仅有创业意愿还不够，关键还要提高创业者的创业能力。为创业者提供职业培训是提高创业者创业能力的有效途径。为了鼓励、支持更多高校毕业生参加创业培训，《通知》明确要求，“有创业意愿的高校毕业生参加创业培训的，按规定给予职业培训补贴”。四是享受更多公共服务。高校毕业生创业会面临许多问题，如选择什么项目；项目开发成功后，如何推向市场；创业失败，谁来帮助自己……针对这些问题，《通知》明确“强化高校毕业生创业指导服务，提供政策咨询、项目开发、创业培训、创业孵化、小额贷款、开业指导、跟踪辅导的‘一条龙’服务”。《通知》还要求“各地要建设完善一批投资小、见效快的大学生创业园和创业孵化基地，并给予相关政策扶持”。

2. 部分地方创业环境

近年来，为支持大学生创业，各级地方政府出台了许多优惠政策，涉及融资、开业、税收、创业培训、创业指导等诸多方面，为大学生创业创造了实实在在的创业环境。

二、国内高校创业教育环境建设

良好的创业教育环境是培养大学生创业意识的重要途径。目前，创业意识在大学生中还没有得到深层次的认同和接受，表现为学生对创业教育认知的被动性、片面性和盲目性。对大学生创业意识的培养成为创业教育的首要任务，高校必须通过各种途径培养大学生的创业意识。

（一）宣传各级政府相关政策

学校可通过广泛宣传各级政府创业教育的相关政策，让学生知道国家对创业教育的重视与支持，引起学生的兴趣，激发其创业动机，提高学生了解创业的主动性。为支持大学生创业，国家各级政府出台了许多优惠政策，涉及融资、开业、税收、创业培训、创业指导等诸多方面。例如，上海地区的应届大学毕业生创业可享受免费风险评估、免费政策培训、无偿贷款担保及部分税费减免等四项优惠政策。高校应通过积极宣传这些政策，促使学生主动了解学生创业的相关内容，增强学生的创业兴趣。

（二）完善校园文化环境建设

学校可设置大学生科技创新创业指导机构，完善科技创业管理体制，激励学生将业余时间投入到创新创业活动中；要多提供必要的软、硬件设施，大力开展以“挑战杯”大学生科技竞赛、大学生研究计划（SRP）、企业资源计划（ERP）沙盘模拟对抗赛、数学建模竞赛、创业计划设计大赛等为主要形式的校园科技创新实践活动，合理利用科研资源拓展大学生科技创新创业领域，全面提升大学生的创业意识。创业意识的培养也不应仅仅局限于自我创业意识的培养，更要培养创业的社会意识，所以在教育过程中，要使学生学会将自己的需要、兴趣、理想同社会的需要结合在一起，把创业意识教育与思想道德教育、人生价值观教育、心理品质教育和使命感教育等有机地结合在一起。

（三）营造有利于大学生创业的舆论环境

学校要广泛利用广播、电视、校刊、校报、板报等宣传工具，大力宣传创业的重要意义、创业经验和创业典型，树立勇于创业的榜样，弘扬创业精神，在校园内形成讲创业、想创业、崇尚创业、以创业为荣的舆论氛围，引导形成鼓励创新、开拓进取、宽容失败、团结合作、乐于奉献的校园创业文化氛围。首先，树立创业需要经受竞争环境考验的意识。不良的创业心理品质往往表现为自卑胆怯，它往往来源于经验的缺乏。当今社会充满了竞争和挑战，需要年轻人大胆展示自己，充分发展自己，努力把握各种创业的机会，这就要具备敢想、敢做、敢闯、敢冒险的心理品质。这些心理品质只能从行动、竞争和实践中来。因此，年轻人应积极参与到竞争中去，不要坐等机会的来临，只要有机会就要大胆地去争取，多从事几种职业，多参与几次竞争。通过竞争积累成功的经验，通过竞争取得自信的快乐，通过竞争战胜孤僻、害羞、怯懦等心理障碍。其次，树立创业需要有经受不利环境的磨砺的意识。生活比别人苦点，工作比别人累点，环境比别人差点，这也是一种磨炼创业心理品质的方法。环境在给人施加压力的同时，也为人准备了智慧和才能，最出色的事业往往是人在承受巨大压力下取得的。

（四）树立创业榜样进行引导

榜样的力量是无穷的，他人的创业行为和成就是一笔宝贵的财富。古往今来的创业成功者身上都具有一些共同的心理品质：自信，心态积极，喜欢独立思考，具有寻根究底的好奇心和探索精神，敢于创新，敢于竞争和冒险，热情，专注，意志坚定，不怕挫折，情绪稳定等。该如何树立榜样的作用呢？一是借鉴历史上的创业榜样，编选他们成功创业的案例，通过他们帮助大学生明确创业目标，激发创业热情，树立创业志向；二是要学习现实生活中的创业榜样，各行各业的创业典型是大学生学习的活教材，通过“请进来，走出去”的方式，让大学生耳濡目染，受到熏陶；三是教师应成为创业的榜样，教师具有成功的创业经历，不但可以对学生起到示范作用，而且还可把经验搬到教学之中，这会给大学生创业者以莫大的启示和感染。

第二节　高校创业教育组织管理机制建设

管理的体制和机制是确保创业教育成功实施的关键。目前高校内部各部门的创业教育往往自成体系，资源利用率低，投入成本高。因此，应整合资源，形成整体优势，制定统一的大学生创业教育教学规划，把创业教育的实施导人良性的运行轨道。比如，在人才培养体系方面，高校作为一种社会组织，与其他的组织一样，都有自身的管理学特点。实践证明，管理学中一些经典的理论框架与分析手段也同样适用于高等院校这样的组织，因此，必须完善组织机构，健全工作机制，保障创业教育的顺利开展。

一、国外创业教育组织管理机制介绍

实施创业教育的美国各大学都设有专门的创业教育机构，主要是创业教育中心。它不仅为学生的创业活动提供支持，还组织老师和学生进行创业研究，对社会及学生的创业案例进行分析。大学的创业教育中心还负责与社会建立广泛的外部联系网络，包括各种孵化器和科技园、风险投资机构、创业培训机构、创业者协会等，形成了一个高校、社区、企业良性互动式发展的创业教育生态系统。譬如：创业家协会，一般由比较杰出的创业家组成，他们不但要参与教学，还要为创业中心提供资金和各种捐助；智囊团，主要由董事长、首席执行官、总裁等组成，每年定期召开两次会议，提出一些改进的建议与措施，充分发挥咨询与外联的作用；创业研究会，每年召开一次学术交流会议，为创业研究者提供人际沟通机会，出版会议交流论文、索引、文摘及相关信息；家庭企业研究所，主要负责开设家庭企业系列讲座、家庭企业研讨会、颁发杰出家庭企业奖等，目的是帮助家庭企业快速成长并成功地把企业交给下一代。

法国把创业教育视为增强国家竞争实力的一项重要活动。为此，法国专门成立了创业计划培训中心。在培训方式上，充分实现个人自主学习、课堂传统教学、生产实习操作、教师个别辅导等多种形式的结合。教学内容以最大限度地满足学员办企业的需要为出发点。创业计划培训中心要求每位学员从入学开始就要作创业计划书，培训的过程就是创业计划完善的过程。理论培训结束后被中心认可的创业计划书，可作为学员向政府有关部门、基金会、银行申请贷款的有效依据之一。在学员结束集中培训，开始实施创业计划时，中心一般可提供 6 个月至 1 年时间的后续扶持。在这一阶段，培训中心会安排专家对学员进行指导，包括场地选择、布置装饰、贷款申请、财会计算、法律合同等。而且，学员开办企业后，在经营中遇到问题、困难也可随时到中心寻求帮助，中心成了这些创业者的家，中心和学员经常互相联系，学员不断从中心得到帮助，中心也通过对学员创业过程的了解掌握新的信息，不断改善培训工作。

为推进大学生创业，英国政府拨款建立了英国科学创业中心来管理和实施创业教育，后又建立了全国大学生创业委员会，全面负责国内的创业教育。英国科学创业中心是 1999 年在贸易工业部的科学创业挑战基金赞助下成立的，当时有 8 个创业中心，后来发展到 13 个，涉及英国 60 多所高校，其任务是将创业融入大学传统教学之中，实现大学生文化的革新。每一个创业中心主要在四个领域开展活动：第一，开展创业教育。创业教育以科学和技术专业的学生为主要对象，并将创业学作为辅修课推广到其他专业中，也开设一些非学分的创业课程。第二，加强与产业界的联系。利用企业提升大学的竞争力，让企业为大学提供资金，为大学生创业提供咨询指导，赞助商业计划竞赛等。第三，支持创办企业，并鼓励新企业成长，主要支持大学师生创办的知识衍生型企业。第四，鼓励技术转化。创业中心为大学技术转化提供种子基金、天使资本、创业孵化和科学区的服务等。

另外，在肯尼亚，政府规定，凡是有条件的职业学校都要设立创业教育研究室和小企业中心。

二、高校创业教育组织机构建设

（一）成立校级创业教育委员会或创业教育领导小组

它应由学校党政领导、督学、有关职能部门及教学单位负责人组成，由主要领导担任组长，分管校领导为副组长，党办、院办、宣传部、教务处、学生处、招生就业部门、科研处、高等教育研究所、财务处、团委和各学院分管领导为组员，负责统筹、规划和落实全校创业教育有关工作，对全校创业教育工作进行宏观管理和监控，特别是要整合全校各部门的资源，形成创业教育整体优势。

（二）成立大学生创业服务中心或创业学院

高校应筹备专职人员，进行实体化运作，负责协调各个部门，制定建设的方案与计划，筹措相关资金，部署具体工作任务，对各职能部门的相关工作进行督促。可下设创业教育研究中心或创业教育研究所（类似于大学外语教学部、社科部等公共教学机构）、创业设计方案评审委员会、学生创业基金会、学生创业指导中心等机构。选配优秀教学人员专门从事创业学及其核心课程的科研、教学、信息交流、课程建设、教材建设、实验室建设，指导学生创业活动的开展，参与创业设计方案和创业基金评审，帮助学生了解和捕捉市场机会和创业信息，为学生创办企业提供工商、税务等方面的咨询服务，开展信息咨询服务和业务指导，对创业项目进行评审，提供代办工商注

册、税务登记、专利申请、商标注册、报关等代理服务。

（三）成立创业研究机构

要切实提高我国的创业教育水平，必须大力加强创业研究。因为像任何一门学科一样，研究是教学的基础，研究可以促进教学，高校应建立创业研究机构，依靠学校的相关机构和人员，对创业教育的运行规律、教育内容等进行研究，获得有价值的理论成果，实现创业教育“本校化”。国内已有不少高校依托商学院成立了创业研究和教育中心，这些机构开展的研究活动有力地推动了我国的创业教育和研究工作。如清华大学、南开大学等大学的创业管理研究中心，围绕创业与创新、创业与企业成长等一系列问题展开研究，取得了较丰富的研究成果。

（四）设立创业基金的管理机构

要严格选择符合条件的大学生创业项目，并对大学生创业项目的经营情况实施监控，一方面保证风险投资基金的顺利回收，另一方面也保证大学生创业的成功。例如，学校有关部门和专业老师可根据学生创业项目的需要和特点联系孵化小企业的大、中企业，让有创业计划和能力的学生与大、中企业牵手创办小企业；设置专门的部门帮助学生进行市场分析、风险控制，乃至从各种政府部门或民间组织设立的基金会申请创业资金；完善大学生小额创业放贷制度等。

（五）成立学院级创业教育小组

在学院层次上要建立包括学生工作组、系、专业创业教育主讲教师在内的教育小组，负责具体的实施，包括时间选择、师资遴选及培训、教材建设，并聘请大量成功人士作为范例教育成员，模拟创业，甚至是进行直接的创业实践。

三、高校创业教育教学管理机制建设

研究制定支持大学生创业实践活动的相关配套政策，确保创业教育教学工作科学化、规范化、制度化运作。

（一）明确部门职责

教务部门负责修订并实施有利于创业教育教学的计划和方案，强化课程的综合性、实践性，要突出学生创业设计能力和动手能力的培养。学生工作部门负责创业教育教学活动类课程及项目的落实，把课内教学与课外活动结合起来、理论与实践结合起来、校内与校外结合起来，充分利用好创业教育资源。科研管理部门负责指导师生的创业科研活动，结合创业教育教学的规律和特点，重点指导拟制创业科研计划，安排科研项目，筹措科研资金，提升科研实践能力。同时，要充分发挥人才优势和技术优势，为学生创业提供技术、信息、资料、设备等方面的支持，尤其是高校教师的科研成果和发明、技术专利，要优先提供给有创业愿望的学生，使其在创业的同时又能够促进科研成果的转化，加速科研成果转化为生产力的进程。

（二）建立评价模式

建立和完善与政府、企业共同开展创业教育的合作机制；全面研究创业教育活动的基本规律和具体操作技术，做好创业教育的课程设置；根据创业教育的目的和人才培养目标，建立科学、合理的评价体系，全面评价、考核学生在各个阶段、各个方面的创业意识、创业能力、创业知识和创业心理品质发展、提高的情况，激励学生积极进取，把自己培养成一名有事业心、具有开创个性的全面发展的高素质的创业者。

（三）深化教学管理

改革学籍管理制度，实行真正的弹性学分制。弹性学分制度允许学生在校期间可以休学、转学、停学；允许提前修满学分、符合毕业条件的学生准予提前毕业；对不能在规定的基本学制年限内按要求修满学分的学生，可以推迟毕业。这样，学生在校期间可以根据自身实际情况，申请创业、就业，实行工学交替，分阶段地完成学业。改革转专业管理制度，根据学生自身爱好、兴趣和特长及社会条件的变化，给他们更多选择专业的自主权。两种制度的实施有利于有创业愿望的学生边学边实践，有利于探索创业新路。

四、高校创业教育投入机制建设

学生在创业初期往往需要一定经费的支持，学校要从多方面筹措资金，支持学生创业。

（一）设立创业启动资金

首先，学校每年可下拨一定经费作为创业基金，用于创业教育工作专项经费，支持大学生开展科技创新创业活动。对大学生创新创业活动进行立项，确定团队负责人、参与者，下拨一定经费，配备指导老师，制订实施方案，确定完成时间等。其次，学校鼓励师生共同参与科研活动，让学生的创业活动从科研中获得学校的经费及其他方面的支持。再次，学校结合贫困生勤工俭学和学生自我管理，尽可能把与学校后勤相配套的学生服务部门经营的项目转给学生经营。

（二）争取各级政府的支持

在开展创业教育、帮助学生创业的过程中，学校应积极争取国家、省、市各级政府尤其是地方政府在产品开发、财政、货币政策方面的支持，鼓励学生积极创业。

（三）争取社会力量的支持

学校应在师生中形成创业团队，并就某一具有市场前景的新产品或新服务撰写出可行性计划，向成功校友、相关企业及风险投资者游说，从而获取资金以便创办企业。

第三节　高校创业教育师资队伍建设

师资是创业教育实施的关键。创业是一种实践性很强的活动，教师的学识、经历和经验很大程度上决定着课堂教学的效果，在创业教育的发展中，作为“传道、授业、解惑”的教师担当着不可或缺的重要角色。

一、美国创业教育师资队伍介绍

美国高校十分重视创业教育师资队伍的建设，他们呈现多样化格局，专兼职队伍结构比较合理，而且教师中不少人有创业的经历，对创业有切身体会。同时，资深兼职教师的加盟，为大学创业教育提供了鲜活的思维。美国很多大学商学院的教授都曾有过创业的经历，并担任过或现在仍然担任一些企业的外部董事，这使得他们对创业领域的实践、发展趋势及创业教育的社会需求变化有良好的洞察力。教师的创业实践体验主要通过模仿进行，如教师组成小组设计商店店面、寻找商店地址、给商店取名、判断销售目标、讨论预算、开发广告等，让学生体验创业过程，积累创业经验，从而可以更好地指导学生开展创业教育活动。

美国注重聘请社会上一些既有创业经验又有一定学术背景的资深人士承担兼职教学和研究工作，并以短期讲学的方式参与大学创业教育项目。例如，Intel 的前任首席执行官、前任董事长安迪·S. 格罗夫从 1991 年开始就担任斯坦福大学商学院的兼职讲师，每年秋季讲授一至两门课程。资深兼职讲师的加盟，极大地丰富了课堂教学内容。

部分大学还设有智囊团。智囊团是指由一些创业成功的企业家、企业的高层管理者及社会的一些知名人士所组成的为美国高校实施创业教育提供经验及资助的组织，是美国大学实施创业教育的重要外在力量。智囊团的作用主要有三个：一是为大学开展创业教育提供咨询，包括解答大学生模拟创业过程中所遇到的疑难问题，提供方法及创业计划等；二是为大学开展创业教育及大学生的创业实践提供资金、场地及机会等；三是参与大学的创业教育，直接向大学生传授创业技能及知识，成为教育者。例如，马里兰大学学院公园分校创业中心的智囊团由地方公司、创业公司、金融公司和部分排在前几位的大公司的 CEO 组成。他们具有丰富的企业管理经验及创办公司的知识，可以为大学创业教育的开展提供外援。

二、我国创业教育师资队伍现状

虽然我国创业教育起步较晚，但高校创业教育无论是在理论研究上，还是在实践的层面上，都取得了阶段性的成果。但有一个普遍存在的问题，就是创业教育的师资队伍薄弱，而创业教育内容丰富，涉及多学科、多种能力和较强的技术性等多种因素，从而导致了一种对教师综合素质要求较高与师资队伍力量薄弱之间的矛盾，成为制约创业教育质量提高的重大因素。这主要体现在以下两个方面。

第一，从数量上来说，教师数量不能满足创业教育的教学需求。

创业教育试点建立至今才短短12个年头，专门的师资队伍无法在短期内壮大起来。无论是部属院校还是地方院校，开设创业教育的高校并不多，从事创业教育研究和教学的高水平教师更是凤毛麟角。目前，高校的创业教育专职教师大多是从“两课”教师、学生管理人员等转过来的，知识缺陷较为明显，严重制约了创业教育的发展。

第二，从质量上来说，缺少具备“双师”（即专业理论名师与有实践经验的工程师、经济师等）素质的教师和企事业单位的兼职教师。

目前高校创业教师大多缺乏创业经验或体验，在教学中很难做到理论联系实际，影响了创业教育的质量。“双师”教师能够同时驾驭创业教育理论课和实践课，是把创业教育落到实处的真正力量。创业教育对具备“双师”素质的教师要求要高于其他专业。而我国大学和社会脱节的现状是该类教师匮乏的直接原因。由于大学生在学习中缺乏实践的指导，其思维必定限于“天马行空”和“纸上谈兵”的阶段。

三、高校创业教育师资队伍建设对策

加强创业教育师资队伍建设势在必行，建立以专职教师为核心、以兼职教师为主导的全程化创业教育队伍是目前高校创业教育较为合适的模式。

（一）建立师资队伍

开展创业教育的教师必须有强烈的事业心和责任感，既要有深厚的专业理论知识，又要有丰富的实践经验，在理论和应用等领域取得过一定的研究成果；具备一定程度的人文素质和较广博的社会学知识，在学生综合素质培养方面有一定的思路，并能上升到理论研究水平，能独立完成相应的教学研究项目；具有一定的亲和力，有丰富的学生管理经验，在学生中具有一定的威望；具备不同学科的专业知识等。因此，必须加强教师培训工作，积极创造条件，支持开展各种形式的继续教育，同时积极地引进人才，建立一支高素质的创业教育专、兼职教师队伍，为课程的实施提供必要的条件。在创业教育专家体系中，创业师资队伍应该包括以下两个部分：

1. 专职的"双师"素质教师

来自高校的专职教师是从事创业教育的中坚力量，从事创业教育的基础教育教学、实践管理工作，对全校创业课程教育活动进行规划、组织管理和绩效考评，还有一部分承担创业教育讲座任务，主要从事专业性强的专题教学，如创业心理、创业规划、法律知识等，让学生在创业道路上获得丰富的知识和有效的指导。这个专家体系是动态的、开放的，他们在高校创业教育管理部门的同意协调下开展工作。如斯坦福工学院的技术创业项目（简称STVP）设立了创业学专业，开展创业学方向理工科研究生的培养，该方向可以授予哲学博士学位，主要培养未来从事创业教育的师资力量。高校还应鼓励和选派教师从事创业实践，积累创业经验，提高教师的创业教育水平。例如，斯坦福大学开设创业课程的教授往往通过参与创业企业的咨询服务、担任创业企业董事等方式，深入了解创业，从而以自己的亲身经历丰富课堂案例教学，指导学生的创业实践。

2. 聘任的兼职教师

高校还要注重吸收社会上一些既有创业经验又有一定学术背景的人士从事兼职教学和研究，特别是聘请成功的企业家作为创业教育的客座教授，扩大创业教育的师资队伍。聘任校外兼职教师，既可以弥补学校现有创业教育师资的不足，保证创业教育开展的需要，又可以加强学校与社会、企业的联系，创设创业教育氛围，提高创业实效。在斯坦福大学商学院，企业家担任客座讲师是比较普遍的现象。

（二）提高师资教育水平

教师队伍的建设在理论上可以勾画得无比丰富和完美，但在实际工作中，由于它涵盖了部分兼职教师，而他们隶属于不同的部门和管理系统，再加上该领域教学人员具有流动性大的特点，因而应建立教师参与创业教育工作的激励机制，让他们有一种真正的"归属感"，否则他们可能会"远走高飞"。要切实采取措施，留住人才，构建一支高素质的创业教育师资队伍。

1. 加强师资培训

创业教育的师资培训可以采取以下形式开展。

一是正规授课式培训。它指的是在特定的时间内，由某个组织者发起、集中授课、需要付费的培训形式。这种培训的特点是：有明确的培训目的，有清晰的培训计划，有具体的课程安排，有专业资质讲师授课，有严格的培

训效果评估。总体来讲，在创业教育的开展初期，这种形式的培训是非常必要的。因为创业课程在授课的方式、方法上都有别于传统课程，它更追求灵活、创新、参与和互动。而大多数已经习惯了传统讲课方式的教师如果没接受过这种正规培训，可能不会很快领悟创业课程的指导思想和独特的参与式授课方式。正规授课式培训使教师得到更加系统、集中的强化训练。

二是自由沙龙式培训。它是一种由教师自发组织、形式比较松散、自由讨论、不需要付费的培训形式。这种培训的主要特点表现为：强调自我培训，没有主讲教师；有明确的培训主题，但没有严格的授课形式；以探讨问题为主，培训氛围轻松。可以说，这种自由沙龙式的培训是正式培训的必要补充和延伸。实际上教师们更喜欢这种形式的自我培训，原因有如下几点：第一，大家可以建立一个非正式的交流网络，不定期地进行沟通和交流；第二，自由式讨论具有及时发现问题、及时分析问题和及时反馈的特点，教师之间可以彼此分享解决问题的方法和授课技巧；第三，培训形式轻松，可以减少学习的疲劳感；第四，对问题进行充分讨论，不受时间限制。这种形式的培训往往被人们忽视，但事实上，其效果是很不错的。

三是企业体验式培训。这是与前两种培训形式截然不同的培训方式。它是指教师在一定时期内，亲临创业企业，通过与创业者直接接触的方式获得创业知识、积累创业案例、总结创业经验的培训形式。这种培训方式的最大特点就是实践性，强调与创业者密切接触和沟通，让创业者成为教师的培训师。具体来说，它包括以下几种形式：一是采访创业者，记录他们的创业经历。二是在一段时间内，教师深入企业实习，亲身参与创业活动，经历创业过程。三是把创业者请进课堂，分享他们的创业经验。在现实中，这种培训形式有一定难度，其基本原因在于学校与企业之间没有形成一个有机的链环。一方面教师没能“走出去”与创业者联络，致使创业教育更多地停留在书本上或模拟游戏层面，远离真实企业。另一方面创业者没有“走进来”，与教师合作，他们参与学校的创业教育的意识不强，创业教育环境亟待改善。要想中国的创业教育取得突破性发展，学校、企业和政府应该携手合作，积极地倡导和引入企业体验式培训。

四是交流研究式培训。此种方式在以上三种培训方式的基础上，更注重总结经验，提升层次，并不断结合教学，深入开展对创业教育的理论研究和对创业教育实践的总结，形成一套较为成熟的理论教育体系来指导学生的创业实践；同时也可以每年选择一些就业、创业指导教师赴国外友好学校作短期考察和交流，学习国外先进的创业教育理论、方法和经验，通过培养和引进，使创业教育固定化和专家化。

2. 充实培训内容

创业教育师资培训内容，大致可以锁定在以下两大方面。

一是课程内容培训。对创业教育师资进行创业课程内容的培训是很重要的。这些内容主要涉及管理学、营销学、会计学、经济学等专业的综合知识，具有很强的专业性和应用性。而从事创业教学的很多教师来自非经济类专业，从事就业分配、团委以及学生方面的工作，并非都具有经济或管理类的专业知识背景。因此，教师在传授创业知识之前，首先要接受创业课程中的专业内容的培训，这样才能在课堂上深入浅出、游刃有余，才能让“死”的知识“活”起来。创业教育不是时髦的“第二课堂教育”，它应该是严谨的专业性教育和灵活的应用性教育，在越来越多的专业教师加入创业教育行列的同时，培训应该给更多的非专业教师以系统化和专业化的训练。

二是授课方式培训。创业课程的目的是激发创业热情，培养创业精神，提高创业能力，其最终目标就是培养企业家型复合人才。因此，创业课程在授课方式上明显有别于传统课程，它更强调参与和应用。我们可以用“三多”和“三少”来概括，即多一些互动参与，少一些抽象概念；多一些双向交流，少一些单向灌输；多一些热情行动，少一些乏味说教。教师可以通过多媒体课件、视听资料、精彩案例、生动故事、商业游戏、模拟竞赛、角色扮演等非传统授课方式，向学生传授创业知识，让学生感受创业激情。总之，创业教育的课堂强调的是“动感”与“活力”。

3. 制定科学评价制度

制度建设是创业教育工作的重要基础工作，它是教师工作的有序化和安全性的有力保障。依靠制度的力量推动创业教育师资队伍建设，主要表现在工作量安排和绩效评估上。明确教学质量管理的组织结构，制定主要教学环节的质量标准和教学管理制度，完善教学质量反馈信息处理系统和教学质量保障体系分析系统。创业教育教师进行专题讲座、指导学生创业实践、参与创业咨询的工作，可以有章可循地折算成教学工作量，为落实奖勤罚懒的制度提供依据。

4. 建立有效激励机制

建立利益驱动机制，既是体现教师劳动的重要指标，也是促使教师主动、积极参与创业教育的重要动力。对在创业教育中做出突出贡献的教师，按照既定的报酬标准予以奖励。同时，要为教师个人的进步拓展空间，对于教师在教材编写、论文发表、进修培训、经验交流等方面，除了给予金钱上的鼓励外，还应在软件方面创造空间并给予支持，如组织教师到同类院校或创业市场进行系列考察活动，建设创业教育教师的培训基地，等等。利益上的激励机制建设可增强教学工作中的向心力和凝聚力，使创业师资队伍的建设能够步入良性发展的轨道。

创业教育师资队伍建设是一个关乎大学生创业成败与否的关键因素。只有从大学生的根本需要出发，怀着崇高的教师职业精神，开拓创新，才能形成一支高效率、高素质的师资队伍，为高校创业教育工作提供坚实的人力资源保障。

第四节　高校创业教育课程建设

开展创业教育课程的目标是培养学生的创业意识和为社会主义事业奋斗的责任感、使命感，培养学生坚忍不拔、不屈不挠的意志力，敢冒风险、敢于行动的拼搏精神，善于自我调整、团结合作的心理素质。通过开设创业教育课程，帮助学生搭建合理的创业知识结构，进行知识储备，教育和引导学生全面理解创业的深刻含义，了解创业所需要的各种能力和素质，帮助学生明白各种能力和素质的获得途径，并可以运用到今后的生活和工作中，让学生有的放矢。

一、国外创业教育课程建设介绍

美国的第一个创业教育课程诞生于1970年。1980年，第一个本科创业教育专业诞生在百森商学院、贝勒大学和南加州大学。1979～1986年，中小企业与创业课程成长迅速并蓬勃发展。如今，美国至少有400个学院和大学提供了一种或多种创业课程，许多顶尖大学现在提供了创业方面的课程和学位。有研究显示，佐治亚大学、印第安纳大学、宾夕法尼亚大学沃顿商学院已经专门开设了创业方面的博士学位课程。还有一些院校在原有商业教育的课程内容中涵盖了部分创业方面的内容，如波士顿大学、科罗拉多大学波德分校、佐治亚技术学院、哈佛大学、休斯敦大学等。

百森商学院有35名专职从事创业教育和研究的教师，共开设了33门课程，该校通过设计一个著名的创业课程教学大纲、独一无二的外延拓展计划以及共同资助世界上最著名的一个学术研究会来支撑创业教育，倡导创业精神。创业课程教学大纲中的必修课程有“新生管理体验”“新企业创立”“成长型企业管理”和“创业企业融资”；选修课程主要有“连锁经营、授权和分销途径”“组织内部的创业”“家庭企业管理学”“经营和税务”“管理收购”“创业企业营销”“风险投资和成长资本”“创业领域专题学习和研究”（主要是在教师指导下从事创业教育课题研究的一门实践性课程）等。许多课程极富特色和创意，如“新生管理体验”课程。新生班级被分成若干团队（小组），在教师指导下制订出创业计划，以团队的形式贷款 3000 美元作为原始资本启动一家新公司，公司在学年结束时必须返还本金和利息，超过原始资本的利润作为大一学生开办慈善事业的基金。到目前为止，每个学生小组学年末都有盈利。

伦斯勒理工大学有 22 名教师，共开设了 20 门课程。加州大学伯克利分校从事创业教育的教师是 20 名，共开设了 23 门课程。创业教育的课程是一个系列，涉及的内容主要有：创业涉及的法律、新兴企业融资、商业计划书、创业领导艺术及教育、经理个人计算技术、创业管理运作、技术竞争优势管理、启动新设企业、大型机构创业、社会创业、成长性企业管理、家族企业的创业管理、创业营销、企业成长战略等。

斯坦福大学的主要院系都开设了创业方面的课程，其中工学院和商学院的创业教育最为完善，如工学院的技术创业项目（简称 STVP）的目标是促进高技术创业教育，培养未来工程师和科学家的创业技能。该项目为不同层次的学生开设了相应的课程，如为研究生开设了“高技术创业管理”“全球创业营销”“技术创业”等讨论较为深入的课程，为博士生开设了创业学科领域的研讨课。另外，他们还为全校的本科生、研究生开设了讲座性质的“创业思想领导者讲座”。这些课程特点非常鲜明：理论与实践紧密结合，学院与业界良性互动。例如，“技术创业”由三位有丰富创业和企业管理经验的客座教师共同开设，而商学院开设的“创业管理”课程由一位校内教师和一位客座教师一起上。这些创业课程的课堂普遍互动性很强，其中一些讲座性质的课程开课方式更为灵活，学生可在多个学期内完成这门课，只要听了一定数量的讲座并上交相应的讲座总结，即可获得学分。

澳大利亚政府积极实行创业教育课程结构的改革与调整，开发出了四套模块化教材，即综合性介绍类教材、工业类教材、商业发展类教材和远程教育教材。每套教材的主要内容分别有：管理自己，即对创业者和经营者个人素质进行评估、开发和培训；管理他人，即策划、创建、经营与运行、财经与保险、市场；教学评估，是可以独立地着重培养学生创业能力的教学模块，即按学生的兴趣和要求选学 30 ~ 200 课时的课程。

肯尼亚政府已经开发出了一个创业教育方面的课程大纲，该大纲主要涉及创业和自谋职业、创业机遇、创业意识、创业动机、创业能力、企业经营管理等方面的内容，侧重培养职业学校学生的创业意识和创业能力。

二、高校创业教育课程建设目标

创业教育领域的基本课程可在大一、大二开设，核心课程应该在大学三年级开始设置。由于大学所开设的基础教育课程涉及面广，大三的学生在经过大一、大二的基础课程学习以后，具备了一定的社会、人文和自然科学知识，加强了人文修养和科学精神的训练，有了一定的知识储备。另外，学生经过两年的大学生活，生理和心理逐渐成熟，对探讨、分析较为复杂的创业问题会更有深度。

（一）使学生了解创业的相关基础知识

通过开展创业教育，使学生了解一些创业知识、典型案例、创业实践中的经验和教训等，理解有关创业知识的名词术语、基本概念、基本原则，了解管理学、人力资源管理的基本知识，了解一些财务专业理论知识、财经法律法规和制度，掌握人际交往、公关的常识和技巧。

（二）使学生具备一定的创业技能水平

使学生们面对问题能够选出最佳解决方案，当机立断召开、主持小组、班级或年级的一些会议，总结工作；组织实施一些决议；能够积极地倾听，主动与人沟通，能够吸取各种经验、建议，包容、尊重个体的独特性；理解、识别并接受不同的民族与文化的共性和差异，理解自己与他人的个性和态度，协调群体一起有效地学习、工作，形成相互支持的气氛；公开讨论，正视问题，积极寻求提高自我管理能力的方法，评价、建立并追求实现一生发展的职业与个人目标，在不断追求卓越、富有创造力以及全新的方法或目标的过程中，寻求、学习、分享并运用新知识，准确地评价自身具有的长处和短处以及与周围环境的关系，提高事情完成之后的自我反省能力。此外，使学生掌握语言表达能力和社交能力。

（三）使学生具备优秀的创业意识和品质

使学生具有充足的自信心、强烈的创造欲望和解决问题的意向，思维灵活，独立自主，不受现有结论的约束，善于把握时机，工作、学习踏实，讲求效率，善于思考，在沟通中表现出诚实、开放的品质，但又能把行为限制在法律、保密等范围内，在工作、学习中表现出尊重别人、为人正直的品质，对热爱的工作具有很强的持久性、自制力和责任心。

三、创业教育课程与其他大学课程的关系

创业教育课程是跨学科课程，在层次结构中，它应该属于公共基础课程，它的内容包括创业意识的培养、创业心理品质的培养、创业能力的培养和创业知识结构的培养。这些不是一门课程就可以完成的，而是需要由围绕“创业教育”这个中心的一系列课程组成的。

（一）创业教育课程与专业课程的关系

大学的普通教育是通过提供共同而广泛的教育，提高大学生的文化素养，促进其个性自由、和谐地发展，使之成为有理想、讲道德的合格公民。创业教育课程是大学普通教育课程体系中的一门通识性课程。它的知识面宽，比起专业课程，理论深度较浅。创业教育课程与专业课程的课程目标、课程内容虽各有侧重，但二者并不矛盾，它们呈现出相互补充，但相互不可取代的关系。学习创业教育课程为专业课程的学习和专业知识的运用奠定了一定的基础。一方面，学生从创业教育课程中获得开创意识、技能和精神，自觉运用于专业学习中，能运用开拓性的思维批判地继承专业知识，能更好地领悟和吸收专业知识；另一方面，创业教育课程涉及的知识面广，能弥补专业课程涉及面窄的缺陷。而专业课程所学的知识则是学生整个知识体系中最基本的组成部分，占主要地位。无论学生走上创业还是就业的道路，他们都需要某一专业、职业的相关知识。如果没有一定的知识储备，只具有开创精神，是到达不了成功的彼岸的。

（二）创业教育课程与其他公共基础课程的关系

创业教育课程因为自身的内容和性质的不同，和其他公共课程表现出既依赖又独立的关系。

1. 创业教育课程依赖于其他公共基础课程

它广泛涉及政治学、经济学、管理学、法学等方面，要学好创业教育课程，需要多方面的知识储备。在大学公共基础课程体系中设有语言文化、政治经济、计算机应用、历史、艺术、自我修养等各类课程，这些课程所涉及的内容是创业课程的基础，学习创业相关的知识、技能有赖于这些公共基础课程提供的知识，所以创业课程有赖于其他公共基础课程。

2. 创业教育课程是独立的

政治学、经济学等学科固然涉及创业方面的主要知识内容，但它们本身不构成我们所说的创业教育，这些课程不能代替创业教育课程。创业教育和它们的最大区别就在于，它们往往只是单纯地分析社会、经济的现象和原因，解决遇到的一些问题，处于被动的地位；而创业教育则站在它们的基础之上，学生通过跨学科策略的培养，激发创业意识，培养开创性的个性，从而更有效地识别社会、经济中的一些问题或时机，能够使自己的行为适应这个时机，得到成功。

四、高校创业教育课程的开设形式

为了有针对性地培养大学生的创业意识、创业能力、创业精神等创业素质，高校应针对不同年级、层次的学生，结合当今社会形势及学校特点，开设创业教育课程，努力构建创业教育课程体系。

（一）调整教学计划

高校可按照创业教育的要求对原有教学计划进行调整，并按照厚实基础、淡化专业、加强素质教育和创业能力培养的思路，设计新的专业教学计划，结合专业课教学，通过渗透、结合、强化的方式，加强学生创业意识的培养。在教学实践中，不要求打破现有的课程体系进行专门的创业教育，而是要在现有课程中挖掘、开发、增强创业教育的内容，在课程建设上提倡“文理互补”等多种协作方式，加强“通才”培养，为创业打下坚实的知识基础。在前期可确立若干个创业教育示范试点专业，并出台相应的《创业教育试点专业教学计划的原则意见》，从培养目标、专业教学计划、学制和学分规定等方面保证创业教育与专业教育的同步实施。

（二）开设公共必修课

创业教育课程中的公共必修课是全校各专业学生所必须学习的，是以提高全体学生的创业意识、创业知识和创业心理品质为重点的。它的特点是提高全体学生的综合素质。这类课程应主要设置在大学三年级这一学年，内容可涉及创意理论和实践、广告创意、创业案例分析、企业家精神、创业管理知识、公共关系学、信息处理、法律基础知识等，诸如把“新企业创立”“成长型企业管理”“创业企业融资”“创业财务”“创业管理”“创业营销”“专业服务公司”“小企业的经营与成长”“风险投资与个人股权”“投资管理与创业财务”“环境创业精神”“创业精神与风险投资”“营销与生产一体化设计”“创业机会评估”“创业战略”“创业与社会发展”“信息处理产业的战略制定与实施”“技术创新的战略管理”等融入创业教育课程的基础知识中去，也可避免课程的重复设置。

同时，也可以将创业教育融入就业指导课，在就业指导课课程安排上，专门开辟创业指导内容，全面普及创业知识、素质、途径、方法等内容，帮助学生尽早形成创业意识，使单纯的就业指导变为就业教育指导与创业教育指导并举，构建新的就业教育体系，并贯穿学生大学四年的学习过程。

（三）开设公共选修课

创业教育课程中的公共选修课，应旨在面向部分学生（主要是理工科、商科学生和有创业意向的学生），为这些学生提供进一步学习创业知识的途径。开设“新生管理体验”“商务基础”“创业者的心理品质”“企业家精神”“金融股票知识”“谈判技巧”“演讲口才”“人力资源管理”等创业教育课程，为有创业愿望的学生补充某方面的知识。它在公共必修课的基础上，应适当拓宽和加深有关内容，并更多地注重培养学生分析问题和解决问题的能力，学生可以根据自己的具体情况在规定的科目中进行选择。当然，文科学生若有兴趣，也可选修，考核通过同样给予学分。需要说明的是，虽然在自由选修课中可设置“模拟创业”等一些具有实际操作性的课程，但并不是说就鼓励学生弃学创业。

（四）引入国际创业培训课程

在国际劳工组织的创业教育课程体系中，KAB 项目、SIYB 项目、YBC 项目共同构成了一个完整的创业培训体系，可根据需要将其设定为必修课或选修课。

1.KAB（Know about Business）项目

KAB 是国际劳工组织为培养大中学生的创业意识和创业能力而专门开发的新项目。该项目旨在通过教授有关企业和创业的基本知识来提高毕业生的创业能力和就业能力。目前，该项目在肯尼亚、斯里兰卡、秘鲁、乌兹别克斯坦、印度尼西亚、坦桑尼亚、越南等十多个国家已得到很好的应用。中华全国联合会与国际劳工组织进行三轮项目磋商，正式启动了 KAB 大学创业教育项目。“大学生 KAB 创业基础”以国际劳工组织开发的教材为蓝本，将培训内容分为八个模块，依次为：

模块 1：什么是企业？

模块 2：为什么要发扬创业精神？

模块 3：什么样的人能成为创业者？

模块 4：如何成为创业者？

模块 5：如何找到一个好的创业想法？

模块 6：如何组建一家企业？

模块 7：如何经营一家企业？

模块 8：创业准备一商业计划书。

该课程对企业、创业等职场元素进行了分析和介绍，通过测量工具、团队游戏帮助学生了解创业者的基本特征和所需素质，使学生了解从产生商业想法写出商业计划书，组建一个企业直到企业发展、运作的基本过程。通过课程学习，学生可以较为深入地了解职业环境和商业的基本运作过程，同时掌握建立和运营企业的基本知识及技能，提高学生毕业后的职场适应能力和创业能力。该课程实行小班授课（不超过 30 人），采用参与式的培训方法，可使学生的沟通能力、表达能力、团队合作能力、领导能力等基本素质得到发展和提高。

2.SIYB（Start and Improve Your Business）项目

SIYB 项目是联合国国际劳工组织为了支持发展中国家中小企业的发展，专门组织开发的创业培训体系，由英国国际发展部提供资金支持。该项目由一系列针对小型和中型企业开发的有专门教材的、精练的和模块管理的培训课程组成，在世界上 80 多个国家和地区推广。该项目是在英国政府和日本政府的资金援助下，根据我国再就业工程的需要，由中国劳动和社会保障部与国际劳工组织合作实施，为促进社会就业而推出的具有探索性的试点培训项目。

SIYB 项目于 1998 年 4 月开始启动，率先在北京、上海、苏州三个城市试点，并获得了成功。此项目设计期限为 3 年，自 2005 年 7 月正式开始实施。同时还将尝试向进城务工人员和大学毕业生提供培训服务。从 2005 年以后，该项目的服务范围扩大到了农村。

SIYB 创业培训是一套简明、通俗、实用的创业培训体系。它打破了传统的教学模式，利用现代化多媒体教学工具，通过头脑风暴法、情景模拟法、角色扮演法、SIYB 游戏等多种培训方法，形成了教师与学员之间的真正互动，极大地激发了学员的学习潜能与学习兴趣。

该项目的培训内容涉及以下四个模块，四个培训模块既相互独立，又相互联系，学员可根据自身情况选择。课程采取“U”字形授课模式，小班授课，增强了教师与学员的互动性、参与性，提高了教学质量。

模块 1——GYBI（Generate Your Business Idea，意为“产生你的企业想法”）:

确定你是否具备创办企业的素质和能力，产生创办企业的想法，找出最适合你个人情况的创业想法。

模块 2——SYB（Start Your Business，意为“创办你的企业”）：了解小型企业的法律要求，制订企业人力资源管理计划、市场营销计划和财务计划，规划你的企业财务，计算所需投资，将各种计划整理好。

模块 3——IYB（Improve Your Business，意为“改善你的企业”）：开发和实施市场营销计划，为产品和服务核算成本，控制库存，准备财务计划和财务报表，建立记账体系，起草生产力改进计划。

模块 4——EYB（Expand Your Business，意为“扩大你的企业”）：帮助希望扩大自己的企业的增长型企业家在扩大企业的方面获得战略性建议和战略规划服务，使企业家在课程结束时制定出一套适合自己企业的可行的企业增长战略，并能够成功地指导企业增长战略的实施。

3.YBC（Youth Business China）项目

YBC 项目由共青团中央、中华全国青年联合会、国家劳动和社会保障部、中华全国工商业联合会等机构倡导发起，旨在扶助中国青年创业的教

育性公益项目。通过借鉴和利用英国青年创业国际计划（Youth Business International）的项目模式、先进经验和国际资源，中国青年创业国际计划将探索符合中国国情和文化特点的创业扶助模式，帮助中国青年走上创业之路。该项目通过动员社会各界特别是工商界的资源，为创业青年提供“一对一”导师辅导以及资金、技术和网络支持，帮助青年成功创业。和其他创业项目相比，其最大的不同在于：它不仅能为创业青年提供3万至5万元的创业启动免息贷款，而且还能为他们提供“一对一”陪伴式的创业导师辅导，既融资又融智。众多有社会责任感的企业家、企业管理人士以志愿者的身份参加项目的推广、管理工作，他们或者提供资金、技术、网络支持，或者本人担任或是鼓励员工志愿担任创业导师。

（五）选择合适的教材

在教材的选取上，既可充分利用现有与创业相关的教科书，也可编著实用性、针对性强的本土大学生创业教育教学教材，组织有经验的教师编写与创业相关的讲义和课件，作为开展大学生创业教育教学的学习教材。主要内容涉及国内外大学生创业概况、创业者与创业团队、创业机会的识别、创业计划、创业融资、企业创立、财务管理、人力资源管理、生产管理、营销管理、技术与质量管理、企业文化管理、创业风险管理、企业扩张与再创业、创业成功案例、国内大学生创业优惠政策、“挑战杯”大学生创业大赛等，主要面向本、专科生。

高校可结合学校实际开设实用性较强的创业课程，如北京电子科技职业学院开设的“创业起步”课程。该课程作为本校精品课程，得到广泛的应用，并取得了一定成效。该课程作为选修课，共2个学分，40个学时的第一课堂学习，20个学时的第二课堂课外实践。教学内容遵循循序渐进的原则，根据课程教学设计思路，把课程分为六个步骤，即创业意识培养、选择商机、组建企业、经营企业、撰写创业计划书、创业综合实训，并将六个步骤分为了九个模块，模块与模块之间既彼此联系又相对独立，每个模块又分若干主题任务，所有的主题由对实践有指导意义的内容组成。

五、高校创业教育课程的教学方法

传统的教学方式存在着很大的局限，创业教育的教学方法必须具有新思维，另辟蹊径，打破以往教学方式的束缚。教学方法和教学手段的合理选择和运用对于完成教学任务的意义是十分重大的，是促进学生掌握知识和发展能力的保证。

（一）突出问题教学

以解决问题为中心组织教学，这类教学方法既可解决旧问题，也可解决实践中遇到的一些新问题，可促使学生积极思考。比如可能会遇到这样的问题：在现实创业中怎样有效地进行商业交流与公关交往，怎样激发创业个体和创业团体的创造潜能，怎样利用各种有效资源和制订商业计划，等等。这种教学方法不仅可让学生独立思考，也可让学生分小组讨论甚至辩论，这不仅能培养学生对创业问题的分析和判断能力，也能增强学生的合作与竞争的意识和能力。

（二）案例分析教学

创业教育是要让学生知道怎么想、怎么做，不以单一专业知识或技能的传授为目的，通过采用典型的、有特色的创业案例教学，充分体现出创业成功者的创业方法、过程、规律和创业精神，启发学生，使学生通过自己的分析和研究，引发创业兴趣，建立创业思想，进行自我创业设计，突出创业教育的个性化。进行创业案例分析，不仅要分析成功案例，也要分析失败案例，目的是让学生从经验中学习，将经验和教训上升到理性认识。进行创业案例分析，可以考虑让业界人士参与教学。例如，邀请业界人士跟学生们座谈，给学生们开讲座。他们的创业过程报告可以形成一个鲜活的案例分析，这样更能提高学生的兴趣，增强他们对创业的分析能力。根据教学的需要，也可恰当地使用图片、实物等直观教具以及投影、幻灯片、电视、录音和计算机辅助教学等现代化教学手段，以增强知识的直观性、形象性和立体性，加速知识的理解进程。

（三）集体讨论式教学

集体讨论式教学是在教师的主持下，通过以学生为主体的集体对话和讨论的形式进行多向信息交流的一种教学方法。首先，它从根本上改变了以教师为绝对中心的传统课堂教学结构，突出了集体学习的重要性，既解放了教

师，也解放了学生。其次，集体讨论教学是在集体讨论中，使每个学生都可以发表见解和看法，能激发学生进行创新思维，从不同的角度、不同的理论基础来分析问题。最后，集体讨论为学生之间、师生之间提供了一个交流的平台，有助于集合集体的智慧来解决问题，在交流和讨论中对某一问题达成共识。同时，还能够培养学生多维度的思维能力，激发学生的学习热情，活跃课堂气氛。

（四）拓展训练教学

通过设计独特的思想性、挑战性和趣味性的户外活动和游戏活动，培养学生积极进取的人生态度和团队合作精神。在创业课堂教学课程中可以通过在室内和户外精心设置一系列新颖、刺激的情景，让学生主动去解决团队合作中可能存在的问题。在参与体验的过程中学生心理受到挑战，思维得到启发，然后通过共同讨论、总结，进行经验分享，感悟团队合作精神的重要性。

（五）操作式教学

这是要求学生动手进行具体操作的一种教学方法，有利于发挥学生的创造性和主观能动性，也有利于锻炼学生的动手能力，提高其操作技能。主要有以下几种形式：一是组织学生自己动手制订小型企业的创业方案。可以以组为单位，每组 4 ~ 6 人，依靠协同学习的优势，写出创业方案。通过方案的制作，促使学生收集创业信息，巩固创业知识，明确创业思路，培养学生的团队合作精神，为以后创业打下基础。二是组织学生承担一定的课外项目。其目的在于接触企业、了解企业，进行实战演练，增强实战能力。同时，学生可以锻炼自己的沟通能力、分析问题的能力等，与他人建立和保持更广泛的联系。三是组织学生自己制作创业作品，学生在创业作品的设计过程中，会综合运用各种知识，还要查阅大量的资料，这本身就是一个全面锻炼和提升的过程。

第五节　高校创业教育实践教学

创业教育的实践教学是提高学生创业能力的基本方法和主要途径。创业教育最根本的目的就是提高学生的创业能力。创业能力是一种以智力为核心的具有较高综合性的能力，是一种具有突出的创造特性的能力。创业能力包括专业技术能力、经营管理和社交沟通能力、分析和解决实际问题的能力、信息接收和处理能力、把握机会和创造机会的能力等。在上述各能力中，有的可以通过课堂教学来获得知识，再由知识转化为能力；而大部分必须鼓励学生积极开展创业实践活动，通过创业实践来提升创业能力。创业实践过程既是学习的过程，也是传授知识和技能的过程，通过多种形式的创业实践活动，培养学生的动手能力和实践能力，为将来的创业做好知识、技术、能力的储备和创业心理品质的准备，增强大学生对未来创业环境的适应力。

一、国外创业教育实践教学介绍

美国大多数院校创业教育的教学突破课堂的局限，创造出一些实践性强的学习方式，如创业计划、学生创办企业、向企业家咨询、计算机模拟创业、与创业者会面、案例分析、田野实践等。鉴于创业教育对象的扩大，由不同学科的教师组成的团队开发出针对非管理学专业特色和跨学科的创业教育项目。

美国大学教育中开展创业教育的方式灵活多样，举行“校园创业计划大赛”就是其中的一种。1983 年该比赛由美国得州大学奥斯丁分校首次举办，此后，斯坦福大学、麻省理工学院等大学每年都会举办此类活动。Yahoo 公司就是在斯坦福大学校园创业氛围中诞生并迅速成长起来的。麻省理工学院自 1990 年开展首届创业计划竞赛活动以来，其毕业生和教师平均每年创建 150 个新公司。最新统计表明，该校的毕业生已经创办了 4 000 多个公司，这些公司仅 1994 年就雇用了 110 万人，创造了 2 320 亿美元的销售额，为推动美国的经济发展做出了重要贡献。

大学通常还会接受成功企业家的资金捐助，用以设立创业中心。创业中心是连接学术理论界和商业界的桥梁。创业中心通常会举办创业计划竞赛，通过比赛的形式选拔出具有潜力的创业者，帮助他们争取到广告商、投资商的支持，并为合适的创业项目提供税费减免，使学生的项目能够直接在“孵化器”里进行孵化。创业中心的课程通常不以正式的课堂教学的方式进行，一般会采用专题讨论和座谈的方式对创业项目进行论证，为创业者提供咨询服务。例如，百森商学院的杰出创业家协会就定期邀请一些公司总裁等成功人士与高校学生交流，共同分享他们的创业经验和经营理念，激发高校学生创业的灵感。

伦斯勒理工大学的创业教学有别于常规的课堂教学。它是一种开放的、与各种创业活动密切相关的教学。学校邀请了数十位创业成功人士直接同选修创业课程的学生小组结成对子，对小组的创业计划进行直接指导；百森商学院设立了“创立人之日”活动，当天把全球著名的有影响力的创业家邀请到学校同学生交流座谈，并成立了杰出创业家协会，设立百森创业种子基金，有志于创业的本科生创业团队和研究生创业团队都可以申请到5 000 ~ 20 000美元不等的创业基金。伦斯勒理工大学的学生在创业计划大赛获奖后可以直接进入学校的“孵化器”进行孵化，平常约有15家学生开办的公司在“孵化器”中辅导。

1998年，英国政府启动了大学生创业项目，该项目是专门为18 ~ 25岁在校大学生设计的。项目分为两部分内容：一是开办公司。学生自己设计商业构思，组建创业团队，筹集资金，开拓市场，开发产品或提供服务，从而获得创建企业整个过程的经验。在开办企业的过程中，学生可得到志愿企业顾问和创业导师的咨询指导。二是创业课堂。课堂通常持续半天或一天。学生与企业家聚集一堂，听创业者演讲，参与一些活动和讨论，获得与创业者进行面对面交流的机会。

英国高等教育学会为大学提供创业技能教学的材料，利用学会的各种小组以及各个学科中心的工作为高校创业教育提供学术支持。学会在全国发起了“大学生创业技能计划”，目的是在各个专业的本科生课程中嵌入有关创业技能的内容。这个以学科为核心的项目在10个学科中心展开，学会的高级顾问和项目官员负责一些协调和支持的工作。

日本国会通过了《大学技术转移促进法》，在高校倡导创业教育。随后从大学到国家层次的各种创业竞赛方兴未艾，而且通过把创业竞赛中的经验加以总结提炼，融入高校开设的创业教育综合课程中，把创业竞赛和课程体系建设较好地结合起来。

二、高校创业教育实践教学形式

创业教育既要加强教学计划内的实践环节，如科研实验、专业实习、军事训练、劳动教育等，还要加强教学计划外的实践活动，如校园文化活动、专业技能竞赛、各类型的文化指导服务等；既要加强专业内的实践，如专业实习等，还要加强专业外的实践，如各种青年志愿者活动、社会调查等；既要注重学生的自主参与，还要注重教师的指导。

（一）结合课程开展实践

结合各门专业课程的特点，将创业教育的有关内容和因素，有机地渗透到相应的教学内容中去。在课堂教学的特定时空中，在完成该专业特定的教育教学目标的同时，努力完成与此紧密相关的创业教育教学的要求。比如，大学时期怎么分阶段培育学生的创业意识。对于大一新生来讲，可以组织开展创业观察实践和创业案例分析活动，通过调查、讨论等深化对市场、社会及个体经营者的直接了解和对行业、职业、岗位的具体感知，引导其逐步激起创业欲望、形成创业兴趣。引导大一学生收集创业信息，可以开展如创办创业信息手抄报，建立创业信息库、创业点子库和优秀创业方案库等创业信息收集活动。对于大三、大四学生，一方面可以邀请创业成功的校友举行自主创业报告会“现身说法”，给予学生创业技术上的指导和帮助，另一方面也可以通过开辟创业论坛、举办创业演讲比赛和创业方案设计大赛等多种形式，进一步深化其创业动机，鼓励有条件的大学生积极开展创业实践。同时，应注意在实现该专业原有实践活动课特定教学目标的同时，相应地实现有关创业教育的任务与邀请。比如，将学校的综合素质教育、学生的工程训练、有关的专业竞赛活动（如“挑战杯”大赛、电脑网络大赛、数学建模比赛、程序设计大赛、机器人设计竞赛、集成电路设计竞赛、创业创意竞赛、企业管理案例分析挑战赛等）等有意识地与创业教育相结合。

（二）开展创业体验活动

通过开展体验活动，让学生模拟实际创业过程，提升学生的创业综合能力。这些活动要求参赛学生围绕一项具有市场前景的产品或服务，经过深入研究和广泛的市场调查，完成一份把产品或服务推向市场的完整且具体的计划报告。完整的计划报告应该包括企业概述、企业展望风险因素、投资回报、退出策略、组织管理、财务预测等方面的内容，甚至最终把创业计划变成现实。通过举办创业计划大赛、开设创业体验课等活动，可为学生提供锻炼的机会，积累创业经验；让学生全面了解创业过程，为开展实际创业工作做好心理准备；让学生明白自己的优劣势，明确自己需要加强的方向；融合创业知识，形成基本的创业综合能力。

（三）开展企业岗位实践

利用寒暑假组织开展社会实践活动，鼓励学生参加社会和企业的调查，让学生深入社会、深入企业，对就业市场和创业环境有初步的了解，对自己应当具备的能力有一定的认识，从而培养自己的知识应用能力；通过加强校企联合和实践基地建设，利用学生的人才优势与校外的高科技研发机构形成合力，让学生的创业活动与企业之间形成良好的互动，引导创业活动向长期化、社会化、实战化发展，推动学生的创业成果尽快产业化。

通过开展“百企千岗”走进成功企业活动，山东建筑大学信息与电气工程学院探索出一条激发学生创业意识，促进学生树立创业理想的途径。通过开展此项活动，一方面以社会实践活动为纽带，组织学生考察企业创新、创业的经历和经营状况，让他们在火热的社会生活中明白创新、创业的艰辛，感受艰苦奋斗的创新精神，克服追求、贪图安逸的懒惰思想；另一方面建立大学生青春创业实践基地，为学生提供创业实践的便利，如创业见习基地、创业实习基地和创业家园等，实现产、学、研一体化。学校对建设创业实践基地给予人力、物力、财力上的保障：扩大对创业实践基地的投入，从经费上给予保证；安排特定的场所，从场地上给予保证；配备得力的指导教师，在人力上给予保证，充分调动师生参与实践基地建设的积极性、主动性，营造良好的创新、创业的社会实践氛围。

（四）开展“模拟公司”实训

所谓“模拟公司”，是指按照实际公司的组织结构和商业操作程序运行的虚拟公司，从形式到经营都与传统公司一样，只有产品和货币是数字化的。参与实训的大学生按人数分为不同的创业团队，从工商注册、税务登记、面试员工等步骤着手，“实打实”地开设一家自己的“公司”，感受创业的全部过程。

“模拟公司”实训是一种政府出钱购买的培训服务，由劳动保障部门负责管理和对效果进行评估。培训基地将主要由大中专院校提出申报建立，政府提供一定数额的补贴。师资力量则由非营利性质的国际组织“全球模拟公司联合体”进行培训。例如，杭州市对每个非政府建设的“模拟公司”实训基地，经劳动保障部门确认后，给予1万元的建设补贴。

（五）开展实训体实践

实训模式的载体可以是大学生乐于接受的社团或“创业训练营”“创业实验室”等组织形式。实训体本身可以经营管理模式来运行，可设立董事会、股东大会、CEO、总经理、财务经理、人事经理等，通过大学生自己的分工协作来推动实训体的管理和发展。高校应当充当服务者的角色，为大学生创业提供相应的教学资源，为企业提供科研和技术上的支持。企业应当为大学生提供更多的技能培训，包括企业战略、企业文化、财务管理、产品研发、市场营销等，同时企业可以共享实训体创造出来的成果。

实训体本身就是大学生创业的一种尝试，可以说是虚拟的法人。从创立到经营，大学生可以自主制定章程，根据经营需要设立内部机构，制定各项管理制度，每个人严格履行自己在实训体内部的职责，明确责任分工，团结协作，取长补短。企业在对大学生进行技能培训的同时，定期对实训体各机构进行考核评估，建立相应的激励机制。实行定期换岗制度，尽量让每个学生尝试实训体内部的各个角色，使其对企业经营有整体性的把握。高校在做好服务者的同时，还要积极与企业沟通，维护好大学生的权益，实现三者共赢的格局。实训体还是大学生实现社会化的有益途径。通过企业的融入，大学生在校园实训的环境中可以接触社会、了解社会，逐步与社会接轨，学会接纳社会规则，懂得如何整合资源获得社会支撑和帮助。总之，通过校园实训的建设，可以不断完善高校创业教育环境，从而建立起学习体系—实训体系—评估指导体系—激励体系为一体的大学生创业服务体系。

（六）创建互动平台

利用校园广播电视、计算机局域网，加强校园创业信息服务网络建设，并通过网络平台，收集、研究、处理、反馈适应大学生就业和创业需要的短期市场信息，为学生创业提供创业项目、创业资金、创业导师、创业资源、创业政策等信息咨询服务，实现大学生创业群体的沟通和交流，增强创业大学生的集体归属感，强化大学生的创业意识。在校园网开设大学生创业论坛，提供创业项目信息、创业案例分析、大学生创业优惠政策、网络学习课件，为大学生学习创业理论、创业知识提供资源。通过校园网互动方式，全校性选修课主讲教师可与学生建立 QQ 群，大学生创业协会可在会员中建立 QQ 群，定期交流学习实践体会，更加直接地参与讨论学习。

三、建立大学生创业中介服务机构

（一）建立创业教育培训机构

首先，学校要配备专业的创业课程教师，加强对创业教育教师的专业培训，鼓励青年教师直接参与创业实践，与学生共同成长发展；其次，可以聘请一些企业家、成功的创业者授课或担任兼职教师，从事创业方面的辅导工作，扩大创业教育的师资队伍。对大学生创业者进行风险投资的培训，让大学生创业者了解争取风险投资的技巧，提高项目的市场适应性，让项目更具成长和营利潜力。

（二）推行职业资格证书制度

国家社会劳动和就业保障部颁发的国家职业资格证书对大学生就业与创业有很大的帮助。在创业教育中，积极推行大学生职业资格证书制度，实行学历证书与职业资格证书并重制度，是培养复合型创业人才的重要举措。高校可以根据自身优势申报和设立各类国家职业技能鉴定所，为学生毕业后顺利走向社会和被社会承认创造条件。国家职业资格类别有：营销师、物流师、企业培训师、企业信息管理师、心理咨询师等。岗位认证有：土建预算师、安装预算师、房地产策划师等。

四、建立大学生创业园

有条件的高校可建立大学生创业园，为创业教育提供综合性教育基地，学校应提供特定的区域，吸纳学生建立的实体化创业公司或创业团队入驻。

（一）园区建设

园区带有孵化器性质，是学生和企业、社会沟通的桥梁，使学生能够直接感受社会氛围，在从事研发、营销、商业服务的创业实践中掌握创业本领。每个创业团队办公面积为20～40平方米不等。实行一园多区，可在园内设科技开发类创业区、信息技术类创业区、商业服务类创业区，并制定《大学生创业团队管理办法》，严格管理创业团队，团队进驻园区需提出申请、接受资格审核，确保入园团队质量。也可设立创业种子基金，根据对入园团队的资格审核情况，进行扶持，为各入园创业团队配备导师，指导创业活动等。在建设及管理上，可以吸取黑龙江大学大学生创业园及温州大学大学生创业园的经验。

（二）项目管理

第一，基金项目式。学校通过社会力量筹集学生创业专项基金，以项目的形式支持学生创业、科技创新创业。科研处组织专家对学生所申请的创业项目进行评审，根据专家评分按一定比例选取优秀项目准予立项。项目实施具有一定周期，因客观原因，创业项目承担人需对创业基金项目的计划目标、进度和经费进行调整或撤销，必须提出书面申请，经创业园审核并提出意见，审批执行。项目验收由项目承担人在合同到期后，向科研处报送有关项目验收的必要材料，由科研处组织专家审核并提出验收意见，并由学校创业教育小组审核批准。

第二，模拟企业式。对于有优秀项目的在校学生（如曾获得国家专利、“挑战杯”“开拓杯”等相关奖励的学生），经科研处组织专家评审后，选取优秀项目以模拟企业方式，挂靠在学校名下运作，为学生创办企业提供平台。对于挂靠在学校名下模拟运作企业的创业学生，应与创业指导中心签订责任书，保证创业项目合法、可持续地健康发展，对运行不良或濒临破产的模拟企业，需履行清算核销手续，报创业指导中心领导小组批准后撤销。

第三，实体企业式。在校学生和毕业两年以内未就业的毕业生以创办的实体企业入驻创业园，需先提交相关材料，由创业指导中心审核后批准入驻。创业指导中心将协助入驻企业进行工商注册、税务登记；对入驻企业建立档案，进行跟踪管理，提供商务服务；组织入驻企业参加市内外各种交流活动；指导其进行专利申请；组织各类培训，开展咨询服务；协助办理科技成果鉴定等手续；推荐并协助企业申报科技项目、小额贷款等。学生创立的企业入驻应遵守和执行国家有关制度，守法经营，遵守和执行中心有关规章制度，积极支持、协助、配合中心管理机构开展各种创业服务工作。

五、开展创新、创业大讲堂和导师讲座

创新、创业大讲堂要聘请社会上有创业经验的企业家作为创业导师，并主要从以下四个方面进行讲解：关于创业历程、关于思想上的体悟、关于创业的支持和理论性的知识。讲课内容要结合大学生的知识层面，贴近大学生生活，保证讲座的高度、水准，注意调节现场气氛。讲座的主要内容包括：

（一）关于创业历程

第一，企业家导师的创业经历。（可针对创业的不同阶段，多举事例，尤其是多谈谈起步阶段的事例。）

第二，在创业中企业家导师遇到的最大挫折是什么，又是如何克服的。

第三，企业家导师如何获得自己的第一桶金，在创业中什么事是让自己最高兴的。

第四，企业家导师是如何获得第一份风险投资的。（包括寻找资金的经历及获得风险投资的原因等。）

（二）关于思想上的体悟

第一，大学生如何选择项目。（包括专业能力、市场等方面，可结合企业家本身的经历进行论述。）

第二，企业家导师创业的动机是什么。（为什么创业，作为创业者，企业家导师追求的是什么。）

第三，企业家导师觉得创业者必备的技能和素质有哪些，并简要论述。

第四，企业家导师觉得什么时候创业最适合（是大学毕业后，还是工作一段时间后创业，其原因是什么。）

第五，简要论述创业的各阶段并谈及每个阶段中需要注意的事项。

第六，谈谈企业家导师对失败的总结，并谈谈创业的经历对自己的启发。

（三）关于创业的支持

第一，企业家导师觉得创业需要哪些外部条件。

第二，企业家导师在创业前需要具备哪些条件。（如资金、能力、项目等。）

第三，谈谈企业家导师现在所关注的国家关于创业的政策及现在创业的大环境。

（四）理论性的知识

第一，分析具体的案例，给出可行性的方案。（商场如战场，必定会有许多经典的战役，分析在交战中双方的得失情况。）

第二，企业家导师是如何看待机遇的，又是如何去发现机遇的。

第三，企业家导师如何去规划自己的企业。（企业的发展目标，并谈及如何发展自己的企业、如何吸引人才、如何以小抗大等，即如何在现有的环境中保证自己的企业能够存活。）

第四，企业家导师对本行业的市场分析，包括“创业之初”和“现在”的市场形势。（通过对市场的分析，引导学生对创业的道路有一个更深刻的理解和认识，也让他们能够更好地理解如何创业。）

第五，大学生创业该如何开始。（许多大学生有想法，但是不知道该如何着手，通过自己和周围人的一些经历，提出一些建议。）

第六，大学生创业之前应该做好什么准备。（比如知识上需要准备什么，行动上又需要准备什么等。）

第七，对现在市场的看法并就现在的市场给创业者一些建议。（通过对目前市场形势的理解，为创业者提供一定的建议和看法，使他们能够少走弯路。）

第七章　大学生创业教育的系统建设

第一节　大学生创业教育的目标

作为哲学范畴的“目标”，是指主体根据自身需要，借助于观念、理念、意识等中介形式，在行为活动之前预先设定的行为目的或结果。任何一个系统都有其目标，即保持系统向有序、稳定的方向发展，实现整体功能效应最佳。

教育是一种有目的地培养人的活动，教育目标是教学活动在被教育者身上产生效果的预先估计和设定的结果，是培养人的总目标，关系到把受教育者培养成什么样的社会角色和具有什么样素质的人的问题，这是教育活动的出发点和归宿点。教育目标对于教育任务的确定、教育制度的建立、教育内容和方法的选择以及全部教育过程的组织，都起着指导作用。教育具有促进经济社会发展和促进个体发展的双重功能，教育目标的设置也同样以经济社会发展和人的全面和个性发展为依据。

在对创业教育目标进行分层次的时候，人们认为有一些创业教育的目标是功利性的，而有一些是非功利性的。功利性创业教育指以个人岗位职业培训为内涵，以快速培养企业家为目的的教育。与功利性创业教育相对应的是非功利性创业教育，其目标主要侧重对社会创业文化的创造和传承，提高创业者素质，使受教育者具有创业意识、创业思维、创业个性心理品质和创业能力。

一、大学生创业教育的目标

从发达国家和中国已经开展的创业教育的实践经验来看，高校创业教育目标的内容主要涉及三个方面：传承和创造创新创业文化、培养创新创业精神和意识、培育创新创业型人才。

（一）传承和创造创新创业文化

传承和创造创新创业文化是大学生创业教育的第一个目标。大学传承和创造知识的终极目的是推动人类的文明进步，是为了使人能够得到真正意义上的全面发展和社会进步。所谓传承和创造创新创业文化，说到底就是将历史上优秀的创新创业思想文化、制度文化、组织文化和外来文化进行继承和创新。文化的基本功能是育人，高校培养人的过程就是文化传承创新的过程。社会需要大学对人类社会遇到的问题进行理性的学术探究，发挥理性思考的功效。大学的一切文化活动实际上都是针对人类发展的历史经验与现实，不断地提出新思想、新理论、新方法，不断地探求真理的过程。大学文化的思想，无论是批判或拒绝，还是接收或超越，都要求在自由的氛围中进行思考和研究，在开放的环境中实现科学的创新和发展，始终强调独立人格、独立思考、独立判断。科学文化知识和科学文化创新成果是大学的主要文化资源，它以自身独特的创新手段影响着社会个体的成长、社会的发展和不同群体的文化融合，强调非功利性的教育目标。

（二）培养创新创业精神和意识

培养创新创业精神和意识是大学生创业教育的第二个目标。这是一种建立在学科建设和创新创业教育思想基础上的素质教育。被教育者通过接受教育获得精神层面上的熏陶和感染，个体的独特性、创造性和革命性得到自由发展，创业教育内容被内敛成受教育者自身的素养和品质，成为基于知识创造的行业精英和科技创业家。这种教育既满足了受教育者个体在现有组织和职业中创造价值的需要，又满足了受教育者在变革环境中不断变更工作的需要，使创业成为受教育者未来职业的一种选择。这种教育的重点在于创新创业精神和创业意识培养，强调非功利性的教育目标。

（三）培育创新创业型人才

培育创新创业型人才是大学生创业教育的第三个目标。创新创业型人才是具有创新精神、创新能力和创业实践能力的人才，是具有发现新问题、解决新问题、发明新事物和开创新领域的能力或潜质的人才，同时又是具有经营和管理企业能力，能够创办企业的人才。这种创业教育可以狭义地理解成为开办企业而提供的教育和培训，为那些有创办企业潜质和意愿的人和已经自我雇佣的人提供实质性的帮助。

被教育者接受教育之后，能够获得开办和管理一个企业需要的知识和技能。这种创业教育的重点在创业能力培养和创业项目孵化上，强调功利性的教育目标，注重被教育者的创业成功率。

二、大学生创业教育目标系统建设的原则

在高校创业教育目标的内容上，主要从两个角度思考：创业教育究竟是注重短期效益还是注重长远发展？从教育的长远发展来看，传承和创造创新创业文化、培养创新创业精神和意识这两个方面的教育目标更有利于促进人的全面发展和持续发展；从教育的短期效益来看，培育创新创业型人才这个教育目标能满足人的个性发展和现实需求。

如果把传承和创造创新创业文化、培养创新创业精神和意识称为非功利性的教育目标，把培育创新创业型人才称为功利性的教育目标的话，那么可以这么理解，高校在设置教育目标的时候，功利性的教育目标是客观存在的，而这种存在也具有现实意义和合理性：通过一定的创新创业知识传授，提供创业能力和技能，使大学生快速成为高素质的自主创业人才，推动大学生勇敢地走上创业的道路，成为企业家，为社会创造价值和财富，不仅解决自己的就业问题，而且还可以为更多的就业人员提供工作岗位。反思国外和中国高校的创业教育历程，正是这种功利主义的追求，创业教育从一开始就紧密地与经济社会相结合，为快速发展的经济社会提供直接可用的人力资本。但这种功利性的目标并不是教育的本质价值取向，越来越多的高校意识到，创业教育更重要的意义在于创业教育的创新文化传承和创造的功能、培养学生的企业家精神，培养学生具备与时代相适应的全面发展的创新素质和能力。

仔细思考这三种教育目标，都有其存在的合理性和必要性。从教育的短

期效益来看，功利性的目标能满足人的个性发展和现实需求；从教育的长远发展来看，非功利性的目标更有利于促进人的全面发展和持续发展。我国制定的《普通本科学校创业教育教学基本要求》中设定的教育目标就是侧重于非功利性的目标：通过创业教育教学，使学生掌握创业的基础知识和基本理论，熟悉创业的基本流程和基本方法，了解创业的法律法规和相关政策，激发学生的创业意识，提高学生的社会责任感、创新精神和创业能力，促进学生创业就业和全面发展。

选择什么样的教育目标，各高校应该按照分类施教的原则，从两个方面考虑：一是根据培养对象的差异定位，二是根据高校类型的差异定位。

（一）根据培养对象的差异定位

创业教育是一种主体性很强的教育，是发现和培养个性化人才的教育。高等教育模式从精英化向大众化转变，选择性入学门槛降低，进入高等教育领域的学生本身的分化和差异性扩大，高等教育也就面临着个性化市场需求问题，要了解、分析、研究不同学生的需求。创业教育既要考虑让人的基本素质和能力得到协调全面的发展，又要尊重每一个人的潜能和个性；既要顾及通识教育和素质教育影响人才培养质量的微观环境，又要将人作为资本放置到社会进步的宏观环境考虑。创新思维、创业意识和心理品质的培养都是学生的内在潜质，每个学生不尽相同，所以创业教育的目标应尊重学生的主体地位，从潜质特征入手，鼓励主动性、基础性、内涵式的学习。人的多样性促成了创业教育目标多样性的特点，各高校可以根据受教育者共性和个性差异，设定有针对性的创业教育。

从长远发展来看，非功利性的教育目标是适用的。高校应当面向全体学生广泛地推行普及性创业教育模式，传承和孕育创新创业文化，培养学生的创新创业精神和意识。无论学生的专业背景如何，都想方设法将创业教育与专业教育结合起来，以优化知识结构为重点建立与专业课程相融合的创业课程。高校还应该整合各种资源为全体学生提供公共选修或者公共必修类型的教育课程，使学生了解和掌握基本的创业知识。高校要积极组织形式多样的创业实践活动，如创业类型的讲座和座谈交流、创业设计大赛、创业实践或实习等，在校园内营造创业氛围和传播创业文化，让学生在参加活动、观摩活动的过程中充分体验创业的点滴，从而激发创业意识和提高创业能力。

从短期发展来看，功利性的教育目标也是适用的。面向有创业潜质和条件的学生，高校应该专门营造良好的非常规人才生长的环境，为有创业热情和创业需求的学生创造成才条件。学校应开设系统的创业技能训练课程，提供创业项目个性化指导的服务和孵化平台；尊重受教育者的潜能和价值，有针对性地实施与普及性创业教育模式不一样的“精英式”教育，培养出直接能成功创造企业的创业型人才。

（二）根据高校类型的差异定位

中国拥有世界上规模最庞大的高等教育，高校类型和层次差异很大。这些高校大致可以分为研究型大学、教学研究型大学、教学型大学、职业技能型大学四类，这四类大学的职责和使命是不同的。

按照办学水平和实力，可将中国 2 000 多所高校分为五个层次：第一层是国家级的重点大学，共 11 所；第二层除第一层包括的大学外，还包括国家重点支持建设的高水平大学，俗称“985 工程高校”，共 39 所；第三层除第一、第二层包括的大学外，还包括部分国内一流知名大学，俗称“211 工程高校”，共 113 所；第四层由除第一、第二、第三层之外的经国家批准能够授予博士学位和硕士学位的大学组成；第五层由其他的大学（包括本科和高职高专）组成。五个层次的高校中构成前三层的高校，即 113 所“211 工程高校”，主要是研究型和教学研究型大学，学校综合实力较强，占据中国高等教育的主导地位；第四层的高校由教学研究型和教学型大学组成；第五层的高校由教学型和职业技能型大学组成，以普通本科教育和职业教育为主，兼顾应用型科研。第四层和第五层的高校是高等教育大众化的重要力量。

虽然在国家层面上制定了创业教育的基本教学要求，确保创业教育朝着科学化、制度化、规范化方向发展，但是在推进过程中，高校的类型和层次不同，教育培养目标存在很大的差别，主要原因在于大学自身的培养目标影响了创业教育的培养目标。

研究型大学能够承担高水平的研究项目，取得高质量的研究成果，主要以培养博士研究生、硕士研究生为主，也培养一定数量的本科生。研究型大学的职责是开展科学研究和科技创新，探索、发展和生产知识，创新教育是研究型大学教育的核心，如何培养学生的创新能力、创新意识和创新精神是研究型大学教育体系的关键。研究型大学的创业教育目标应该侧重于培养高层次创新型研究人才为目标的非功利性教育，完成创新精神和创业意识教育并为高质量的科学研究提供动力，培养科学研究的创新型人才。

教学研究型大学在开展科学研究的同时兼顾教学工作，以培养本科生和硕士研究生为主，同时也培养部分博士研究生。教学研究型大学在开展创业教育时，应当以创新精神和创业意识教育为核心，适当融入一些创业技能方面的训练，培养创新创业型人才。

教学型大学以服务社会和人才培养为核心使命，以教学工作为主体，兼顾应用科学的研究，以培养本科生为主，同时培养少量研究生。在培养目标上，教学型大学要紧密结合自身的学科优势与办学特色，围绕区域经济发展的要求，以市场需求为导向，加强校园创业文化建设，营造创新文化的校园氛围。要把创新创业教育思想融入教育教学各环节之中，培养既掌握先进科学文化知识，又具有开拓创新精神和创业实践能力的创业型应用人才。

职业技能型大学以开展多样化的高等职业教育为主，以服务社会、培养实用型高技能人才为主。职业技能型大学的创业教育，应该立足于职业教育的特色，依托专业实践基地加强创业实践训练，通过对学生单项技术的传授与训练，使学生能掌握一技之长，为社会培养最基本的创业与创业型人才。

三、大学生创业教育目标是高校总体教育目标的子系统

每年高校都有自己的办学宗旨和办学目标，在总目标之下有不同逻辑层次的目标，其中创业教育目标应该是总体目标在创业教育方面的具体化指标，创业教育目标与其他方面教育目标应该是相互协调和促进的关系。确认高校内部整体教育目标与创业教育目标之间的关系，这是构建大学生创业教育目标的基础和关键。

相对于高等教育其他传统的专业教育而言，创业教育是一种新的教育。这种新的教育渗透了创业理论和创新精神，无论是传承和孕育创新创业文化、培养创新创业精神和意识，还是培育创新创业型人才，都与其他传统的专业教育有比较大的区别。高校需要构建协同合作的体制，使创业教育与其他专业教育协同共生，在高校内部顺畅运转，向有序化、稳定化的方向发展，最终实现最佳的教育整体功能效应。

第二节　大学生创业教育的教学系统

教学是人才培养的重点和关键，是实现创业教育目标的中间过程和重要

途径，也是高校组织创业教育活动的基本依据。对于高校来讲，教育目的需要通过以教学课程为中介的手段加以实现。

一、构建教学系统的总体思路

（一）服从于创业教育的目标

教学系统是为人才培养服务的，构建创业教育教学系统需要以实现高校选定的创业教育目标为核心，从战略的高度进行统一规划。

研究型大学、教学研究型大学面向全体学生的普及性创业基础教育，更多着眼于学生素质的培养，要求学生全面系统地掌握与创业有关的理论知识。创业教育是为专业学习服务的，侧重于激发学生在专业领域或者与专业相关领域的科学创新精神，为学生设定未来创业的“遗传代码”，需要更强调人文素质和修养、与专业教育相融合、理论教学等方面。在教学模式的选择上，应该考虑学生涉及不同的专业学科背景、不同的年级、不同的特质，将创业教育融入专业课程教学以及素质拓展等人才培养的全过程，保证教育教学内容覆盖面和综合性。

教学型大学、职业技能型大学的创业教育以培养实用技能型人才为主，以培养依托于专业领域开展创业活动有更高成功率的创业型人才为重点。在设置创业教学的时候，要更加重视与专业或职业教育的融合，在实践教学中直观而有效地教授应用技能，让学生理解、接受和掌握，通过亲身经历、亲自操作、直接经验和真实感悟获得的创业技能，往往给学生的印象更为深刻和持久。在教学模式的选择上，应该考虑侧重于选择优秀的、有创业潜质的“创业苗子”，做好针对性的培训指导，为其提供孵化创业项目的政策和条件是达到教育目标的关键。

（二）充分把握理论教学和实践教学的结合

创业需要创业者综合运用多种知识和技能，创业教育的教学必须体现这个要求，把创业精神培育和创业能力培养在教学系统中高度统一起来，遵循“理论 + 方法 + 应用”的培养思路。现代教育理论认为，理论教学与实践教学是高校人才培养的两个重要环节，理论教学使学生获取对理论和知识的理解和认识，实践教学使学生切身感受理论在实践中的运用，获得实际经验，进而内化为自身专业素质和实践能力。

理论课程要通过实践课程让学生在实践中消化掌握创业知识，指导创业实践活动有序进行；实践课程既丰富理论课程的内容，又不断产生新的创业知识，使理论与时俱进。

创业教育课程应该分为理论和实践课程两部分来进行。创业教育理论课程重点以教授创业知识为主，使学生掌握开展创业活动所需要的基本知识，包括创业的基本概念、基本原理、基本方法和相关理论，涉及创业者、创业团队、创业机会、创业资源、创业计划、政策法规、新企业开办与管理以及社会创业的理论和方法。创业教育实践课程重点以锻炼创业能力为主，通过创业教育教学，系统培养学生整合创业资源、设计创业计划以及创办和管理企业的综合素质，重点培养学生识别创业机会，防范创业风险，适时采取行动的创业能力，熟悉新企业开办流程与管理，提高创办和管理企业的综合素质和能力。

创业精神和创业意识的培养，是理论教学和实践教学融合的结果，同时还受到个人先天遗传秉性、创业文化、创业环境等方面的综合影响，要求树立科学的创业观，主动适应国家经济社会发展和人的全面发展需求，正确理解创业与职业生涯发展的关系，自觉遵循创业规律，积极投身创业实践。

从美国、英国和中国大部分高校的创业教育实践情况来看，创业教育课程主要包含了以理论课程为核心的第一课堂。以实践课程为核心的第二课堂，特别需要注意的是，实践课程所占的比例要高于理论课程。因为创业教育实践性很强，它的教学必须要重点突出实践类课程、活动类课程、实训类课程，需要增强创业教育教学的开放性、互动性和实效性。课程考核的时候，尤其侧重能力的考核。

（三）分层次的教学培养方案

创业教育的教学培养应该分层次、分阶段来进行，并且根据不同层次的培养任务安排好教学进度和考核方式。

第一层次为普及性的创业基础教育。这个层次的创业教育要解决的是面向全体学生普及创业基础知识，课程一般安排在学生进入大学学习的前期阶段，如一年级和二年级，以选修课为主，强调创业教育、专业教育和基础知识的融合，重视组织学生参与第二课堂活动中的讲座报告、论坛沙龙、社团活动等，考核方式选择考察为主，考核要求不高。

第二层次为针对性的创业专业教育。这个层次的创业教育是给部分对创业比较感兴趣的、有潜质的学生提供专业理论知识和创业技能的辅导，课程一般安排在大学学习的后期阶段，如三年级或者四年级，以选修课和必修课为主，内容以企业管理能力教育为主，强调创业专业技能，重视引导学生参与第二课堂活动中的创业计划大赛、商业模拟竞赛、创业基地实践活动和训练等，考核方式仍然以考察为主。

第三层次为特殊性的创业实战教育。这个层次的创业教育是对少部分创业条件成熟的学生提供的创业培育和孵化指导。这些学生已经可以称为“学生创业精英”，基本具备创办企业的各种素质能力，对他们的教学安排将会是特别制定的，计划和进度有所区别，考核要求以创业成功率为主。

（四）多元化的教学评价

创业教育有别于其他方面的教育，尤其是创新意识和创业思维培养，单纯以整齐划一的开卷或闭卷的考试成绩来判断教学质量，是不符合创业教育规律和学生个性发展需求的，因此需要建立一个多层次、多元化的灵活的评价标准来对学生参与教学情况进行评价。创业教育注重实践课堂，所以教学评价的重点也应该以考查、考核实践能力为主，如可以采取笔试、口试、考察操作能力等方式来进行评价，也可以采取提交调查报告、创业计划书等材料作为评价内容进行评价，还可以采取由学生、教师、专家、企业界人士成立考查组对学生创业综合素质和能力进行客观全面评价。

（五）教学系统的实施途径选择

从已开展创业教育的高校教育实践来看，大部分高校选择通过三种途径来开展创业教学活动：一是通过现代科学知识和人文知识所内含的文化精神的熏陶和教化，使学生的人文修养、创业个性、创新创业精神和创业意识在潜移默化中生成；二是创业教育更深地融入知识教育和专业教育中，注重学科间的沟通与互动，使创业教育课程与学科课程相互渗透和交融，将通识教育与专业教育进行互补性地组合和合理配置；三是独立地传授创业学的基本知识和学科理论，传授与创业有关的经济学、管理学、组织行为学等学科知识。高校也可以根据不同专业人才培养目标的定位及特点，在专业平台上不同程度推进基于岗位创业的创业知识培养；还可以鼓励专业教师在专业课程教学过程中，适当地增加与创业有关的知识点，适当地优化课程体系结构来培养学生基于专业知识的创业素养。

二、创业教育的课程设置

（一）创业教育的课程结构

课程是教学活动的载体，是实现创业教育目标的关键。创业教育的课程结构应该是多个学科课程交叉但偏重于企业管理的课程。课程设置要求打破学科之间的壁垒，合理选择课程类型，确保课程之间的衔接性、连贯性和逻辑性，保持教学的连贯性，使教育知识体系得到整合和运用，学生的创业思维和创业能力得到均衡发展。

课程结构安排还需要考虑创业教育与专业教育、理论教学与实践教学、课堂教学与活动教学的协同对接问题。美国创业教育表现为课程组合，无论是金字塔形还是圆形课程设置，都采用选修课和必修课结合、理论课与实践课相结合的方式，开发配套的系列课程体系。我国高校学习借鉴了这样的模式，目前中国已经推行创业教育的高校绝大部分都采用类似的课程设置。这样的课程设置不仅解决了普及性的创业教育问题，还解决了精英式的创业教育问题。

创业教育的实践教学与其他专业教育相比显得尤为重要。从创业教育最早出现时，就非常重视并坚持采用理论教学与实践教学、课堂教学与活动教学相结合的方式。如今，作为创业教育标志性活动的创业计划大赛已经风靡全球高校，开发和建设大学生创业教育实践基地、创业项目孵化器、大学科技园等在开展创业教育的国家得到高度重视，一些国家甚至直接将其纳入国家创新体系项目，政府不仅在政策上、制度上，而且在资金上也给予大力鼓励和支持。

（二）创业教育的课程内容

创业教育重点解决的是培养学生的综合素质，激发潜在的创新创业能力，实现全面可持续发展。这些素质和能力的培养需要教育课程内容里不仅包含有提高素质与修养的现代科学知识和人文知识，还要包含有系统的创业学及与创业相关的学科知识。鉴于创业教育理论与实践层面两方面的需求，课程内容要突出实践性、综合性、方法性和技能性的特点，即使是专业理论类的课程，其内容也是必然要服务于理论指导实践这一主旨思想。

根据学生已有水平选择适合的课程内容。创业教育的课程内容，不仅要注重不同专业背景学生的知识起步和接受能力，还要区别不同层次的学生需求。创业教育在面向全体学生的阶段，对于来自非经济与管理专业的学生，他们没有这些方面的专业理论基础，在课程安排上不但把握好知识的深度和难度，还要把握好与专业课程之间的衔接性。

创业教育课程内容应该与传统企业管理课程内容有所区别。传统企业管理课程主要是向学生提供系统的企业经营和管理知识，如确定企业的目标、领导、计划、组织及控制，以获得期望的销售、利润及增长，内容安排上要全面，如组织管理、生产管理、经营管理、财务管理、市场营销、企业技术经济、危机管理、人力资源管理等方面都应该涉及。创业课程强调的是使学生认识到如何发现和利用商务机会、如何创建和发展新企业，安排的课程内容要能够帮助学生全面了解小企业各个功能区域的相互联系，发展学生的创造性、对不确定性的忍耐、风险识别能力、企业评价能力、企业策划能力、职业评估、交易能力及组建社会关系网络的能力等。这意味着创业课程的内容必须应对和解决的是提高学生识别机会、追求机会的能力以及将潜在商业机会转化为追求成长和发展迅速的企业的能力。

（三）创业教育的课程性质

教育部印发了《普通本科学校创业教育教学基本要求（试行）》，首次将创业教育纳入本科生必修课程体系，明确要求高校面向全体学生单独开设“创业基础”必修课，要纳入学校教学计划，不少于32学时，不低于2学分；有条件的高校开设创业教育类选修课程。这一要求，是国家从政策层面对于高校创业教育的课程性质的定位和提供教学指导意见，对创业教育而言无疑是具有里程碑的意义。从列举的15个高校教育实践来看，大部分高校都采用必修课和选修课程两种方式开展创业教育，但出于各方面原因的综合考虑，给予创业必修课和选修课的权重和赋予的学时、学分是不一样的。

三、创业教育的教学方法

教学方法是为完成教学任务服务的，创业教育不能采取传统“填鸭式”

的教学方法，而应该充分采用多元化的方法，强调参与式和探究式教学，变被动接受知识为主动探索知识，启发学生的创新创业思维，增强学生的实际动手能力。

（一）理论课程教学的常用教学方法

经常在创业教育理论课程教学中使用的有讲授法、案例法、研讨法、头脑风暴法、角色扮演和游戏法、开放式教学法、网络法等教学方法。

1. 讲授法

讲授法是教师通过语言系统向学生传授知识（如描绘情境、叙述事实、解释概念、论证原理和阐明规律）的方法。结合创业教育要求，教师要启发学生的创业意识，激发其创新思维，讲授上要有很强的感染力；讲授的内容重视理论与实践的结合，启发学生利用已有的知识或对实践活动的认识进行分析思考，因势利导，让学生一步步获得新知识。讲授法的优势在于可以预先试讲并能够计算所需的时间，在短时间内传递大量信息；讲授法的劣势在于由于学生被动听讲，学生积极性有限，应用知识的能力和方法不能体现。

2. 案例法

案例法是以问题为起点，以客观事件为材料，训练和提高学生在复杂情况下认识、分析和解决问题的理性思维与客观技能。案例教学以学生作为学习的核心，教师只扮演促进者及引导者的角色，提出问题并检视问题解决的过程，不仅能使学生参与教师的教学过程中，而且可以使学生从当事人的角度去思考和解决实际问题。在案例教学的情景模拟环境下，可以尝试让学生自己去做商业决策，独立解决企业运营的相关问题，并且将课堂理论、课堂模型、思维方式应用在如何处理真实世界的问题上，这些问题通常都是他们未来在实际创业环境中会遇到的。案例法最早出现在哈佛大学，现在已经被普遍应用于工商管理教育中。从适用性来看，案例法完全可以用于创业教育。案例法的优势在于帮助学生在没有实际问题和事件的压力下了解问题的实现实生活中很多情况与案例中不同，而且教学案例选择和编写难度比较大。

3. 研讨法

研讨法是一种教师指导下的学生之间集体对话和互相学习的形式，学生之间和师生之间开展多向信息交流从而实现教学目的。研讨法从根本上改变了以教师为中心的课堂教学结构，既发挥教师的主导作用，又发挥学生的主体作用。学生在学习中讨论问题从而激发创新思维，加深对知识的理解。研

讨法的优势在于能得到学生运用知识的信息，学生也有可能改变自己的态度；研讨法的劣势在于有可能偏离主题，使讨论毫无意义，学生有可能变得固执，盲目坚持自己的观点。

4. 头脑风暴法

头脑风暴法是教师提出问题后，鼓励学生去思考，不用考虑答案的正确与否，尽可能多地去寻找答案，教师也不做评论，一直到所有可能的答案都找到为止。这种方法有利于激发学生的原创思维，在思考答案的时候能够摆脱思维定式的影响，提出超乎寻常的独特想法。这种方法是创业教育教学过程提高学生创新能力经常使用的教学方法。头脑风暴法的优势在于产生高度的参与性，使课堂活泼生动，并激发学生的创造性思维；头脑风暴法的劣势在于浪费时间，聚焦关键问题答案有难度。

5. 角色扮演和游戏法

角色扮演和游戏法是为了更好地适应创业教育实践性强的特点而采用的教学方法。学生通过角色扮演或者游戏的方式，在创业模拟的游戏和实践活动中，培养创业技能和解决现实问题的能力。角色扮演和游戏法的优势在于培养表演者迅速解决问题的能力，帮助学生获得应对企业中发生问题时的信心；角色扮演和游戏法的劣势在于实际情况有可能不同于角色扮演和游戏的情况，给学生造成错误的印象，有可能使表演偏离角色、闹出笑话。

6. 开放式教学法

开放式教学法是一种实践性的现场教学方式，根据创业知识或创业技能的需要，邀请高校以外的创业成功人士或者专家，为学生讲授创业、管理、财务、法律等各方面的创业知识，授课的场地可以在校内，也可以组织学生到企业和社会中进行教学。学生也可以在不影响学习的情况下，利用自身的技术优势创立企业，设身处地体会创业的过程，培养创业意识与创业能力。开放式教学法的优势在于较好地锻炼学生创业实践技能和创业心理品质，劣势在于学生易浮于形式而不能真正学到知识。

7. 网络法

网络法是以有线网络为中介的一种远程教学形式，通过网络教学建立集课堂与课外网上互动、理论学习与创业实践操作、学习活动与网络活动融为一体的教育方式。网络教学充分利用信息技术和网络技术的优势实现教学过程，给学生提供一个自由、灵活、互动的网上课堂，使用共享的创业教育网络平台，学生可以阅读更多的创业案例、学习需要的创业知识，也可以在网上进行创业，锻炼各方面的实践能力，满足个性化学习的需求。教师通过网络平台实现教学监督和控制，提供教学指导和服务。网络教学还为跨地区教学提供了便利，解决了教学资源分配不平衡的问题。网络法的优势在于学习不受时间和空间的限制，实现教育资源的共享，信息量大，可以网上创业；网络法的劣势在于学生管理松散，教师对学生的学习内容与进程难以控制。

（二）移动互联网时代下的新教学方法和模式

在移动网络时代，新出现的翻转课堂、微课、慕课等教学方法和 A 模式，对传统的教学是一种颠覆性的革新。特别是移动数码产品（手机、平板电脑）和无线网络的普及，基于这些新教学方法和模式的移动学：习、远程学习、在线学习将会越来越受到青睐，将成为新型的教学模式和学习方式。创业教育可以广泛应用这些教学方法的优势，打造一个可以让学生自主学习，进行探究性学习的创业教育新平台。

1. 翻转课堂

翻转课堂（Flipped Classroom）就是教师创建视频，学生在课外观看视频中教师的讲解，回到课堂上师生面对面交流和完成作业的一种教学形式。翻转课堂具体的做法：学生在课堂学习之前，通过互联网观看教师教学辅导视频，听讲解，阅读电子书籍和相关资料，完成课前学习讨论；课堂变成了老师和学生、学生与学生之间交流互动的场所，包括答疑解惑、学习讨论和知识的运用等。

翻转课堂重新调整了课堂内外的时间，将学习的决定权从教师转移给学生，学生要对自己的学习负责，如果没有在课前自觉观看视频，就无法理解课堂的面授交流，而课堂上师生的互动和个性化接触的时间增加，教师则变成为学生学习的“教练”，不再只是仅仅站在讲台上的“圣人”。翻转课堂能够让创业知识的学习更加灵活、主动，让学生的参与度更强。

2. 微课

微课（Microlecture）是以诠释某一个知识点为目标，以短小精悍的在线视频为表现形式，以学习或教学应用为目的的在线教学视频形式。微课为使学习者自主学习获得最佳效果，经过精心的信息化教学设计，以流媒体形式展示的围绕某个知识点或教学环节开展的简短完整的教学活动。

微课的优点：一是知识精，都是根据教学要求选择的核心内容，一个课程只解决一个主题；二是教学时间短，是相对于传统课堂时间，一般最长不超过 10 分钟；三是资源容量较小，录制视频的格式支持网络在线播放，容量不大，能够实现流畅地在线观摩和灵活方便地下载保存。微课将系统的知识“碎片化”处理，能更好地满足学生对知识点的个性化学习、按需选择学习、查缺补漏学习，通过不断的微知识、微学习达到积少成多、聚沙成塔的目的。微课是传统课堂学习的一种重要补充和拓展资源。

3. 慕课

慕课即 MOOC（Massive Open Online Courses，大型网络开放课程）是新近涌现出来的一种在线课程开发模式，它是为了增强知识传播而由具有分享和协助精神的个人或者组织，通过互联网发布、散发的开放式课程模式。

慕课最明显的特点就是“大”：首先是知识传播量大，课程范围覆盖广泛的学科，大量课程是开放共享的；其次是听课的学生数量大，与传统课程只有几十个或几百个学生不同，一门慕课课程动辄上万人，最多时达几十万人；再次是涉及的范围大，课程材料散布于互联网，上课地点可以不受限制，无论身处何地，只需要一台电脑和网络连接，就可以享受到全球的课程；最后是学习者涉及范围大，慕课是通过在线学习完成的，不受时间、空间的限制，只要感兴趣，只需注册参与，人人都可以参加学习。

（三）实践课程教学的教学方法

开展创业教育实践课程，应该积极拓展有效的实践途径，发挥第二课堂活动的优势，将课堂知识与创业实践紧密结合起来，培养学生在实践中运用所学知识发现和解决实际问题的能力。在创业教育实践课程教学中，经常使用的教学方法有创业比赛、创业讲座、创业沙龙、模拟教学等。

1. 创业比赛

创业比赛是指以各种比赛、竞赛的方式来开展创业实践教学活动。创业比赛是在紧密结合创业课堂教学的基础上，以竞赛的方法来激发学生理论联系实际的实践能力，通过比赛增强学生对创新、创造的认识和理解，使学生能运用理论课程学到的分析方法和掌握的知识去发现、分析和解决创业过程中出现的各种问题，从而培养学生的创新创业思维，提高综合创业能力。创业比赛已经被运用到创业教育过程中，最著名的是大学生创业计划大赛。目前，我国高校学生参加的创业比赛种类繁多，有政府部门主办的，有高校联

合主办的，有高校单独主办的，还有企业或者社会团体主办的。

2. 创业讲座

创业讲座是指利用各种讲座、讲堂、讲坛、报告的形式来开展创业实践教学活动。讲座由一个或数个主讲教师（专家、嘉宾或公众人物）以公开半公开的形式向听众传授某方面的知识和技巧，以扩大听众知识的一种教学活动形式。大学讲座出现的历史可以追溯到中世纪，当时讲座代表着对学术声望的追寻，对学术教职的尊重以及对学术能力的认可。时至今日，讲座已经不局限于纯学术方面，而是被扩展到各个领域，形式也呈现多样化。创业讲座一般邀请的是创业研究领域、创业教育领域的专家和创业者、企业家、社会知名人士，围绕着创业方面的某一个主题进行解读和探讨。

3. 创业沙龙

“沙龙”一词源于意大利语“Salotto”，原意指的是装点有美术品的屋子。现在“沙龙”指的是一种讨论活动，这种讨论活动有规模小、议题简要、非正式化的特点，主要针对参与者感兴趣的文化、思想、学术等方面的议题，相互探讨和交流。创业沙龙在高校内很普遍，有的是学校组织的，有的是社会团体或企业在高校内组织的，还有的是大学生自发组织的。在美国和英国，常见的是高校学生、校友和创业相关人士自发组织的创业者俱乐部开展的创业沙龙。我国一些高校，也有学校与政府或企业合作组织、学生社团自发组织的创业沙龙，如同济大学的同济—杨浦大学生创业沙龙、上海交通大学的创意沙龙和现在流行的创业咖啡沙龙等。

4. 模拟教学

模拟教学就是在教师指导下，学生在仿真或者虚拟的创业环境中进行创业技能训练的一种教学方法。创业教育模拟教学法源于行为导向教育思想，是人们对现实及未来社会对职业人才新要求的思考以及教育和学习概念的重新认识，更进一步延伸出行动学习、体验式学习。模拟教学法已经被大量地应用于各种教育领域，在开展创业教育的高校，一般采用的有教学软件模拟、商业游戏模拟、“沙盘演练”、角色扮演等。

另外，被采用较多的教学方法还有创业者访谈、创业项目考察、训练营等。

第三节　大学生创业教育的管理系统

一、创业教育管理的组织结构

大学组织结构其实就是组织责权关系、权力等级的分工结构，反映大学的基本形态和运行状况。组织结构设计理论认为，组织结构设计的最终目的是看它能否正常运转，设计出来的组织结构是否合理有效。组织有一个显著的标志，就是组织内部存在劳动分工、权力等级和信息交流，且这种分工是为实现特定的目标而有意构建的。

大学生创业教育管理的组织结构主要指高校内部的领导体制和管理体系，是影响创业教育活动的组织、运行与发展的基本组织形态，是高校内开展大学生创业教育的分工形式、职权划分、协作机制等方面形成的结构体系。创业教育管理的组织结构是确保高校创业教育各项教学活动能正常顺利开展，能够实现创业教育目标的组织保障。

我国高校创业教育管理的普遍情况是已经形成学术管理团队与行政管理团队的两个系统、两支队伍的组织结构。从高校的运行和管理的范畴考虑，学术管理团队主要是保证学术活动实施和开展，对学术事务进行管理和决策；行政管理团队主要是行政管理机构和管理人员，根据学校设定的办学和发展目标，对各项方针政策进行具体设定、实施和管理。两个管理团队共同服务于一所大学的创业教育整体发展目标，两种权力都属于管理范畴，只是涉及的管理对象和内容不同。

（一）创业教育的学术管理团队

学术管理团队是以促进高校创业领域学术研究和交流、创业教育教学、创业学科发展为目的，能够为创业教育提供学术性和专业性指导的团队。世界上许多发达国家的大学都已经成立了专门的创业教育中心，主要提供创业方面的学术课程、开展外延拓展活动以及进行创业领域的研究等。目前，我国创业教育管理的最高学术管理团队是挂靠在教育部的高等学校创业教育指导委员会。

学术管理团队成员。学术管理团队的骨干成员都具有高学历、高职称、高学术能力，来自多个院系或单位的专家、学者、教授，或者是有创业经历的知名企业家和创业者，又或者是由丰富创业管理经验的社会人士组成。

学术管理团队的领导和管理。学术管理团队的领头人是学术管理团队的核心人物，是创业教育领域的带头人，不仅要具有较深的学术造诣，还要具有把握学术方向的能力、较强的人格魅力和组织协调能力，能够凝聚团队骨干成员，确保团队目标的实现。学术管理团队具有很强的专业性，团队的组建和管理一般需要依托高校内经济管理学科的二级学院或者科研机构，给予师资支持和学科背景支持。在日常管理方面，要给予学术管理团队充分的尊重和授权，既要处理好高校内学术权力与行政权力的关系，还要建立合理的分类考核激励机制，使学术管理团队能够健康发展。

学术管理团队的职责。学术管理团队根据创业教育学科的特点、内容和发展规律，对学术性事务进行管理和专业指导，还应该具有较强的创业教育方面的学术创造力，学术创新力的强弱在一定程度上决定团队竞争力的高低。团队的学术创造力是团队不断创造新知识，并不断把创造的新知识转化为人才、成果、社会服务的能力，具体表现为发表高水平的创业教育研究学术论文，开展创业教育课题研究，组织创业教育的师资培养，开展创业教育教学并解决教学中的关键问题，组织国际（或国内）学术交流与合作等。

（二）创业教育的行政管理团队

行政管理团队是基于行政属性的组织结构。行政组织的主要目标是为教学科研服务，维护教学活动的有序进行。行政管理团队是高校创业教育总体资源的配置者，是整体教育活动的协调组织和管理者，其为大学生创业教育提供整体规划和决策，以及系统指导和各种配套服务。有了良好的行政管理团队，创业教育才能成为有保障的、规范的教育活动。

行政管理团队成员。行政管理团队分为领导决策层和执行管理层，领导决策层的成员通常由高校权力层级较高的学校领导和部门领导组成，成员原有职务不变，兼职参与创业教育行政领导工作。目前，我国大部分高校行政管理团队领导决策层的成员是由校级党政领导、职能部门领导、二级学院领导兼职担任。执行管理层的成员通常是由学校教学和行政工作人员兼职担任，有的高校是由专职工作人员担任。

行政管理团队领导和管理。行政管理团队的成员结构影响着团队的领导和组织方式，行政管理团队领导决策层中行政权力最高的人是团队的领导者和带头人，团队利用领导决策层成员的职权和领导岗位所拥有的调动学校教育资源的能力来领导整个团队。行政管理团队凭借特殊的结构和运作方式，能够通过迅速积聚各种资源、协调各部门行动来推动创业教育相关工作的运行开展。

行政管理团队职责。行政管理团队，有些高校是以成立专门的创业学院或创业中心的形式存在，有些高校是以工作组的形式存在。创业学院或创业中心有独立建制的，也有的是挂靠二级学院或者某个职能部门。行政管理团队的主要职责是统观全局、全面协调、统筹资源，对于创业教学活动主要包括统筹教学需求、配置教学资源、协调教学秩序、调动教学积极性、评价教学效果等。

（三）两个管理团队相互的关系

我国高校的基本特点决定了其特殊的权力结构，发挥决定性作用的就是学术权力和行政权力并存的二元权力结构。因此，创业教育学术管理团队和创业教育行政管理团队构成了高校创业教育管理的二元权力组织结构。在行政事务管理方面，行政管理团队做好创业教育活动的决策、组织、领导、调配；在学术研究和专业教学领域，行政管理团队为学术管理团队的有效发挥做好协调和服务工作；在学术事务方面，学术管理团队则应该发挥学术研究和学术交流的主体作用。

高校应努力构建学术管理团队和行政管理团队之间相互尊重、协同配合、合理分治、相互支持、相互监督的运行机制，避免管理在相互依赖中产生抵触和排斥情绪，从而更好地理顺行政权力和学术权力的关系，优化高校创业教育的内部治理结构，为构建协同发展的现代大学生创业教育打下坚实基础。

二、构建“专家 + 团队”的创业教育教学队伍管理模式

大学职能变化、人才培养模式变革、知识发展和学科分化交叉融合等，都需要改革与创新大学师资管理模式，构建“专家 + 团队”师资队伍管理模式成为必然选择。“专家 + 团队”创业教育教学队伍，是指教师队伍以一位或者多位教学经验丰富、在学术研究有一定造诣的专家级教授为首，按

照若干不同教学任务将其余教师分别组成不同的教学团队，完成一定的教学目标。

构建“专家＋团队”的创业教育教师队伍管理模式的理由有四个方面：

第一，从创业教育自身特点来考虑。创业教育是高度综合化的新教育领域，还没有形成独立学科，需要依靠多学科的联合力量来开展教学活动，达到优势互补的联合培养目的。

第二，从创业教育目标来考虑。创业教育的人才培养是复合型的创新创业人才，原有的以教师个体为主的教学工作方式已经无法适应人才培养需要，同时大学生创业团队的选培和孵化是一个复杂的过程，也需要整合多方的资源和力量共同教育、推进和培养。

第三，从创业教育管理组织机构的特殊性来考虑。创业教育管理组织机构是由学术管理团队和行政管理团队组成，团队有独立建制的，也有非独立建制的，兼职是团队成员比较普遍的现象。从国内高校创业教育师资情况来看，主要由三部分人员构成，其来自不同的科研机构或行政机构，甚至来自企业或社会，他们中的大部分人也是兼职从事创业教育的教学活动。

第四，从师资培养的角度来考虑。构建“专家＋团队”的创业教育教师队伍管理模式能够在一定程度上缓解创业教育师资不足和大学生对于创业教育大量需求的矛盾、教师知识结构单一和复合型人才培养的矛盾问题，确保创业教育教学质量，完成教学任务。依托“专家＋团队”的创业教育教师队伍管理模式，能够搭建一个师资培养的平台，通过专家和团队其他成员的帮助，使新成员能快速提升个人教学水平，充实教师队伍的力量。

三、创业教育的学生管理

科学有效的学生管理，是教育活动正常运行的支撑，也是实现教育目标培养的基石。实施大学生创业教育，不仅要构建与之相适应的教育管理组织结构，也要对作为高校管理重要组成部分的学生管理进行改革，构建适应创业教育的学生管理机制。

（一）基于个性培养的学生遴选

受教育者始终是教育的出发点和落脚点，学生群体自身的条件和素质直接关系到整个教育系统的成败。特质论的观点认为，个性成功的创业者有一

些共同的品质，其中一部分是与生俱来的，如充沛的精力、健康的体魄、稳定的情绪、敢于创新和冒险、对机会的感知等；另一部分则是在后天养成的，如组织领导力、管理决策力、风险规避能力、经营运筹能力、对模糊度与不确定性的容纳度等。创业教育实质上就是最大限度挖掘并发展受教育者的天生特质，通过教育过程使受教育者充分提高后天养成的契合社会需要的各种创业技能。按照教育部要求，要面向全体大学生开展普及性的创业基础教育，作为学校的必修课程，这个阶段的创业教育是不需要对受教育者进行遴选的。但是针对性的创业专业教育和特殊性的创业实战教育，是面对其中一部分大学生的，哪些学生适合参加后两个阶段的教育，还是需要经过慎重而精心遴选的。

从前面列举的我国 15 个高校的创业教育实践中，高校遴选学生参加后两个阶段的创业教育的方式有很多种，如一些高校通过举行创业计划书比赛、创业项目比赛等竞赛方式遴选优秀学生，为这些学生提供专家（高校专家和创业导师）跟进指导、项目孵化、资金支持等辅导教育和实际帮助；一些高校开展分层次的创业课堂，考核参加普及性创业基础教育的学生，选择出部分对创业感兴趣的、有企业家潜质的学生，提供更深层次的、更专业、更精细化的创业课程辅导；一些高校设置基础课程、专业课程、专业方向课程等，在教学方案制定中已经为特定学生群体安排好有针对性的教学培养方案，有步骤地选择不同群体展开不同内容的创业教育。大部分高校学生遴选的目标都基于个性教育的要求，在兼顾普及性创业基础教育之外，继续细化、分类实施进一步的创业教育。

创业教育并不等同于创业，不是所有的大学生经过创业教育之后都可以成为企业家，也不是要求每一个大学生都要参与创业的活动。创业是个性化、个体的活动，受教育者是否有创业意愿，是否有企业家精神潜质，是否具备了创业的条件，都是进一步开展个性化创业教育和创业实战教育的必备条件，也是鼓励大学生创业的前提条件。

（二）依据不同的创业教育模式开展学生管理

我国高校创业教育的四种模式是比较有代表性的，其他高校的创业教育基本上不同程度地在效仿这四种模式。对应于四种模式的创业教育，学生管理的方式也不一样。但由于接受创业教育的大部分学生本身专业、学制变化不大，归属的院系也没有改变，因此，这里所指的学生管理有些类似于第二专业或者是第二课堂教育活动的学生管理。

1. 项目教育模式的学生管理

项目教育模式中的项目是在一个固定的时间区间，为了达到特定目标而调集一定的创业教育资源开展的一系列教育活动，也可以说项目是特定目标下的一组任务或活动。项目教育模式的资金来源于项目设立方或者资助方，一般项目都会按照设立方或者资助方的要求指定专门的项目管理机构，拟定专门的项目管理办法，学生的管理也必然按照项目管理办法来进行。项目是由一系列活动组成的，这些活动是为满足某种需求而发起的，它们必须在一定时间内完成，一旦超过了项目便会终止，因此项目都是具有确定生命周期的。学生在参与项目的过程中，不仅要服从学校其他方面的管理，还要服从项目特殊管理要求，一旦项目结束，对于学生而言，管理就随着项目终止了。

2. 课程教育模式的学生管理

课程教育模式的学生管理重点在于教学方面的管理，如协调学生原专业课程学习与创业课程学习的学分转化、学习时间穿插安排、学习考核等，根据课程目标和教学模块将学生分成不同的班级或者团队，从而进行专门的管理。

3. 基地教育模式的学生管理

基地教育模式中的基地是创业教育的核心和关键点，而进入基地的学生主要是创业意愿比较强烈的或者是已经有创业项目的，因此对于这些学生的管理，主要是采取帮助、激励、制度化相结合的方式进行。从帮助的角度来讲，给予学生创业实践经验的指导；从激励的角度来讲，无论是创业资金的支持还是创业成果的肯定，对于他们都是一种动力；从制度化的角度来讲，进入基地的一部分成功创办了自己企业的学生，已经是实质意义上的创业者，所以对他们的管理也要考虑国家和地方的相关法律法规和政策问题。

4. 综合教育模式的学生管理

综合教育模式的学生管理也需要结合以上三种管理要求来考虑。

（三）弹性学制下的学生管理

弹性学制是在学分制的基础上演进而成，是学分制的另类发展和表现，在保证学生专业培养目标和基本条件不变的前提下，允许学习困难的学生放慢学习进度，延长修业年限；允许学有余力的学生缩短修业年限，或者选修第二专业；允许有实际需要的学生工作和学习交替，分阶段完成学业。

弹性学制是学习年限有一定伸缩性的学校教育教学模式，其最终目标就是为各类教育相互衔接搭建沟通的桥梁，积极探索因材施教的途径和方法。弹性学制顺应了受教育者对教育选择的个性化和多样化的需求，尊重受教育者人格和个体之间的差异，有利于人才培养和身心健康发展，使大学教育凸显个性特征。

弹性学制对有创业愿望并希望能边学习、边创业的学生而言，无疑是一个利好政策，大学生的创业积极性能够被释放，有利于推进创业教育的实践探索。弹性学制下，在校学习期间学生可以根据自身实际情况选择申请学习、创业、就业，实现工学交替分阶段完成学业。学生选择提前进入社会，能够了解市场、熟悉社会，实现自己的创业梦想，积累创业经验，增强创业能力。但是必须要强调一点，没有经过慎重考虑和科学评估就贸然休学创业是不可取的，也是不鼓励的，只有当自身条件和市场机会成熟的时候，才是创业的最佳时机。

弹性学制对传统的学生管理工作是一种不小的挑战，灵活的学习年限对学生管理机制创新形成倒逼态势，学生管理工作必须要进行相应的改革，以适应弹性学制的特点和要求。

第四节　大学生创业教育的环境保障系统

创业教育是一种教育活动，离不开一定的生存场所和发展空间，各国各地的教育都不是孤立的，受到教育内部和外部各种条件和背景的影响与制约。为方便研究，将这些条件和背景笼统地归为教育环境的范畴。环境因素相对于教育而客观存在的，对教育产生至关重要的作用。

大学生创业教育的环境保障系统是一种能够实现大学生创业教育目标，适应当代科学技术发展、社会发展和学生个体发展的保障机制。

一、创业教育的环境系统

人的行为是人的内部张力和外部环境引力的力场关系的结果，环境对教师教学和学生学习行为有着重大的影响。创业教育环境是创业教育过程中各种影响因素的集合。依据环境因素对教育不同领域层次的影响，可以将创业教育环境分为宏观环境和微观环境两方面。

（一）创业教育的宏观环境系统

教育宏观环境指从国际、国家和社会的宏观层面来考虑，包括政治政策、经济社会和文化等。教育宏观环境决定教育理念和目标的形成，不同的宏观环境产生不同的教育理念和目标，而这些教育理念和目标指导下构建的教育系统肯定是不同的。创业和创业教育的宏观环：境的研究对于理解创业教育系统构建有着非常重要的意义。不同类型、不同水平的大学承担的社会功能是不同的，高校创业教育并非只是学校的事情，同时也是政府、社会和企业的事情，因为高校的创业教育本身就是大学直接参与经济活动，影响国家经济发展的一项活动。从另外一个角度来讲，创业和创业教育的产生和蓬勃发展，很大程度上受制于特定的科技环境、战争因素、人口增长情况和国家创新体系，这些都充分印证了政治政策和经济社会对于创业和创业教育的影响。创新创业文化因素包括道德观念、风俗习惯、思维方式、价值取向等。传统文化具有鲜明的独特性，不同民族、不同地区的文化存在着差异，具体表现在道德观念、价值取向、风俗习惯和思维方式上，这些传统文化几乎影响了人们所有的选择和行为准则。创业教育的成功不是仅仅依靠高校的几年教育就能够达成的，而是一个社会创业文化氛围的长期熏陶和培育的过程。

（二）创业教育的微观环境系统

教育这一社会现象区别于其他社会现象的特殊性就在于教育是有目的地培养人的活动，而人之所以具有各种精神、思想和品质，是环境和教育共同作用、潜移默化的结果。

教育微观环境指从教育系统内部角度来考虑，包括各种教育资源和条件对实现教育目标的影响和制约，这是决定教育形成和发展的直接因素。教育微观环境可以从物质环境、人文环境和制度环境三个角度来看，物质环境主要指教育系统内部的校舍场馆、仪器设备、教学用具、图书资料等物质条件的部分；人文环境主要指教育系统内部的办学思想和理念、培养目标和方案、办学模式和特色、校纪校风、校园文化等精神层面的部分；制度环境主要指高校为保障创业教育有效实施的组织机构和规章制度的部分。相比美国、英国，中国高校创业教育微观环境还有很大差距，无论是在以经济投入为基础的物质环境，还是在以文化和理念投入为基础的人文环境，抑或是以规则和法律意识投入为基础的制度环境，都需要认真地改进。

高校要在校园里营造出一种浓厚的、积极的学术创新氛围，在潜移默化中形成求实创新、探索知识、占领科学研究领域制高点的大学校园文化；要营造一个宽容失败、鼓励探索和冒险、鼓励开展和参与具有高科技含量的创新创业实践活动，激发师生的创新精神和创业欲望，在精神上和舆论上将创业教育上升到为社会制造财富、为社会分忧的高度，使创业成功者成为新时代大学生心目中的激励和榜样。

高校要加大对创业教育的人、财、物的投入，优化创业教育的教学设施和教育运行环境，为大学生创业提供支持和保障；必须要建立配套的、合理的奖励和激励机制，保证创业教育在高校人才培养中的重要地位，使教师和管理人员能够积极主动投身创业教育，为开展创业教育和创业实践提供师资队伍保障和组织管理队伍保障；必须合理规划，有效地组织和利用校外环境中各种有利于开展创业教育的因素，借助校外力量共同完成创业教育的全过程。

二、创业教育环境系统的协同发展

（一）高校与高校之间资源的协同整合

创业教育应该是一种整合型的教育模式，需要整合各方面的资源和力量，把校园教育延伸到社会，形成协同发展的知识创造、教育创造和人才转化体系。而资源是异质的、稀缺的，资源的配置总是不均衡的，因此需要通过共享机制协同合作，更好地整合资源，促进优势互补，使各方面获得更大的利益，提高办学效益。

由于处于不同的国家和地区，拥有不同的历史声誉和学术声望，高校在占有教育资源方面存在着非常大的差距：一些著名的大学可以非常轻松地获得优质教育资源，而另一些大学则常常为获得生存与发展所必需的资源四处奔波；一些大学在某些方面的教育资源短缺，而另一些大学在这方面则富余；一些高校拥有某种优势，但同时又存在某些不足。

高校与高校之间的教育系统协同发展机制可以从合作开发创业课程，共同开展创业研究和教学项目，组成联合的师资团队等方面来考虑，高校与高校之间共享教育资源不仅仅限于本国之间，在全球范围内都可以共享。例如，英国高校联合开发创业教育课程的互惠合作方式，可以产生对联合开发课程的高校都有利的结果，通过高校和高校之间的互惠合作和协同发展，调节教育资源分配的不对称性，使资源可以实现互补和共享；美国许多著名的创业教育组织和研究机构，将美国甚至全世界顶级的创业教育专家整合成为一支强有力的研究和教学团队，无论是在广度上还是深度上都有助于推动创业教育规模化和专业化发展。中国高校越来越多地参与国际或者国内的创业教育项目，甚至一些高校以项目教育为主要教育模式，在项目合作中获得教育共赢，对推动中国创业教育发展起到了不可忽视的作用。

（二）教育系统外部资源的协同保障

现代的高校教育系统是一个复杂的开放系统，不可能独立存在和发展的，它需要整合教育系统外部丰富的资源，构建一套运作良好的教育保障生态网络系统来合理、规范地引导和支持高校的各类创业教育活动。

国家创业政策和资金的协同保障。政策、法律和资金支持对于创业教育而言很关键，政策、法律是从国家层面解决创业教育和创业者创业的大环境，使创业教育活动和创业行为有法可依、有据可查、有理可循。资金支持主要是增加政府对创业教育的投入，推动企业和民间资本对创业教育的资金支持。美国创业教育的成功与私人、企业的捐赠是分不开的，英国创业教育的成功主要依靠的是政府自上而下的资金投入。这些都可以作为中国筹措创业教育资金的参考。

国家创新体系战略规划的协同保障。高校的创新创业教育应该包含在国家创新体系的战略规划之中。国家创新体系运行最好的美国和英国，就非常重视大学的作用和功能。美国通过联邦政府、州政府和地方政府，学术团体、非营利组织和其他私人机构等方面共同推动创业教育计划的实施和发展。英国政府为了改变传统大学与企业、科研机构的隔阂，制定了多项政策措施，推动学术界、工业界和科研界更为密切的合作，加速大学的创新创业教育。中国已经建立的国家创新体系中，应该更加重视大学的战略地位，重视大学科研成果产业化的问题，制定政策，放开条件，支持和扶持科研人员参与创办企业。

开放社会生态系统的协同保障。高校的创业教育应该更开放地与社会建立广泛联系，与大学科技园、工业园区、风险投资机构、创业培训机构、创业评定机构、小企业开发中心、创业者协会等，形成一个高校、社区、企业良性互动式发展的创业教育生态系统。

更长远的教育发展规划的协同保障。国家应该立足于长远，把创业教育纳入长期的教育发展规划方案中。创业教育的成功不是仅仅依靠高校几年的教育就能够达成的，而是一个长期的教育熏陶和培育的过程。鉴于这一点，政府应该推动创业教育前移的问题，关注包括中小学甚至幼儿园在内的所有教育机构在创业教育中的重要地位和作用，从培养创新创业素质入手，着力促进创新创业文化的形成。

第八章　创业机会与风险

第一节　创业信息收集

一、创业基本信息

（一）市场信息

创业者需要了解最新的市场信息，挖掘市场机会，从而抢占市场先机。不管是可口可乐这样称霸全球的百年老店，还是国内市场迅速发展的明星企业，大部分都是凭借挖掘市场机会推出优势产品，从而抢占市场先机，找到适合企业发展的契机。而这个契机往往来源于创业者对整体市场趋势的把握。一旦抓住了市场先机，把握了市场趋势，锁定正在（即将）大幅上升的市场机会，在产品策略上做出有远见的选择，就如同给自己开拓了一座金山，新产品上市就成功了一半。市场信息主要包括消费者需求信息和竞争对手信息。

第一，消费者需求信息。了解消费者有什么样的需求，他 / 她为什么购买你的产品。包括消费者的偏好；购买动机；购买行为；购买力如何；对现有类似产品或服务的满意度及改进的要求；潜在消费者的需求状况等。

第二，竞争对手信息。了解竞争对手的信息：主要竞争对手、经营状况如何；竞争产品的质量、价格如何；竞争者的主要产品营销策略；潜在竞争者的状况等。

（二）政策信息

近年来，为了鼓励自主创业，特别是大学生创业，国家有关部门出台了一系列创业支持政策，涉及贷款、税收、资金补贴、注册登记、创业指导、创业培训等多方面，创业者必须了解这些政策，才能走好创业的第一步。

需要注意的是，全国各地区支持创业的政策各不相同，有些地区扶持力度大，有些地区扶持力度则较小。比如上海市是个支持创业力度较大的城市，上海市政府成立了大学生创业基金，所有的本科生、研究生、博士生都可以申请，金额在几万至几十万不等：创业者在选择创业城市之前，可以了解该城市的创业扶持政策。

3. 法律信息

开办和经营企业必须合法，因此，创业者在创业准备阶段需要了解并遵守创业相关的法律法规，以确保合法经营、避免违法，保障自己应有的合法权益与创业相关的法律法规大致如下。

第一，企业设立和登记注册。

企业设立和登记注册相关的法律法规主要包括:《公司法》《个人独资企业法》《合伙企业法》《城乡个体工商户管理暂行条例》《中外合资企业法》《企业登记管理条例》，等等。这些法律法规对不同企业类型、行为规范、成立的基本条件、企业投资人的权利和义务、企业的变更和解散等事项做出了规定。

第二，出资相关法律法规。

我国实行法定注册资本制，如果不是以货币资金出资，而是以实物、知识产权等无形资产或股权、债权等出资，还要了解有关出资、资产评估等法规规定。

第三，财务税收相关法律法规。

设立企业后，需要进行税务登记，需要会计人员处理财务。因此，创业者需要了解税法和财务制度，例如企业要缴纳哪些税（营业税、增值税、所得税等），创业者还需了解开办费、固定资产怎么摊销等。

第四，劳动人事相关法律法规。

开办企业需要聘用员工，因此，创业者需要了解《劳动合同法》和社会保险问题，例如劳动合同、试用期、服务期、商业秘密、工伤、养老金、住房公积金、医疗保险、失业保险等方面的法律条规。

第五，知识产权相关法律法规。

如果涉及知识产权问题，创业者还需要了解著作权、商标、域名、商号、专利、技术秘密等相关法律法规，如《专利法》《商标法》。既不能侵犯别人的知识产权，又要建立自己的知识产权保护体系。

第六，企业经营相关法律法规。

创业者还需了解与企业经营活动有关的法律法规，例如《合同法》《票据法》《担保法》等基本的民商事法律法规，还要了解与行业相关的法律法规，如从事餐饮业，需要了解《食品安全法》《食品安全法实施条例》等。

第七，其他相关法律。

有些法律是作为公民就应该有所了解的，而作为创业者更应该了解，例如《民法通则》《刑法》《民事诉讼法》《消费者权益保护法》等。

以上列举了创业者应了解的相关法律法规知识，也是通用的一些知识，不管是创业者还是经营者，只需要对这些问题有一些基本的了解，专业问题须由律师去处理，

二、信息收集方法

信息收集方法有直接方法和间接方法。直接方法主要有观察法、调查法和实验法，直接方法可以获得一手资料，投入成本较高。间接方法主要是资料研究法，这种方法获取的是二手资料，投入成本较低。

（一）直接方法

1. 观察法

观察法是信息收集人员亲自到经济活动现场或借助一定的设备对信息收集对象的活动进行观察并如实记录的收集方法。这种方法是最简单的信息收集方法，它不仅可以用来收集消费者的信息，还可以了解竞争对手的信息：

观察法在商业信息收集中的应用较广泛，通过观察法所得到的信总主要有以下优点。

第一，客观性。观察法一般是在观察对象未觉察的情况下进行的，他们的言行是其心理活动的真实反映。相对于调查法和实验法而言，观察对象的言行较少掩饰，不会出于礼貌而做出不真实的回答或由于紧张而反应不自然。

第二，直观性。观察法所得到的信息往往可以直接利用，而借助语言文字来传达的信息，则有可能因为信息提供者的表达能力和使用者的理解能力有所差异，从而使信息被扭曲或损耗。

第三，广泛性。通过观察法可以得到其他方法难以获取的一些信息，例如消费环境信息，消费者使用情况信息、竞争对手价格信息、竞争对手促销手段等信息，这些信息可以作为信息收集的一种重要补充。

2. 调查法

调查法是指通过与信息收集对象进行直接交流来获取信息的一种信息收集方法这种方法在市场研究中使用较为普遍，主要用于了解观念性或概念性的信息根据交流方式的不同，调查法可以分为访谈调查和问卷调查两种方式，前者属于口头交流，后者则是文字交流。

（1）访谈调查

访谈调查是通过信息收集人员与调查对象进行口头交流来获取信息。访谈调查主要应用于收集需要深入了解的信息，调查对象一般是能够提供较多信息的权威人物或有代表性的人物。使用访谈调查有以下主要优点。

第一，可以确定被调查者的身份，有助于提高信息分析的准确性。问卷调查由于填写者的身份无法确定，信息分析结果的真实性可能会受到影响。

第二，可以获得更多的信息。在访谈过程中，访谈人员可以根据对方的反应随时调整提问的内容或方式，有助于深入了解问题。被调查者对问题产生误解时也可以及时纠正，通过对方的表情、语气可以判断其回答问题的真实性，这样使得信息更有效。由于互动交流，双方可以相互启发，拓展思路。

第三，所获取的信息易于处理，由于问题是事先设计好的，被调查者按设计人员的思路来回答问题，无关信息较少；所获得的信息易于进行处理和分析。对样本的选择和控制可以提高回答的代表性，有助于分类统计和比较研究。

第四，被拒绝的可能性小。出于礼貌或碍于情面，被调查者一般不会拒绝访谈调查。尤其是入户访谈，由于事先进行了预约，被调查者能更好地配合调查人员，从而提高调查的质量。

第五，反馈及时。即问即答的调查方式，可以缩短调查周期。

但是，访谈调查也存在一些缺点：首先，调查费用高、范围窄。访谈调查是一对一的交流，需要投入大量的调查人员，成本高；由于需要亲临现场，所以调查人员受天气、交通等因素的影响，调查范围有限。作为一种改进，将被调查者集中到一起进行小组访谈，可以降低成本，还可以利用被调查者之间的相互启发得到更多的信息，同时避免了单独访谈时所得信息有大量重复的情况，从而大大缩短了调查时间其次，调查敏感问题比较困难进行访谈时，被调查者容易紧张或产生顾虑，对涉及个人隐私的敏感问题，他们拒绝回答或作不真实回答的可能性比较大最后，调查人员的主观因素影响较大不同调查人员的提问技巧和理解能力存在差异，在提问时，调查人员的提问方式、语气或表情都有可能产生诱导，从而影响回答的客观性。

（2）问卷调查

问卷调查是通过让调查对象填写问卷的方式来收集信息。这种方法程序简单，对调查人员的要求不高问卷调查适用于了解调查对象对问题的看法、态度，对已知答案的选择，对问题的简单建议或要求，尤其适合用大量数据进行比较分析的定量研究主要有以下优点。

第一，成本低问卷调查是一种文字交流的方式，不需要调查人员与被调查者进行一对一的交流，人员投入少，设计一份问卷可供很多调查对象填写，因此，单位调查成本较低。

第二，调查范围广由于单位调查成本低，这种方法可以调查更多的人。特别是邮寄问卷调查或网络问卷调查，更可以不受时间和空间的限制，有利于扩大调查的地理范围和增加被调查人数。

第三，所获取的信息易于处理。问卷调查一般是标准化的，设计人员对被调查者的回答范围进行了控制，信息收集的针对性较强，调查结果较为容易处理，适合定量化研究，封闭式问卷还可以借助计算机对结果进行处理。

问卷调查的主要缺点有两个：一是回答的真实性相对较差。被调查者的理解能力和表达能力存在差异，对某些复杂的问题进行调查时可能难以取得理想的效果。二是拒答率较高，被调查者可能觉得浪费时间而不愿意作答。

3. 实验法

实验法是将所选主题的刺激因素引入被控制的环境中，通过系统改变刺激程度来测定实验对象的行为反应，从而确定所选主题与刺激因素的因果关系的研究方法，通过对环境的控制，可以使影响因素得以重视，这样可以对结果进行检验，有助于提高信息的稳定性。

实验法最大的特点是能够发挥信息收集人员的主观能动性，根据研究的需要，通过特别的安排使环境简化，使现象得以延缓或加速，从而可以对其进行更仔细地观察，同时排除了无关因素的干扰，因此这种方法可以更好地揭示因果关系。这种方法最大的缺点是设计的难度大，需要将所有的可能影响因素考虑进去，并将非研究因素加以排除，否则所得结果很可能是非研究因素影响的结果。

由于上述特点，实验法主要应用于因果关系的判断，在消费行为研究中有广泛的应用。例如，由于影响消费行为的因素有很多，在不同环境中影响消费行为的主要因素差异又很大，这为企业制定营销策略带来了困难，因此可以通过实验法来确定主要影响因素和影响程度，试销是一种使用较多的实验法。在新产品大规模进入市场之前对消费者的购买意愿、购买动机、购买方式等信息通过试销进行测试，可以为企业制定销售计划或营销方案提供依据。

（二）间接方法

信息收集的间接方法主要是资料研究法，它是指运用与经济活动相关的各种现成的资料，如社会发展、市场行情等方面的文字资料、统计资料、图片资料等进行经济信息的收集，资料研究法能够在较短的时间内，以较低的成本获得大量的相关信息。

三、信息获取渠道

创业者在创业准备阶段需要收集大量的信息，这些信息有很多渠道来源，创业者需要有目的地去收集，才能获得有用的信息。一般来说，获取信息的渠道主要有以下几种。

（一）从人群中获取信息

每一个人都是一个信息源，人们在日常生活中获取着信息，也在传播着信息。尤其是与所选项目有关的消费者、同行业从业人员以及相关企业的营销人员，往往能够提供大量的、直接的宝贵信息。

熟人、亲戚、父母、老师、朋友、老同学、老部下、老战友、老同事、童年的伙伴、现在的邻居、从前的客户、同一个协会的成员等等都是信息源。

需要注意的是，从人群中可以灵活、方便地获取到信息，但这些信息一般带有主观成分，创业者需要从中甄别。

（二）从文献中获取信息

从文献中可以获取大量有价值的信息，文献主要有图书、期刊、特种文献（会议文献、科技报告、专利说明书、技术标准、学位论文、产品说明书、政府出版物）、企业名录等。从文献中获取的信息较为全面、系统、可靠。

文献有纸质型和电子型两种形式。纸质型文献获取途径有图书馆、书店、专利局、档案局、情报所、调研公司、行业协会、商会等；电子型文献获取途径有超星数字图书馆、中国期刊全文数据库、维普咨询、万方数据系统、OPAC（Online Publie Access Catalog）联合目录数据库、中国知网、中国专利信息网、中国知识产权网等。

（三）从现代传媒中获取信息

现代传媒工具十分发达，所携带的信息量大、信息面广、信息新，让人应接不暇。很多有价值的信息可能是在不经意的时候发现。如果做个有心人，会从现代传媒中获取到很多有价值的信息。

现代传媒工具有很多种，例如电视、电台、广播、报纸、杂志、网络、社交信息平台（微博、微信）等。随着计算机网络的发展，很多有价值的信息都可以从网络中获取。可以订几份与创业业务相关的报纸、杂志，建立固定的信息渠道。例如做服装的，可以订阅《服装时报》，有针对性地获取这类专业知识和行业发展动态信息。

（四）从现场活动中获取信息

每一个地区、城市或者行业都会定期或不定期地举办各种商品展览会、交易会、洽谈会。参加这些活动，会获得大量有用的产品信息、技术信息、价格信息和客户资料，这是非常难得的获取信息的渠道和机会。

还可以到各类商场、批发零售市场、集贸市场观察了解、询问，直接获得有关商品种类、质量、产地、价格等情况，了解到哪些商品热销，哪些商品滞销，顾客的购买动机和购买行为。

也可以以一个打工者或顾客身份经常光顾竞争对手的店铺，了解其经销或服务的特色、商品价格和质量，从而获得一手信息。

第二节　创业环境分析

创业环境是指那些与创业活动相关的因素的集合，包括宏观环境、行业竞争环境和微观环境。创业环境分析是发现创业机会的基础，是进行创业可行性分析的前提随时变化的环境，能给各行各业带来机遇，也能给各行各业造成威胁创业者必须明确宏观的、行业的、微观的等各种环境因素及其发展趋势，对自己即将选择的具体行业、创业项目的影响是限制的还是促进的，这样才能更好地抓住机遇，规避风险，获得创业的成功。

一、宏观环境分析

宏观环境是指影响一切行业和企业的各种宏观力量对宏观环境的分析，不同行业和企业根据自身特点和经营需要，分析的具体内容有所不同，一般对政治（Political）、经济（Economic）、社会（Social）和技术（Technological）这四大类影响企业的主要外部环境因素进行分析，这种方法也叫 PEST 分析法匚宏观环境因素是企业无法控制的，创业者必须了解和熟悉相应的宏观环境，以适应市场的变化，把握机遇。

（一）政治环境

政治环境包括一个国家的社会制度和所推行的基本政策，包括产业政策、税收政策、补贴政策等，以及对企业经营活动加以限制和要求的法律法规。

为了支持自主创业，国家各级政府出台了许多优惠政策，涉及融资、开业、税收、创业培训、创业指导等诸多方面，如减免企业所得税、给予创业补贴、放宽贷款条件等。

国家主要通过制定一些法律法规来间接地影响企业的活动为了促进和指导企业的发展，国家颁布了一系列影响企业经营活动的法律法规，如合同法、商标法、专利法、反不正当竞争法等此外，国家对企业有卫生要求、产品安全要求，以及对工业污染程度的规定、对某些产品定价的规定等、这些法律法规都对企业的经营活动有一定的影响。

（二）经济环境

经济环境包括经济结构、经济发展阶段、经济周期、国民收入及变化趋势，居民可支配收入、储蓄以及资本市场发育程度等因素，它们决定了企业潜在市场的大小。

经济结构是指一个国家或地区的产业结构、分配结构、交换结构、消费结构、技术结构以及所有制结构等，其中，产业结构和新创企业的关系最为密切。

企业的经营活动要受到一个国家或地区整个经济发展阶段的制约。以消费品市场为例，处于经济发达阶段的国家，较重视产品的基本功能，同时，也比较强调产品的款式、性能和特色；而处于经济欠发达阶段的国家，则比较侧重于产品的基本功能和实用性，价格竞争具有一定的优势。

经济周期是现代社会发展过程中不可避免的经济波动，包括繁荣、萧条、衰退、复苏四个阶段。在经济周期中，经济波动几乎会影响所有部门，造成产量、就业、物价水平、利率等的变动。

国民收入是一个国家物质生产部门的劳动者在一定时期内所创造的价值总和，它反映一个国家的经济发展水平。人均国民收入包括每人的工资、奖金、津贴、退休金、红利、租金、赠予等从各种来源所得的全部货币收入，它反映消费者的购买力水平。

（三）社会环境

这里的社会环境主要指社会文化环境，是指企业所处的社会结构、社会风俗和习惯、信仰和价值观念、行为规范、生活方式、文化传统、人口规模与地理分布等因素的形成和变动。

社会文化环境是影响企业经济活动众多变量中最复杂、最深刻和最重要的变量。社会文化是某一特定人类社会在其长期发展历史过程中形成的，主要由特定的价值观念、行为方式、审美观念、伦理道德规范、风俗习惯及宗教信仰等内容构成，影响和制约着人们的消费观念、需求欲望及特点、购买行为和生活方式，对企业经济活动产生一定的影响。

任何企业都处于一定的社会文化环境中，企业经济活动必然受到所在社会文化环境的影响和制约。因此，创业者应了解和分析社会文化环境，以便评估创业项目的可行性。

（四）技术环境

技术环境包括社会技术总水平及变化趋势、技术变迁、技术突破等因素。创业者需要分析这些因素对企业经济活动的影响。技术对企业经济活动的影响是多方面的。企业的技术进步将使社会对企业的产品或服务的需求发生变化，从而给企业带来有利的发展机会。然而一项新技术的发明或应用可能又同时意味着威胁，因为一项新技术的发明应用可能会带动一批新兴行业的兴起，从而损害甚至破坏另一些行业例如静电印刷的发展，使得复印机业得到发展，而使复写纸行业变得衰落；半导体的发明和普及急剧地改变了视听业的竞争格局越是技术进步快的行业，技术变革对行业的影响越重要。

在分析技术环境时，除了要考察创业项目相关技术的发展趋势外，还要了解国家对相关技术开发的投资、该领域技术发展动态和研究开发费用总额、技术转移和技术商品化速度、专利及其保护情况等，从而了解技术环境是否有利于该项目的创业。

二、行业竞争环境分析

行业竞争环境分析主要是对新创企业所处行业和相关产业以及竞争环境条件的评估分析，通常使用哈佛大学教授迈克尔·波特提出的五力模型来分析行业竞争环境。波特五力模型确定了竞争的五种主要来源，即供应商的议价能力、购买者的议价能力、潜在进入者的威胁、替代品的威胁以及现有竞争者的竞争程度，这种分析方法用于创业能力分析，可以揭示企业在本产业或行业中具有多少盈利空间。

（一）供应商的议价能力

供应商包括行业所有的外购投入如技术、设备、资金、原材料、劳动力和信息等的提供者：供应商希望通过提高原材料供应价格来获得更高的利润，这样就会影响行业中现有企业的盈利水平，在行业形成初期，行业内的企业要寻找供应商；当行业进入成熟期时，产品标准化程度较高，供应商基本成熟，因此他们往往在营销方面更为积极主动。供应商的实力越雄厚，要价能力就越强，就会增加行业内企业的生产经营成本，降低企业的盈利水平。

如果创业者仅仅关注购买者而忽视了供应商，可能会使得企业利润遭到额外的损失影响供应商议价能力的因素主要包括：第一，供应商集中程度：与市场上有大量分散的供应商相比，少数几个占支配地位的供应商议价能力更高，第二，转移成本。从一个供应商转向另一个供应商时所带来的固定成本越高，企业越不太可能更换供应商，供应商的议价能力就越强。第三，原材料的标准化程度。原材料标准化程度越高，供应商议价能力就越低。第四，前向一体化威胁。如果供应商进入买方产业的可能性非常大，供应商的议价能力就增强。

（二）购买者的议价能力

购买者包括为消费而购买的消费者和为销售而购买的渠道商。购买者希望企业降低产品价格或提升产品质量，从而得到自身利益最大化购买者对企业形成的威胁主要是其议价能力，即购买者议价的意愿是否强烈以及能够实现压价的能力，购买者议价能力越强，他们愿意为之付出的价格就越低，这样导致行业的平均利润就越低。

影响购买者议价能力的因素主要有：第一，购买者的集中程度如果购买者总数较少，而每个购买者购买量大，则购买者议价能力就增强，例如，大集团客户相对于个体零散购买者处于更有利的砍价地位；第二，转移成本购买者转移购买对象成本小，议价能力就增强例如，理发店真正能让顾客满意并成为忠实顾客就不容易而信用卡经常推出各种优惠政策和便民服务，就是在想方设法通过提供更多的附加服务来加大顾客的转移成本，从而将顾客变成忠实消费者；第三，产品的标准化程度，产品标准化程度较高，企业提供的产品在市场上相似的很多，购买者就会持有一种无所谓的态度，这时议价能力就增强；第四，后向一体化威胁，购买者有能力实现后向一体化，议价能力就增强。

（三）潜在进入者

潜在进入者是指将来有可能进入本行业的企业。受行业利润的吸引，尚未进入该行业的这些企业往往很有可能介入这一行业，成为新“入侵者”。新进入者在给行业带来新资源、新生产能力的同时，将希望在已被现有企业瓜分完毕的市场中赢得一席之地，这就导致其与现有企业发生原材料和市场份额的竞争，最终影响行业中现有企业的盈利空间，还可能危及现有企业的生存。

潜在进入者带来威胁的严重程度取决于两方面的因素：第一，进入新领域的障碍大小；第二，预期现有企业对于进入者的反应情况。进入障碍主要包括规模经济、资本需求、转移成本、产品差异化、销售渠道开拓、政策与法规等。其中，有些障碍是很难借助复制或仿造的方式来突破的。预期现有企业对新进入者的反应情况主要是采取“报复”行动的可能性大小，这取决于现有企业的财力情况、固定资产规模以及行业增长速度等因素。

（四）替代品

所谓替代品是指那些能够实现同种功能的其他产品。一般来说，一个行业中几乎所有企业都会受到替代品的威胁从而限制了企业的潜在利益。

替代品的威胁包括三个方面：

第一，替代品在价格上的竞争力。价格上有吸引力的替代品往往给企业带来竞争压力。如果替代品的价格比行业中产品的价格低，那么行业中的企业就会遭遇降价的竞争压力。

第二，替代品质量和性能的满意度。替代品的易获得性不可避免地刺激消费者去比较彼此的质量、性能和价格，这种竞争压力迫使行业中的企业加强攻势，努力说服购买者相信它们的产品有着更优越的质量和性能。

第三，顾客转向替代品的难度和成本。常见的转移成本有：可能的额外价格、可能的设备成本、测试替代品质量和可靠性的时间和成本、脱离原有供应关系建立新供应关系的成本、转换时获得技术帮助的成本、员工培训成本等。

一般来说，替代品的价格越低，质量和性能的满意度越高，顾客转向替代品的难度和成本越低，替代品所带来的竞争压力就越大。

（五）现有企业竞争

行业现有企业的竞争激烈程度，决定着行业的利润水平、发展规模与走向。有些行业竞争非常激烈，产品价格被压得很低，导致行业平均利润下降；而有些行业克服了价格竞争，行业内竞争较为缓和，行业平均利润水平较高。

一般来说，出现以下情况，现有企业之间的竞争将会变得很激烈。

第一，同行业竞争者的数量较多，且规模与实力相近。

第二，市场趋于成熟，产品需求增长缓慢。

第三，产品或服务差异化程度低，顾客购买转移成本低。

第四，高固定成本或库存成本的行业，市场需求不足或企业资产利用率较低。

第五，同行业竞争者在战略、目标以及组织形式等方面千差万别。

第六，行业外实力强大的企业将行业内小企业收购或兼并而成为市场领导者。

第七，退出行业障碍大，则企业撤出该行业所需的成本高于继续在行业内经营的成本。

三、微观环境分析

微观环境是指对企业服务其顾客的能力构成直接影响的各种因素的集合，包括企业内部、顾客、供应商、营销中介、竞争者和社会公众。

（一）企业内部

企业内部环境是指企业内部的物质、文化环境的总和，包括企业资源、企业能力、企业文化等，也称企业内部条件良好的企业内部环境有利于保证企业正常运行并实现企业利润目标。企业内部环境分析一般可以从生产能力、营销能力、品牌价值、组织结构、公共关系等方面进行分析。

（二）顾客

顾客是指使用进入消费领域的最终产品或劳务的消费者和生产者：顾客是市场的主体，企业的产品和服务，只有得到了顾客的认可，才能赢得市场。因此，企业要投入大量的精力去研究顾客的真实需求情况，并尽可能地去满足他们的需求。创业的核心问题是善于发现未被满足或未得到充分满足的消费需求。

（三）供应商

供应商是指对企业进行生产所需而提供特定的原材料、辅助材料、设备、能源、劳务、资金等资源的供货单位。供应商所提供的资源情况直接影响到企业的生产经营活动，特别是在资源短缺时，影响更大。创业者需要对供应商情况进行分析，了解和掌握供应商的情况，选择优质的供应商。

（四）营销中介

营销中介是指为企业营销活动提供各种服务的企业或部门的总称。包括中间商（批发商、零售商、代理商）、营销服务机构（广告、咨询、调研）、物资分销机构（仓储、运输）以及金融机构（银行、信托、保险）。营销中介的主要功能是帮助企业推广和分销产品。营销中介对企业的经营活动产生直接的影响，只有通过相关营销中介提供的服务，企业才能把产品顺利地送达目标消费者手中

（五）竞争者

对于初创企业来讲，分析竞争对手的情况有两方面的意义：一是学习对方的优点和成功之处；二是防备来自竞争对手的攻击。

在一个行业中，有许多的参与企业，虽然每一个参与企业都很可能对新创企业造成竞争威胁，但由于创业者资源和能力有限，在分析竞争对手情况时不可能面面俱到，只能瞄准对本企业可能造成最大威胁的主要竞争者在行业中有一定地位，并且通过新创企业的努力可以赶上的那些企业都可以作为新创企业的主要竞争对手。分析竞争对手情况时，可以从产品、价格、销售渠道、促销手段等方面进行对比分析，从而了解企业自身与竞争对手的优劣势比较，知己知彼。

（六）社会公众

社会公众是指对企业经营活动有实际或潜在的兴趣和影响的团体企业的社会公众一般包括以下几类。

第一，政府公众。政府公众是指与负责企业的业务经营活动有关的政府机构，如行业主管部门、财政、工商、税务、物价、商检等部门他们所指定的方针、政策，对企业经营活动有着促进或限制的影响。

第二，媒介公众。媒介公众主要是电视、电台、报纸、杂志等有广泛影响的大众媒体他们掌握传媒工具，有着广泛的社会联系，对企业的声誉有着举足轻重的影响。

第三，社团公众。主要指与企业经营活动有关的非政府机构，如消费者组织、环境保护组织以及其他群众团体这些团体的力量不可忽视。

第四，地方公众。主要指企业所在地附近的居民群众、社区组织－在地方公众中树立良好的口碑，有利于企业在社会上树立形象。

第五,一般公众。一般公众是指社会上的消费者和民众。一般公众对企业的印象将影响着消费者对该企业及其产品的看法。

第六，企业内部公众。企业内部公众包括董事会成员、中高层管理人员、职能部门员工、生产一线的员工等。企业要经常对员工进行沟通和激励如果企业员工，对自己的企业感到满意，他们的态度也会感染企业以外的公众。

社会公众对企业的态度，可以有助于企业树立良好的形象，也可能会妨碍企业形象的树立因此，创业者需要考虑社会公众力量，采取措施处理好与主要公众的关系，为本企业营造和谐、宽松的社会环境。

四、创业环境综合分析

通常使用SWOT分析法对企业内外部环境进行总结分析。SWOT分析法是用来确定企业自身的竞争优势、竞争劣势、机会和威胁，从而将企业的战略与企业内部资源、外部环境相结合的一种科学的分析方法。SWOT四个英文字母分别代表；优势（Strengths）、劣势（Weaknesses）、机会（Opportunities）和威胁（Threats）。

从整体上看，SWOT分析可以分为两个部分：第一部分为SW，即优势和劣势，主要用来分析企业内部条件；第二部分为OT，即机会和威胁，主要用来分析企业外部环境运用这种分析方法可以从中找出对本企业有利的、值得发扬的因素，以及对本企业不利的、要避开的因素，发现存在的问题，找出解决办法，并明确作出是否创业的选择通过SWOT分析，可以将问题按轻重缓急分类，明确哪些问题是急需解决的，哪些问题是可以稍微延后一点的，哪些问题属于战略目标上的障碍，哪些问题属于战术上的问题，并将这些研究对象列举出来，依据矩阵形式排列，然后用系统分析的思想，把各种因素相互匹配起来加以分析，从中得出一系列相应的结论其结论通常带有一定的决策性，有利于创业者作出正确的决策和规划。

一般来说，SWOT分析主要包括以下几方面的内容。

（一）分析环境因素

优势（Strengths）：是组织机构的内部因素，具体包括有利的竞争态势、充足的财政来源、良好的企业形象、产品质量、技术力量、成本优势，市场份额、广告攻势、规模经济等。

劣势（Weaknesses）：是组织机构的内部因素，具体包括设备老化、管理混乱、资金短缺、产品积压、缺少关键技术、研究开发落后、经营不善、竞争力差等。

机会（Opportunities）：是组织机构的外部因素，具体包括新需求、新产品、新市场、国家政策扶持、外国市场壁垒解除、竞争对手失误等。

威胁（Threats）：是组织机构的外部因素，具体包括新进入的竞争对手、替代产品增多、客户偏好改变、市场紧缩、经济衰退、相关政策限制、突发事件等。

优势和劣势是企业本身具备的，从企业内部环境分析得出；机会和威胁是市场带给企业的，从外部环境的分析中得出。

（二）构造 SWOT 矩阵

将环境分析所得到的各种因素根据轻重缓急或影响程度等排序方式，构造 SWOT 矩阵。在此过程中，将那些对企业发展有直接的、重要的、迫切的、大量的、久远的影响因素优先排列出来，而将那些间接的、次要的、不急的、少许的、短暂的影响因素排列在后面。

（三）制定行动计划

在完成环境因素分析和 SWOT 矩阵的构造后，就可以制定出相应的创业行动方案，制定方案的基本思路是：发挥优势因素，克服劣势因素，利用机会因素，化解威胁因素；考虑过去，立足当前，放眼未来运用系统的综合分析方法，将排列与考虑的各种环境因素相互匹配起来加以组合，得出一系列可选择的创业决策。

第三节　创业项目选择

创业者在创业之前必须要先选择好项目，才能进行下一步创业的开始之路创业的项目有很多，如何正确地选择创业项目，是每个创业者都要思考的问题，不同的创业项目面对不同的目标市场群体，需要不同的创业资源和不同的技能与经验

一、创业项目的分类

创业者要先了解创业项目的分类，才能更好地寻找和选择适合自己创业的项目一般来说，创业项目有以下几种类型。

（一）资源类项目

资源类项目要求创业者拥有大多数人不具备的资源，这些资源可以是自然资源，或者是人脉资源一般来说，作为自主创业的项目，拥有垄断性自然资源的可能性比较小，拥有人脉资源的可能性比较大。需要注意的是，这种资源的非持久性及其变更可能会给企业带来巨大的风险。

（二）制造类项目

制造类项目需要专业的生产设备和工具，产品也以硬件为主，因此一旦选择此类项目创业，今后受整个产业环境的影响较大，受产业技术革新的影响也较大，而业务调整的灵活度较小。因此，此类项目需要一个良好的外部整体产业环境，其总体偏弱的抗风险能力在经济萧条的形势下也很容易受到冲击。

（三）技术创新类项目

技术创新类项目是指企业对有市场需求的新产品、新技术、新工艺进行研究、开发和应用的项目。这类项目突出关键技术或系统集成的创新性，包括技术创新的产品、技术、材料、工艺、设计和生物品种这类项目对行业技术进步和产业结构有优化升级的作用。

二、寻找可能的创业项目

（一）从熟悉的领域中寻找项目

如果创业者具备某一类商品知识、制造技术或从业经验，可以分析现有市场状况，找出现有产品的优势和劣势，发掘新的市场机会，创造出新的业务方向甚至是新的企业对于熟悉的领域，总有一些市场机会比较容易发现。

（二）通过重新确认企业所属的范围来寻找项目

当划分生产经营的门类属性时，有时会发现并没有去确认运营中全部潜在的范围。例如，出版社应归属信息行业，卡车应归属运输行业，肥皂应归属清洗行业。将生产经营进行清晰和全面的定义后，可能会发现额外的市场机会。

（三）利用市场的转换寻找项目

当大众消费群体从一类产品转移到另一类新产品上时，将可能带来新的市场机会也就是说，市场转换将创造对新产品和新服务的需求。

（四）借助产业增长趋势寻找项目

当越来越多的人对某产业或活动感兴趣时，就会出现产业增长趋势：创业者可以利用这种增长趋势，开发出与增长产业相关的产品或服务。

（五）利用市场空隙来寻找项目

当所需要的产品或服务无法获得，或现有产品和服务无法满足消费者的需求时，就会出现市场空隙创业者可以从市场空隙中寻找创业项目，开发出能够满足消费者需求的产品或服务。

（六）利用社会事件寻找项目

消费产品或服务可以配合某一事件来进行。这些事件可以包括经济变化、业务或产业发展、社会事件、新法规的颁布等。

（七）聚焦大市场下的小市场

怀着服务于其中仅仅一小块市场的想法，有时可能进入大市场。要注意只有这种情况才能成功——市场如此之大以至于获得其中一小块市场就能够赢利。

（八）扩大市场区域

当区域性的产品或服务经营成功后，经常会存在扩大市场地理范围的机会：这时可以在新的市场区域创办新分店。

三、评估分析创业项目

创业者寻找了可能开发的创业项目后，还需要对这些项目进行评估分析，才能从中选择一个最合适的创业项目。

对创业项目的评估分析，需要考虑以下几个主要因素。

（一）市场

创业者要评估创业项目将拥有多大的市场空间。所选择的项目最好是大规模或成长型的市场，即获得很小的市场份额就可以产生极大的、持续增长的销售量的市场要明确回答以下问题：我能得到多大的市场份额？可能的营业额有多少？可能获得多少毛利？该项目的市场寿命周期有多长？在新竞争者进入之前有多长时间可以利用？等等。

（二）投资额

创业者要考虑有效地开发这个项目需要多少投资，可以采取什么方式来投资。特别要明确的是，需要筹集多少资金才能创业，是否有能力筹集所需的资金。

（三）投资回报率

投资回报率（ROI）是指通过投资而应返回的价值，即企业从一项投资活动中得到的经济回报。投资回报率（ROI）= 年利润或年均利润 / 投资总

额 ×100%，企业可以通过降低销售成本提高利润率；提高资产利用效率来提高投资回报率。

创业者需要考虑选择的创业项目需要多长时间才能收回成本，该项目的机会成本是多少。考虑到创业可能面临的各项风险，合理的投资回报率应该在 25% 以上一般而言，15% 以下的投资回报率，是不值得考虑的创业项目。

（四）风险

创业者需要评估创业项目可能存在的各种风险，例如，技术是否成熟？是否属于行业领先或国内外领先技术？产品是否能顺利销售出去？是否会遇到竞争者的强烈反击？原材料供应是否有保障？等等。

（五）退出机制与策略

所有投资的目的都在于回收，因此，退出机制与策略就成为一项评估创业项目的重要指标。企业的价值一般也要由具有客观鉴价能力的交易市场来决定，而这种交易机制的完善程度也会影响新企业退出机制的弹性。由于退出的难度普遍要高于进入，因此，一个具有吸引力的创业项目应该要为所有投资者考虑退出机制以及退出的策略。

四、选择合适的创业项目

创业本身就是一件具有高风险的活动，没有一个创业项目是完美的，因此，选择哪一个创业项目，仍然是一个比较主观的决策：创业者要根据自身的条件、项目的效益和风险平衡以及各种外部环境状况等因素综合考虑后，作出相对比较理性的选择。

（一）选择创业项目考虑的因素

第一，个人兴趣和特长。一个人只有选择了喜欢做而又有能力做的事情，他才会自觉地、全身心地投入到工作中去，并且忘我地工作，才有可能在遇到困难和挫折时，百折不挠、勇往直前，千方百计克服困难，从而实现创业目标。

第二，对拟选行业的熟悉度。创业者只有在自己熟悉的行业领域里选择创业项目，这样才能提高创业的成功率。比如开饭店，经营服装鞋帽，开办文化娱乐业等，并不需要多高的智商，只要深入地了解，总结出行业的规律，就有可能找到生财的窍门，再加上勤奋和信心，就很有可能取得成功。

第三，充分的市场调研。认真地分析拟选项目是否有市场机会，以及本人是否有能力利用这个市场机会，比如要开一个餐馆，发现当地老人们喜欢吃的菜没有餐馆可以买，那么，这对你来说就是一个市场机会。

第四，能够承受风险。创业过程中存在着许多不可控制的因素，一旦把资金投入进去，不一定能保证成功，也不一定能够赚钱，必须考虑到最糟糕的情况如果能够承受，就可以尝试投资。创业者要正确对待风险，既要勇于进取，又不能盲目冒险，把创业的成本控制在能够承受的范围内。

第五，符合相关的国家政策。如果拟选定的项目是国家法律禁止的，无论利润多高都必须放弃，如果是限制的项目，一般也应该放弃。如果是被鼓励的，即使短期内预期利润不太高，只要项目前景好，也可选定。

第六，资金的准备量。选择项目时还要考虑到投资的资金能否使这个项目正常运转，有多大能量，就干多大的事，不要太过贪婪，使得所选择的项目运作不起来，造成畸形发展。

（二）选择创业项目的一般原则

正确选择合适的创业项目，是成功创业最重要的基础 - 创业者在选择创业项目时需要根据一定的客观条件，顺应事物发展的趋势，作出科学正确的选择总结成功人士的创业经验，我们认为在选择创业项目时，遵循以下几个原则比较容易获得创业的成功。

第一，选择自己熟悉的项目。

俗话有说："隔行如隔山。"熟悉可以避免少走弯路。创业者应尽量选择自己所熟悉的行业或领域进行创业。选择自己熟悉的行业或领域，即便在创业过程中遇到困难，也可以从容应对，降低创业风险。

第二，选择自己喜欢的项目。

兴趣是最好的老师，只要对某项目感兴趣一般比较容易做好，并且会事半功倍创业者在选择创业项目时，最好选择自己感兴趣的行业和项目。

第三，选择自己能做的项目。

创业者在选择创业项目时应该遵循"一切从实际出发"的真理有些项目收益好、利润高，有很大的吸引力，但创业者也要考虑自身条件能否很好地完成所选的创业项目，切记不可好高骛远、盲目自大，要选择自己能做的项目，否则容易半途而废。

第四，选择市场前景好的项目。

在选择创业项目时，创业者要有“放眼未来”的眼光，尽量选择有前景的朝阳行业或产品。所谓朝阳产业或产品，指的是这个产业或产品在未来的10～20年中将被消费者广泛地接受和使用，未来市场利润空间大，很多创业者之所以成功是因为具有超前的智慧和眼光，选择了市场前景好的朝阳产业全球首富比尔·盖茨在大学时期就具备了超人的智慧和眼光，他清晰地看到，“在未来的生活中，人人将离不开电脑，家家户户都将拥有电脑”，后来创立了微软公司，致力于家庭电脑及应用软件的开发。他选择了当时世界上最具市场前景的朝阳产业，成为当今世界首富。

第五，选择经济效益好的项目。

经济效益，是通过商品和劳动的对外交换所取得的社会劳动节约，即以尽量少的劳动耗费取得尽量多的经营成果，或者以同等的劳动耗费取得更多的经营成果所谓经济效益好，就是资金占用少，成本支出少，有用成果多。创业者宜选择经济效益好的项目，以尽可能小的成本获得最大的收益。

第六，选择竞争优势强的项目。

很多人在选择创业项目的时候，往往是看到别人在这个行业中赚了钱，就跟着去从事这个行业，结果并不如人意。为什么呢？因为这个行业大块的市场已经被别人占领，你会模仿，其他人也会很快模仿竞争，最后的结局是大鱼吃小鱼，实力小的被淘汰出局例如，十几年前福建地区还很少有人从事茶叶销售、开茶庄，所以当时短短几年内，早期的极少数经营茶叶生意的人赚了大钱，后来很多人看到卖茶叶赚钱就蜂拥而上，竞相模仿，如今一个小小的城市就有几百人甚至上千人在开茶叶店，这些人都能赚大钱吗？当然不是完全不可能，但毕竟很难，因为这个行业已经有太多的竞争者，而你又没有很强的竞争优势。因此，创业者应尽量选择竞争优势强的项目，也就是说，还没有人或很少人从事的领域，要抢先一步，才有可能领先一路。

第七，选择风险比较小的项目。

创业就有风险，融资困难、技术缺陷、缺乏管理经验等风险都有可能阻碍创业项目的顺利进行。创业者在选择项目前，要做好风险分析，了解创业过程中可能遇到的各种风险，尽量选择风险较小的项目，将风险预设在可把握、可调整、可承受的范围之内。

（三）新创业者不宜进入的行业

第一，竞争已结构化的行业。领导者、挑战者、追随者层次明确，这类行业不宜进入，除非有独特的优势。

第二，竞争已泛化的行业。如价格、式样、质量、服务、品牌等全方位竞争。

第三，纵向一体化程度较高的产业。例如建筑业。

第四，投资额巨大的行业如航空运输、道路建设、机场建设等。

第五，存在较大程度的规模经济现象的行业。

此外，产品的差异化和产品的品牌已经形成、顾客转换成本较高、销售渠道已被现有企业掌握、原有企业可能会有打击行为或联合打击新进入者等行业也不宜进入，或应谨慎进入。

4. 大学生创业项目选择方向

（1）高科技领域

比尔·盖茨创造的神话使IT行业成为全球公认的创业“金矿”。网易、腾讯等大学生创办企业的成功，很多是得益于创业者的技术优势但并非所有的大学生都适合在高科技领域创业。一般来说，技术功底深厚、学科成绩出类拔萃的大学生比较适合在高科技领域创业有意向在这一领域创业的大学生，可以积极参加各类创业比赛，获得脱颖而出的机会，从而吸引风险投资。

（2）智力服务领域

智力是大学生创业最先掌握的资本，因此在智力服务领域创业，大学生游刃有余。例如，大学生可以选择在家教领域创业，特别是师范专业的大学生，一方面，家教是大学生勤工俭学的传统渠道，有很多大学生在这个方面积累了丰富的经验；另一方面，大学生能够充分利用高校的教育资源，更加容易挖掘到“第一桶金”。智力服务创业项目成本较低，有些甚至是一张桌子、一部电话就可以开业。

推荐创业方向：外语培训、中小学课外辅导、设计工作室、理财咨询等。

（3）连锁加盟领域

特许加盟经营作为一种现代营销模式，已经成为个人创业的重要途径。据调查，在相同的经营领域中，个人创业的成功率低于20%，而加盟创业的成功率则约为70% ~ 80%。对创业资源十分有限的大学生来说，借助连锁加盟的品牌、技术、营销手段、设备等方面优势，可以以较少的投资、较低的门槛实现自主创业。但连锁加盟也并非“零风险”；在市场鱼龙混杂的情况下，大学生在选择加盟项目时更应注意规避风险。一般来说，大学生创业者资金实力较弱，适合选择启动资金不多、人手配备要求不高的加盟项目，从小本经营开始为宜。另外，最好选择运营时间在 5 年以上、拥有 10 家以上加盟店的成熟品牌项目进行创业。

推荐创业方向：家政服务、校园小型超市、数码快印、餐饮等。

（4）自主开店

大学生可以在学校内或校外附近自主开店，一方面可以充分利用学生顾客资源，另一方面熟悉同龄人的消费习惯，因此入门比较容易。正由于走“学生路线”，因此要靠价廉物美来吸引顾客。另外，校内或校外附近铺租一般不便宜，需要考虑资金来源，适合合伙创业。

除了在学校附近开实体店，还可以开网店或微店。网店大多数借助淘宝、易趣、拍拍等大型网络贸易平台完成交易。微店作为移动端的新型产物，任何人通过手机号码即可开通自己的店铺，并通过一键分享到 SNS 平台来宣传自己的店铺并促成成交。这种方式降低了开店的门槛和简化了复杂的手续，回款约为 1 ~ 2 个工作日，且不收任何费用。

推荐创业方向：学校内或校外附近开饮料店、咖啡屋、打印店等；也可以经营饰品、服装、特色自制美食等的网店或微店。

第四节　创业模式

一、创业模式的含义

创业模式是一种包含了一系列创业要素及其内在关系的概念性系统，用以阐明创业者的创业逻辑。它描述了新创企业所能为消费者提供的价值以及新创企业的内部结构、合作伙伴网络和关系资本等用以实现（创造、推销和交付）这一价值并产生可持续盈利收入的要素。具体来说，创业模式内涵包括以下要素：

第一，价值主张：新创企业通过其产品和服务所能向消费者提供的价值，价值主张确认了新创企业对消费者的实用意义。

第二，消费者目标群体：新创企业所瞄准的消费者群体，这些群体具有某些共性，从而使新创企业能够创造价值。

第三，分销渠道：新创企业用来接触消费者的各种途径，涉及新创企业的市场和分销策略。

第四，消费者关系：新创企业同其消费者群体之间所建立的联系。

第五，价值配置：新创企业资源和活动的配置。

第六，核心能力：新创企业执行其创业模式所需的能力和资格，

第七，合作伙伴网络：新创企业同其他企业之间为有效地提供价值并实现其商业化而形成的合作关系网络，这也描述了新创企业的商业联盟范围，

第八，成本结构：新创企业所使用的工具和方法的货币描述。

第九，收入模型：新创企业通过各种收入流来创造财富的途径。

二、典型的创业模式

（一）特许经营

1. 概念与特点

特许经营是指特许经营拥有者以合同约定的形式，允许被特许经营者有偿使用其名称、商标、专有技术、产品及运作管理经验等从事经营活动的商业经营模式。而被特许人获准使用由特许权人所有的或者控制的共同的商标、商号、企业形象、工作程序等，但由被特许人自己拥有或自行投资相当部分的企业。

特许经营具有以下基本特征：

第一，特许经营是一种特许人与受许人之间的合同关系。也就是说，特许人与受许人的关系是依赖于双方合同而存在的，合同到期双方之间的关系即告结束

第二，特许经营中特许人与受许人之间不存在有形资产关系，而是相互独立的法律主体，由各自独立承担对外的法律责任。

第三，特许人对双方合同涉及的授权事项拥有所有权及（或）专用权，而受许人通过合同获得使用权（或利用权）以及基于该使用权的收益权。

第四，特许经营中的授权是指包括知识产权在内的无形资产使用权（或利用），而非有形资产及其使用权。

第五，受许人有义务根据双方合同向特许人交纳费用。

第六，受许人应维护特许人在合同中所要求的统一性。

2. 优点与缺点

特许经营已有一百多年的发展历史，它所取得的成功已为世人瞩目。这一分销方式之所以长盛不衰，有其经营优势。

第一，对于特许商来说，借助特许经营的形式，可以获得如下优势：

①特许商能够在实行集中控制的同时保持较小的规模，既可赚取合理利润，又不涉及高资本风险，更不必兼顾加盟商的日常琐事。

②由于加盟店对所属地区有较深入的了解，往往更容易发掘出企业尚没有涉及的业务范围：

③由于特许商不需要参与加盟者的员工一管理工作，因而本身所必需处理的员工问题相对较少。

④特许商不拥有加盟商的资产，保障资产安全的责任完全落在资产所有人的身上，特许商不必承担相关责任。

⑤从事制造业或批发业的特许商可以借助特许经营建立分销网络，确保产品的市场开拓，有人讲，有人的地方就有可口可乐，有色彩的地方就有柯达，为什么这些品牌能够无处不在？原因就在于它们利用了特许经营方式进行了大规模的低成本扩张。

第二，对于加盟商来说，借助特许经营的形式，可以获得如下优势：

①可以享受现成的商誉和品牌。加盟商由于承袭了特许商的商誉，在开业、创业阶段就拥有了良好的形象，使许多工作得以顺利开展以否则，借助于强大广告攻势来树立形象是一大笔开支。

②避免市场风险。对于缺乏市场经营的投资者来说，面对激烈的市场竞争环境，往往处于劣势。投资一家业绩良好且有实力的特许商，借助其品牌形象、管理模式以及其他支持系统，其风险大大降低，

③分享规模效益。这些规模效益包括：采购规模效益、广告规模效益、经营规模效益、技术开发规模效益等。

④获取多方面支持。加盟商可从特许商处获得多方面的支持，如培训、选择地址、资金融通、市场分析、统一广告、技术转让等。

第三，同时，特许经营这一分销方式也有其局限性：

①正是由于特许本身使得加盟商得到了一套完善的、严谨的经营体系。可是，正因如此，加盟商很难改变这种经营模式来适应市场的、政策的各种变化，另外，由于各个地区消费者的需求不同，特许经营也很难在任何地方

都能保持持续的优势。

②对消费者来说，加盟商的频繁变更给他们带来的是疑惑，造成了特许人、现任加盟商和以往加盟商之间的责任不清，相互推脱责任。

③特许经营只能专注于某一个领域，而不可能在各个市场都取得战略性的胜利。

3. 注意事项

特许经营作为一种现代营销形式，以其独特的经营机制显现出强大的生命力，它不仅是企业规模进一步扩张的主要途径，更是一些创业人士“踩在巨人的肩膀站起来”的高起点、高收益发展的捷径。然而，由特许经营的特殊营销方式决定了特许人与被特许人信息不对称，相对于“特许人”而言，加盟者（被特许人）处于弱势地位，为此，在不少加盟者走上成功的道路的同时也有不少加盟者跌入了特许经营的陷阱，加盟特许经营过程中暴露的法律问题日益增多，在我国有关特许经营的专门法规《商业特许经营管理条例》及其配套的《商业特许经营备案管理办法》《商业特许经营信息披露管理办法》实施之际，特提请准备加盟特许经营的加盟者在关注加盟经济效益的同时，关注潜在的法律风险，关注相应的法律问题。

（1）加盟前审慎考察特许人的“特许资格”

不少人在加盟前对特许人的相关情况是不了解的或者了解很少，仅凭其宣传材料、简介就盲目签订加盟合同急于上项目，殊不知，这就为以后的合同的履行、纠纷的产生埋下了隐患。根据《商业特许经营管理条例》的规定，特许人应具备一定条件才具有“资格”开展特许经营活动。

（2）签订合同前详细了解特许人的相关信息

在有意向加盟前，应更加详细而具体地了解特许人的相关信息。《商业特许经营管理条例》明确规定特许人应当建立并实行完备的信息披露制度，在订立特许经营合同之日前至少 30 日，以书面形式向被特许人提供有关信息和特许经营合同文本，并明确规定了特许人应当提供的信息内容，包括特许人及其法定代表人的基本情况和商业信誉记录、特许人拥有的经营资源、特许人为被特许人提供服务的能力以及对被特许人在经营方面的管理和监督的情况、特许经营费用及其收取办法、特许经营网点投资预算等 12 个方面，这些信息涵盖了特许人的行业地位、以往经营业绩、持续经营能力等综合情况，有利于加盟者做出理性的判断。当然，条例及办法只是规定了特许人的信息披露义务，至于其披露的信息是否真实，还有待加盟者仔细辨别，有必要的，也可以委托律师进行相关调查核实。

（3）签订合同时努力争取合同权利义务的对等

特许经营合同是一种民事合同，合同双方的地位是平等的，但是现实中，相对于特许人来说，加盟者出于被动地位和弱势地位对于大多数特许经营者来说，虽然特许合同是经备案的，也是针对不特定多数人的，不具有个性化和针对性，就特殊事项和自己的实际情况双方还是可再行约定或对部分条款作出调整修改的。为此，在签订合同时，应尽可能使合同完备，避免口头承诺没有写入合同而使发生纠纷时空口无凭：对于没有加盟经验、没有法律专业技能的人来说，签订合同一定要审慎，名字的签订意味着权利义务的接受，不仅仅是写个名字而已。

总之，加盟特许经营所涉及的法律问题颇多，合同法、民法、商标法、专利法、不正当竞争法都在不同层面规制着特许经营。合同的签订只是最前卫的防范，防火胜于救火，加盟前严格审查、签合同时审慎把握、把法律风险降到最低。

（二）专业经营

1. 概念与特点

专业经营是指创业者利用自身专业特长或专业资格，为相关消费者提供产品或服务，借此收取报酬的创业方式。专业经营的前提是必须在某一领域拥有专业资格，典型的专业经营如牙医诊所、企业咨询顾问、私人律师、钢琴教练、代账、专业保姆等。

2. 优点与缺点

专业经营的优点主要有如下几个方面：

①成功机会较高，专业资格本身已是一项独有的入行条件，外来竞争相对较少，专业人士如有相当的消费者基础，成功创业的可能性便会较高：

②成本较低。专业经营创业所需资金的多少，取决于业务的规模和种类。除了个别需要在器材上作大量投资的行业外，专业人士一般都是提供自身的专业服务而非售卖产品，故创业成本相对较低。

③人脉网络及消费者基础。相当的行内经验和资历固然是专业人士创业的重要元素，但人脉网络及消费者基础也是重要的创业本钱。

同时，专业经营的缺点主要体现在：由于新创企业颇依赖专业人士的声誉，专业人士可能因为工作失误或个人行为不当，而被专业团体纪律处分，轻则会被罚款，重则会被取消专业资格，导致新创企业前途受影响。

3. 注意事项

第一，为了在专业范畴中可以进一步发展，创业者不仅需要不断地进修，以提升个人的专业水平、知识以及经营管理和服务水平，以免被淘汰；也要经常参与专业公会或行内的聚会，这对开拓客源及监理人脉关系网络会有帮助。

第二，注意业内操守，不少专业资格皆有不同的规范及限制，如地域或服务类别等，创业者要按有关规范执业；创业者要遵守业内守则，如道德规范及行规等：

第三，创业者要经常留意政府政策、有关法律法规的变动，以及对国际认可专业资格的审批的修订。

（三）模仿经营

1. 概念与特点

模仿经营有两类：一是创业者紧紧跟随技术先行者的后面，对新技术和新产品有一定的自觉判断和科学决策，通过购买技术专利和许可证的办法来进行生产；二是所谓的“免费搭车”，即对他人的产品或服务，以及运营模式等稍加改动，为己所用。

目前，模仿经营的创业模式在服装、家具、室内装潢、工业外观、园林景观设计等领域比较常见，如美特斯邦威模仿耐克公司的“虚拟经营”模式，把服装设计、生产和运输全部外包，集中全力发展自身的品牌价值和销售网络。

2. 优点与缺点

模仿经营的优点主要体现在创业成本低，由于购买甚至免费借鉴他人的技术、经营模式、管理模式，节省了自身反复研发的实践成本和资金成本，而且风险较低，但这种模式的缺陷有两点：第一，模仿对象的选择很关键，倘若模仿对象经营不善，会对产品和服务与之类似的创业者产生骨牌效应，殃及池鱼；第二，有一定的法律风险随着我国对知识产权保护的日益重视，对私有专业的模仿可能会引起法律诉讼。

3. 注意事项

第一，为了选择最佳模仿对象，创业者需要对市场和消费者进行广泛调研，分析流行趋势和市场走向，选择最有前途的目标技术或目标企业。

第二，注意向工商部门或相关法律专家进行咨询，确保模仿的专利不至于引起法律纠纷。

第三，模仿什么也很关键，不能简单模仿产品本身，品牌价值、设计能力和销售网络才是决定创业者能否成功的关键因素；模仿之中要有创新，好的创新可以起到画龙点睛的作用，在模仿他人的基础上要坚持逐步形成自身的风格。

（四）承包经营

1. 概念与特点

承包经营包括承包和租赁别人的企业，就是承租人（创业者）按承包经营合同，对企业所有者的资产进行经营管理的制度承包经营是在不改变企业所有制性质的前提下，“所有权和经营权相分离”，出租方把企业有期限地交给承租人（创业者），承租人（创业者）交纳租金并按合同自主经营的方式，其程序是：评估；验证；招标；投中标；抵押签约；进驻。承租人投资新增资产归承租人所有，如承包学校食堂、承包商场柜台、承包旅游景点、承包广告投放等。

2. 优点与缺点

承包经营这种方式的优点在于：

第一，竞争小。市场相对稳定，承租人（创业者）较易控制运营成本，所面对的竞争也较小。

第二，承办项目通常已有良好的消费者基础，承租人（创业者）多可受惠，如果能够提供质量不错的产品和服务，承租人（创业者）所面对的风险会较低。

然而，这种方式的缺点在于：

第一，市场限制发展因为相对限定的消费者市场而受到限制。

第二，受合约限制。供应的产品或服务受承包合约管制。

第三，合约年限有限。

3. 注意事项

第一，承租人（创业者）必须充分了解承包条文虽然承包行业拥有稳定的市场，但承租人（创业者）仍需了解合约上列明的要求，并要对租金、承包年限、兼顾项目和业务范围等仔细计算，确保可得到预期的回报。发包方和承租人（创业者）之间的权利和义务，均取决于合约内容，因此，为了达成双方满意的合作协议，必须详细磋商创业者如缺乏有关经验，可考虑聘用顾问和律师详细研究合约的条文是否恰当。承租人（创业者）必须留意承包关系和雇佣关系的不同。

第二，承包项目中的各项细节和守则必须合乎法律要求。

（五）收购经营

1. 概念与特点

收购经营是指创业者通过购买其他企业的大部分或全部所有权，从而取得对该企业的经营控制权：常见的创业收购如收购一家经营成熟的饭店或茶馆、收购一家位置不错的商铺、收购一家书屋或网吧等。

2. 优点与缺点

收购经营的优点如下：

第一，开业时间短，收购现有经营业务的最大好处在于，创业者可以坐享该业务固有的基础，包括承接原有经营者的设备、商誉和客源，除了可省去筹备资源，也省去了不少时间。

第二，回本期短。承接业务既有的消费者及供货商，能缩短回本期。

收购经营的缺点在于，风险不易评估，收购行动本身最大的风险在于被收购的业务可能隐藏有财务危机、债务、诉讼及其他问题，创业者务必注意。

3. 注意事项

第一，在决定收购一项业务之前，应对该业务进行彻底的调查，包括所收购业务的财务状况、诉讼记录、债务记录和消费者口碑等，收购者（创业者）可委托一些“商业信息咨询、评估事务所”代办这类调查，宜聘用律师或会计师作为成交过程的见证人，或者进行公证。

第二，在某些情况下，收购者（创业者）可以提出要求，请卖方（即原来经营者）在一段合约时间内维持在公司内的职务，以保持业务在转让过程中的稳定性。另外，在收购过程中稳定员工的军心，对公司或店铺业务的顺利过渡也十分重要。

第三，收购者（创业者）承接业务时，也会承担原来经营者的债务，包括税务。收购者（创业者）需要小心调查核实，以便和原来经营者的债务划清界限。

第四，收购者（创业者）会承接原来经营者与消费者、供货商及银行的关系，若能维持良好关系，便会事半功倍。

三、大学生创业路径

长期以来，由于我国的政治、经济及社会环境的影响，大学生沿袭的是就业的观念，创业起步较晚，最近几年，国内兴起了轰轰烈烈的创业热潮，经济环境和政策环境利好频出，创业氛围浓厚。总结国内外大学生的创业实践，有如下六种基本路径。

（一）积累演进式

积累演进式是大学生为了实现就业的同时积累资本和经验，由个人或几个人组成的创业团队白手起家。该模式的资金需求较小，在管理上主要是采取自我雇佣的业主组织形式，产权关系上以个人独资或合伙投资经营为主。这种模式需要善于发现市场机会，对环境进行分析，如在学校周围经营服装、餐厅、酒吧、化妆品等生意，积累原始资本，由于自身对大学生消费群体比较了解，所以成功的概率较高。

积累演进式的优点是：投资比较小，筹集资金比较容易；创业所需的专业知识不是很强，管理比较简单；不确定性程度低，可以稳打稳扎，步步为营，成功率较高。其缺陷是：所在行业的发展相对比较成熟，市场趋于饱和，竞争相对比较激烈，再加上创新性不足，因而有时难以创造高额的市场价值。因此，运用这种模式创业，需要做好周密的区域市场调查和行业分析；制定长远的发展规划并合理设计个人职业生涯，在资源积累到一定程度时，及时扩大经营规模或转行，以求进一步发展。

（二）连锁加盟式

连锁加盟式是指大学生以加盟直营、区域代理或购买特许经营权的方式来销售某种商品或服务的创业活动。加盟的行业主要是商业零售、饮食、化妆品、服装等技术含量不高而用工较多的行业。资金筹集上一般是由个人独资或几个人合伙出资，组织管理上实行按总店或中心的统一模式自我雇佣、自我管理，并且能分享经营诀窍和资源支持，长期得到专业指导和配套服务。

连锁加盟式的优点是：在经营管理上有现成的模式可供直接采用；可以利用特许企业的品牌效应减少经营风险，享受规模经济利益，被称为是“站在巨人肩膀上的创业”其缺陷是：加盟者与中心店往往由于协议条款不完善或执行不便而产生纠纷；既有的经营模式也会限制经营的自主性和创造性，在常规经营条件下很难有高额回报；所在行业的知识含量不高，劳动用工比较多：因此，运用这种模式创业特别强调加盟合同的签订，必要的时候要向专业人士咨询，以求合同条款尽可能完善；同时还要有一种“不安于现状”的精神，在既有的经营模式上敢于改进和创新。

（三）分化拓展式

分化拓展式是指大学生首先加入某高新技术或商品流通企业，成为该企业的骨干员工，然后利用企业内部创业的机会来实现自己创业理想的行为一些大学生发挥自己的专业特长，迅速成为公司的骨干，而这时公司恰好准备变更或重塑公司的主要方向，由公司投资委托骨干员工来负责新业务或新项目作为骨干分子，在资本、经验、人力资源发展到适当程度并判断有更好的商机出现时就脱离原公司集团，以自己个人积累的资金为主体，来创建新的法人企业。创业者会在参照原公司集团经营管理模式的基础上根据自己的偏好做进一步改进。

分化拓展式的优点是：创业者在准备创业时就拥有较充足的资金、技术、人力资源和人脉关系，创业的基础条件较好；可以依托原公司的客户关系网扩大业务，创业的风险较小，成功的概率较高。其缺陷是：容易与原公司在业务竞争上产生纠纷，受到原公司势力的打压。因而运用这种模式创业的创业者必须摆正自己的位置，不能贪图利益“背信弃义”，时机不成熟不要轻易动手；在创业过程中要与原公司及相关客户作充分的沟通交流，以合作共赢的姿态来对待原公司和客户。

（四）知识技术式

知识技术式是大学生将自己拥有的专长或技术发明通过“知本雇佣资本”的方式发展成企业创业的大学生具备某一专业、技术特长，或成功研制一项新产品、工艺，但要创建成企业需要高额资本，而学生往往由于缺乏信用保证难以通过信用机制从外部筹措大量需求的资金，于是大学生就以技术、专利、其他智力成果做资产估价，吸引有眼光的公司提供风险投资基金来创建企业。这种创业模式主要集中于电子信息、生物技术、高科技农业等

技术含量高、知识密集型行业，经营形式上采取股份法人公司制，管理上十分强调企业家精神和团队精神。

知识技术式的优点是：创业活动具有很强的创造性，可以创造巨大的市场价值，甚至可以创造一个新的市场；可以充分发挥大学生的专业特长和知识才能；企业成长迅速。其缺陷是：不确定性程度高，风险大，难以获得高额的投资基金；创办的企业多为股份制，企业发展快，产权多元化，加上缺乏管理经验和组织能力，法律知识不足，难以处理好经理人与董事、股东之间的关系，内部纠纷不断，堡垒容易从内部攻破；忽视企业文化建设；研发资金投资周期过长等，因此，采用这种模式进行创业首先要对技术专利作严格的评估和市场预测，并取得法律的保护，以降低风险；不要单枪匹马闯天下，要组建良好的团队共同努力，特别要注意培养团队合作精神。

（五）模拟孵化式

模拟孵化模式是大学生受各种创业大赛的驱动和高校创业园区创业环境的熏陶、资助、催化而进行的创业活动。许多高校举办了各种各样的创业大赛，参加大赛的大学生在创业大赛中熟悉了创业程序，储备创业知识，积累创业经验，接触和了解社会，是对创业的模拟实验；同时高校纷纷建立科技园区或创业园区，园区中的科技创业基金中心或大学生创业投资公司对经过严格评估的优秀参赛项目进行股权形式的投资建立股份制公司，并且定期对投资项目进行评估，实行优胜劣汰，对项目进行创业催化。

这种创业式集中于高科技行业，很多项目是研究生的导师承担的各级政府课题基金项目的成果：模拟孵化模式的优点是：具有创新性；创业者可以得到政策的支持和创业园区的各项帮助，包括专家的培训和指导，享受免费提供的办公场所，公共文秘、财会、人事服务，咨询、辅导、评估和项目管理服务，办理证照、落实优惠政策、推荐申报、市场营销服务等；凭借专业创业，使理论联系实际，加速知识向生产力转换；信息来源好，流通快。其缺陷是：很多创业计划书由于受到知识、经验的限制，存在对目标市场和竞争对手缺乏了解和分析时的数据经不起推敲的问题，最终只能“纸上谈兵”因此运用这种模式进行创业必须认真撰写和严格审查创业计划书，保证计划书的完善、科学、务实。

（六）概念创新式

这种创业模式刚刚兴起，是大学生根据自己的新颖构想、创意、点子、想法进行的创业活动。

概念创新集中于艺术、装饰、教育培训、家政服务等新兴行业，目前，网络创业也属于这种模式：网上开店，在网上注册成立网络商店；网上加盟，以某个电子商务网站门店的形式经营，利用母体网站的货源和销售渠道。创业者的设想能够标新立异，在行业或领域是个创举，并迅速抢占市场先机创业的资金需求量不是很大，特别有创造性能吸引商家眼球的也可以引来大公司的股权形式的资金注入，组织管理上个人独资、合伙、股份公司均可。

概念创新式的优点是：创业成本低，本身缺乏创业资源的创业者也可以通过独特的创意来获得各种资源；创新性强，是典型的开创性价值创造型创业，成功后的收益大。其缺陷是：创业必须有足够新颖的创意来洞察商业机会，创业难度大；面对的领域是有待开发的新的市场，风险大。因此运用这种模式进行创业的创业者要能够正确客观地评价自己，看自己是否真正具有独特的个性和旺盛的创业欲望；同时还要认识到创意不完全等同于创业，在拥有创意的基础上，还要认真分析资金、人才、管理、市场等因素，不可头脑发热、贸然行事。

第五节　创业风险

任何行动，风险都是不可避免的。作为大学生创业者，由于其在技能、经验、渠道等方面的欠缺，风险更是不可忽视。因此，在创业项目落地以前，就要充分评估自己创业过程中可能会遇到风险，其中哪些是可以控制的，哪些是不可控制的，哪些是需要极力避免的，哪些是致命的或不可管理的。一旦这些风险出现，应该如何应对和化解。特别需要注意的是，一定要明白最大的风险是什么，最大的损失可能有多少，自己是否有能力承担并渡过难关。

一、创业风险的含义

创业风险是指在企业创业过程中存在的风险，是指由于创业环境的不确

定性、创业机会与创业企业的复杂性，创业者、创业团队与创业投资者的能力与实力的有限性而导致创业活动偏离预期目标的可能性。

世界上没有百分百安全的事，创业亦然。然而，风险对于聪明的创业者来说并非坏事，因为许多成功的机会就隐藏在风险之后，而且往往风险越大，成功的机会也就越大。

二、创业风险的类型

（一）机会风险

创业者选择创业也就放弃了自己原先所从事的职业。一个人同一时期往往只能做一件事，选择创业就丧失了其他的选择，这就是所谓的机会成本风险。

如果创业者认为目前创业时机成熟，正好有一个绝佳的商业机会，那么就要狠下决心，立即着手创业。如果觉得没有什么太好的商业机会，而且自己对行业状况、公司经营管理知之甚少，就暂时不要急于创业，而是边工作边认真观察，看看所在公司的各层领导是如何工作的，甚至有心学习所在公司开拓市场的技巧，以及公司老总管理公司的技巧。创业者还可以边为其他公司打工，边留心建立良好的商业关系网，等待时机成熟，再开始创业。

（二）技术风险

技术风险是指在企业技术创新过程中，因技术因素导致创业失败的可能性。

第一，技术成功的不确定性。

创新技术从研究开发到实现产品化、产业化的过程中，任何一个环节的技术障碍，都将使产品创新前功尽弃，归于失败。很多创业企业，在技术产业化实施过程中，屡试屡败，其中的原因是多方面的。当用血汗赚来的资金或以家产抵押来的创业资金将要耗尽时，却还没有生产出合格的产品，则风险达到极大。

第二，技术前景、技术寿命的不确定性。

如果赖以创业的技术创新不能够实现工业化，或不能在高技术寿命周期内迅速实现产业化，收回初始投资并取得利润，必然造成创业的夭折。

第三，技术效果的不确定性。

一项高技术产品即使能成功地开发和生产，但若达不到创业前所预期的效果，结果也会造成大的损失甚至创业夭折。

（三）市场风险

市场风险是指市场主体从事经济活动所面临的盈利或亏损的可能性和不确定性。

第一，市场需求量。

产品的市场容量较小或者短期内不能为市场所接受，那么产品的市场价值就无法实现，投资就无法收回，从而造成创业夭折。

第二，市场接受时间。

一个全新的产品，打开市场需要一定的过程与时间，若创业企业缺乏足够的财力投入到营销广告中去，产品为市场接受的过程就会更长，因而不可避免地出现产品销售不畅，前期投入难以回收，从而给创业企业资金周转带来极大困难。

第三，市场价格。

产品价格超出了市场的承受力，就很难为市场所接受，技术产品的商业化、产业化就无法实现，投资也就无法收回。当某种新产品逐渐被市场所接受和吸纳时，其高额的利润会吸引来众多的竞争者，可能造成供大于求的局面，导致价格下跌，从而影响高技术产品创新的投资回报。

第四，市场战略。

一项好的高技术产品，如果没有好的市场战略规划，在价格定位、用户选择、上市时机、市场区域划分等方面出现失误，就会给产品的市场开拓造成困难，甚至功亏一篑。

（四）资金风险

资金风险是指因资金不能适时供应而导致创业失败的可能性。

对于新创企业，资金缺乏是最为普遍的问题，如果创业者不能及时解决，非常容易造成创业夭折对于高技术创业活动，由于资金不能及时供应，导致高技术迟迟不能产业化，其技术价值随着时间的推移不断贬值，甚至很快被后来的竞争对手超出，而使初始投入付之东流。

（五）管理风险

第一，管理者风险。

一个优秀的创业家，可以不具备精深的技术知识，但必须具备这样一些素质：具有强烈的创新精神与创业意识，不墨守成规，不人云亦云；具有追求成就的强烈欲望，富于冒险精神、献身精神和忍耐力；具有敏锐的机会意识和高超的决策水平，善于发现机会，把握机会并利用机会；具有强烈的责任感和自信心，敢于在困境中奋斗，在低谷中崛起。

发达国家创业企业的成功经验之一，就是技术专家、管理专家、财务专家、营销专家的有机组合，形成团队的整体优势，从而为创业企业奠定坚实的组织基础那种由技术所有者包揽一切，集众权于一身的家长式管理，往往由于管理水平、管理模式等方面的问题，导致创业夭折。

第二，决策风险。

由于决策失误而造成失败的事例实在是太多了，无论是政治，军事还是商业。对于创业者而言，绝不可以根据自己的喜怒哀乐或不切合实际的个人偏好而做出决策不进行科学分析、仅凭个人经验或凭运气的决策方式都可能导致惨重的失败。

管理者决策水平的高低对创业企业的成败影响巨大，据美国兰德公司估计，世界上破产倒闭的大企业，85% 是因企业家决策失误造成的。

第三，组织和人力资源风险。

组织和人力资源风险是指由于创业企业的组织结构不合理、用人不当所带来的风险创业企业的迅速发展如果不伴随着组织结构、用人机制的相应调整，往往会成为创业企业潜在危机的根源。其中管理体制的不畅是主要原因之一。因此，对于新创企业，创业者从一开始就应该注意组织结构的设计、调整，人力资源的甄选、考评，薪酬的设计及学习与培训等管理从创业初始就需要建立健全各项规章制度，并建立企业文化。

（六）环境风险

环境风险是指一项高技术产品创新活动由于所处的社会、政治、政策、法律环境变化或由于意外灾害发生而造成失败的可能性。因此，高技术产品创新，必须重视环境风险的分析和预测，把环境风险减到最低限度。

例如，许多化工化学园区，企业与居民区交错布置，普遍缺乏统一的区域性环境风险应急预案、监测体系和风险防范措施；环境风险意识淡薄、防范制度不健全、环境保护考虑少、应急预案和风险防范措施缺乏。这给国民经济和人民生命财产安全构成严重威胁，产业整体布局存在很大的环境风险。

第九章　政府、高校、企业三方共建的大学生创新创业综合实践基地

第一节　大学生创新创业综合实践基地概况

大学生创新创业综合实践基地是指导和组织大学生开展科技创新、就业创业和技能实践活动的综合性教育实践基地。基地坚持“创新之根在实践，创业之魂在创新”的理念，不断深化“以教育引导人，以实践锻炼人，以文化熏陶人，以机制激励人”的育人机制，实践对大学生创新能力与创业能力的融合性培养。学校围绕大学生创新创业综合实践基地，以“一站式和一条龙”方式，以培育卓越工程师和青年企业家为目标使命，深入实践创新能力与创业能力融合性培养。

一、大学生创新创业综合实践基地的机构设置

（一）创新创业项目训练大厅

创新创业项目训练大厅面向全校所有同学开放申请，实行“零门槛”“体验式”流动管理和多学科交叉融合，鼓励大学生互相交流和促进团队成长。大学生创新创业综合实践基地管理委员会每个学期举行基地内创新创业人才选秀活动，创新创业项目大厅优秀成员将被按次序推荐进阶到创新工作室或

者创业孵化室团队。

大学生创新创业综合实践基地的仪器设备、图书资料、软件和网络基础条件面向所有入驻大学生开放。基地教育管理委员会定期为创新创业训练大厅学员组织创新创业培训和各种创新创业交流活动。创新创业项目大厅学员可以获得创新思维、工程素养、项目管理、职业与技能、科技创业概论、领导与沟通等多科目免费培训。

（二）创新工作室

创新工作室按照学科方向的不同分为硬件工作室、软件工作室、网络工作室、媒体工作室等，面向学校所有创新团队开放申请。创新工作室采用项目化动态管理模式，形成点面结合的扇形辐射、项目化管理、工程化管理几个特点。

大学生创新创业综合实践基地提供硬件操作间、单片机、高性能计算服务、媒体录音录像设备、移动开发设备等，并给予基本开发元器件资助。对于创新工作室优秀项目，优先推荐申报创新创业训练项目，并给予创新学分认定。组织各个创新工作室优秀学生组建创新创业校队参加“挑战杯”等高水平赛事。创新工作室强调对大学生的动手实践能力的培养和团队开发的体验。

1. 硬件工作室

该工作室主要面向嵌入式、射频、通信、传感、控制及测量、仪器仪表、各种信号单片机应用、智能车及机器人的研究、物联网等领域的研究的学生团队，并管理及维护基地的硬件设备，促进基地硬件有实力地发展。

2. 软件工作室

该工作室主要面向VC++、C++、VB、java、android、ios、windows phone等移动平台的开发，研究linux操作系统的应用、MFC开发、游戏开发、云计算。

3. 网络工作室

该工作室分为网络部及网安部。网络部主要负责基地网站的维护与管理、更新以及相关建设网站，研究方向包括net、php、数据库、网站的前台设计与后台编程、服务器等。网安部主要维护基地网络安全，进行木马移植、加密与解密、计算机病毒的编写与查杀、防火墙与浏览器漏洞的攻防、网络协议、端口扫描与入侵等领域的研究。

4. 媒体工作室

该工作室主要面向平面视频、3D 建模、原创音乐创作制作平台等领域的学生研究团队，为基地制作相关视频，为影视沙龙、微电影、舞蹈大赛、十大歌手等活动和创新团队制作视频提供重要技术支持。

5. 创新团队工作室

创新团队工作室主要面向校内成熟学生创新团队，以培养大学生创新意识、创新能力和创造精神为宗旨，帮助大学生完成从方案设计到产品设计再到商品设计的升级，助推大学生在团队开发中从优秀走向卓越。创新团队工作室的项目可以来源于学生科技竞赛待完善的作品，企业委托的创新项目，各级大学生创新训练项目和校内教工的科研合作项目。

大学生创新创业综合实践基地为创新团队配置独立的团队开发空间，并为每个团队寻找创新导师，优先提供各种培训机会。在硬件上提供创新开发所需要的仪器设备、操作实验空间，给予创新开发一定的元器件资助，提供研究必需的软件平台和网络环境。创新创业教育委员会针对团队的情况，组织在暑假等时间开展创新团队进企业见习活动，提升创新团队的规划能力和水平。大学生创新创业综合实践基地为大学生创新团队提供创新学分认证，大学生创新团队项目经过认证结题后，可以置换一定的创新学分。学校创新创业综合训练基地也将积极促进优秀创新成果进行成果转让和创业孵化。

（三）青年博士工作站

青年博士工作站是校团委进一步服务青年博士教工的成长与发展，提高青年大学生创新实践能力，融入学校“申博”中心工作，积极探索学校高端人才队伍带动大学生创新能力培养的有效工作机制，紧跟党委推进“五高一大”的工作任务步伐而建设的青年教工科研创新平台。入驻青年博士工作站的团队，有帮助和指导创新创业训练基地团队的义务。

大学生创新创业综合实践基地按照“1—3—2”模式为每个教工配备科研助手，即为每一个团队配备 3 名优秀研究生助理，为每个研究生配 2 名优秀本科生做助理。入驻团队有具体考核标准，在年检合格后，可以得到 1—3 万元的科研资助经费。校团委通过联系校友会、CSIP 等平台，为青年博士团队提供更多交流与考察机会，拓宽科研合作渠道，提升服务区域经济和产业经济的核心竞争力。

（四）创业事务代理中心

创业事务代理中心下设公关部、创业服务部和企业发展部。公关部主要职责是拓展基地的企业资源并与校友企业建立良好的关系与合作意向，建立起校内学生和校外企业的合作平台，为学生争取项目对接的机会；与其他高校相关的组织建立联系，促进学校创新创业氛围建设；利用风头、高新区、公司和人社局三方资源，审核创业团队的创业计划书并给出建设性指导意见，传递给创业团队与企业发展部；作为基地形象代言人，要与学校各类学生组织建立良好的关系，并有目的地挖掘校内优秀创新人才与创业人才；保持与校内创业社团的沟通与联系，加强学校创业人才的培养和创业赛事的竞争力，协助有关部门进行赛事准备工作。创业服务部的职能主要是联系学校、社会、政府、企业资源，收集汇编创新创业政策制度，为创业团队、校内学生与校友提供法律、财会、税务、政策、专利申请等相关事务的咨询与帮助；为创业团队提供创业场地申请、人才招募、企业相关培训等创业相关的服务（主要针对有想法但不成熟的校内团队）。

（五）创新创业生涯规划坊

创新创业生涯规划坊主要提供大学生创新创业生涯规划咨询、创新创业套餐式课程选课指导与创新创业素质拓展认证工作。大学生创新创业综合实践基地利用“专业老师课余辅导＋研究生‘朋辈’帮扶”的师资策略，依托科协指导教师、辅导员和一批有工作（实习）经历和创业经历的大学生志愿者组成创新创业生涯规划工作坊，为学生提供创新创业生涯决策辅导、科技创新咨询、团队团体辅导模拟、培训选型指导、团队素质拓展等服务。工作坊在创新创业综合实践基地定期安排志愿者值班，将创新创业服务渗透到课余时间。

工作坊启用的创新创业课程（实践）体系，提供了基于具体学科的创新基础训练、面向团队的工程实践训练、面向职场的职业技能拓展和面向企业管理的创业技能拓展四个维度的训练内容。学生根据自身情况进行课程申报和项目申报，生涯规划坊将课程的完成情况形成全过程记录，并记录进学生的就业推荐表，对优秀的学员向校企联盟优先推荐就业。

（六）创业孵化室

大学生创业孵化室主要开展大学生创业实践和学生社团创业模拟活动。创业孵化室以培养大学生创新成果转化、市场营销策划、生产品质控制和团队管理等能力为根本宗旨。其面向校内大学生团队和大学生社团开放申请，基地创业教育委员会考虑创业孵化室的结构互补与行业特色，每个学期更换创业孵化室入驻项目。

大学生创新创业综合实践基地提供10个创业孵化团队孵化空间，重点支持国家大学生创新性实验项目成果孵化，大学生“挑战杯”学术科技作品竞赛获奖作品成果孵化，优先考虑省部级大学生创新创业训练项目和全国大学生“节能减排”大赛优先作品进行创业孵化。支持大学生社团利用社团的科技成果和创意产品进行创业孵化和创业模拟，为大学生创业实践类学生社团提供创业计划、会计事务、公共关系管理等培训。支持创业孵化团队承接政府、企业的创业外包项目和科研机构、学校教师的创业合作项目。创业孵化室团队可以优先考虑获得KAB创业教育培训，大学生创新创业综合实践基地为每一个进入创业孵化室的团队出具创业孵化项目证明。

（七）创业示范点

创业示范点为大学生创业者提供高端创业服务平台，要求入驻的企业是经过工商行政部门注册的正式企业，并且企业的法人代表为大学生（毕业两年内均可）。创业示范点入驻企业主要为科技创业型企业和创意创业型企业。

二、大学生创业综合实践基地的有利条件

大学生创业团队可以享受房租、水电免费的待遇，还可以得到完整的办公用具一套，基地统一提供高速网络支持、基本文印服务等配套设施。此外，大学生创新创业综合实践基地提供小额贷款申报代理、会计事务代理、法律咨询等服务。大学生创新创业综合实践基地定期组织优秀创业团队赴校企创业联盟企业学习交流，并提供校友企业家创业融资沙龙等机会，同时和学校大学科技园、大学生创业园保持密切合作，及时向更高端的平台输送优秀创业企业。

第二节 政府、高校、企业三方共建的大学生创业园

一、创新创业综合实践基地存在的不足

随着经济和社会的发展，创业教育在推动科技创新和服务就业等方面逐步显现了重要的作用。《教育部关于全面提高高等教育质量的若干意见》中明确提出要“加强创新创业教育和就业指导服务”。

国家高度重视大学生创业教育，在当前高校毕业生就业压力明显增大的形势下，国内高校都以各种方式积极开展创业教育的探索和实践。但是，从总体上看，创业教育的发展和现代经济社会的发展要求，还有较大的距离。主要表现在以下几个方面：

（一）高校、地方政府和社会的资源整合度不高，难以形成育人合力

学校、地方政府和企业自成体系，联动机制难以形成，学生的科技创新项目难以走向市场，地方政府出台的系列扶持政策难以落地，企业参与大学生创业的积极性不高，对创业教育的合力不够。

（二）创业教育的系统性不强，形式单一

许多高校开展创业教育主要停留在创业竞赛、创业讲座和选修课的开设上，围绕学生将来进入某一行业所需要的知识和技能的第一课堂与第二课堂相融合而实施的系统性创业教育局面难以形成。

（三）创业教育的目标定位模糊，驱动力不强

有些高校把大学生的创业教育当成企业家的速成教育，有的当成就业教育，有的当成第二课堂的辅助教育，高校开展创业教育的驱动力不强。

因此，应把校园创业工作前移，成立一个新的依托高校招生就业优势的职能部门，使得高校毕业生不出校门，也能享受到“一站式”大厅的就业

服务，实现“一站式”服务从坐等式到上门式，从柜台到前台，从大门到校门，从城区到郊区，从“请进来”到“走出去”的转变。把毕业生的就业诉求转化为高校工作的出发点和落脚点，形成政策落实和初期创业场所的新平台变得日益迫切。

二、政府、高校、企业三方共建的大学生创业园

（一）建成了广西首个服务大学生创业的枢纽型平台——大学生创业园

课题组积极推动学校主动寻求校外资源支持，联合桂林市高新区人民政府、东莞百分百集团公司共同出资建成了广西区首个服务大学生创业的大学生创业园；围绕创业园建设，设计和完善了学校、政府、企业的联动机制，使大学生创业园成为三方合力推进大学生创业教育的枢纽型平台。

（二）夯实了创业人才培养的两个“抓手”——“课程化培养”和“园区式培育”

在大学生创业园的基础上，通过不断整合和优化校内外教育教学资源，逐步夯实了“课程化培养”和“园区式培育”相融合促进大学生创业能力提升的两个“抓手”。

1. 遵循教育规律，瞄准培养目标，不断优化创业人才培养的课程体系

一是依托花江论坛、卓越讲坛、创业赛事等广泛开展创业实践体验活动，营造创业氛围，积极培育大学生的创业兴趣。二是在公共基础课、专业基础课、专业选修课、公共任选课和人文素质任选课等基础上，结合创业人才培养的目标要求，优化课程方案，建立了涵盖“KAB 创业教育基础”“创办你的企业（SYB）”“会计学”“创新思维”“职业生涯规划”“心理学”“市场营销”“企业人力资源管理”“生涯规划与就业指导”等 30 余门课程在内的创业教育课程群，实行创新创业课程与专业课程和人文素质课程学分互认机制。同时，在创业园积极发挥企业资源优势，配置与企业管理运营、创业技能技术、创业案例、国家政策法规等相关的公共服务课程，学生可通过个体培养需求定制“企业管理”等课程，形成对校内第一课堂教学内容的有效补充，提升了创业教育知识结构的科学性和合理性，实现了校内外教学互动。

2. 以项目为中心，以能力为导向，分层建设创业人才培养的园区式平台

围绕“院系打基础、基地育团队、竞赛促能力、园区孵项目”的思路，在校内建设了校院两级 19 个大学生创新创业实践基地与创业园进行实训对接，形成园区式系统实践训练平台，配套了基于学生创业团队的竞争型、分层次培养的协调工作机制。学生以项目为中心，通过团队化的组织形式，通过选拔竞争进入不同层级的创业基地接受课程培养和实践训练，最终成熟的项目在创业园转化，成熟的团队在创业园孵化企业酝酿。

通过校内校外、课内课外两个层次平台的运行，在不同专业学科背景的学生中开展团体性融合创业实践教育，使“课程化培养”和“园区式培育”成为创业人才培养的两个重要支撑。

（三）形成了“大学校区、创业园区、公共社区”三方融合性实施大学生创业教育的稳固格局

大学生创业园的建设，提升了学校、政府和企业参与高校创业人才培养的积极性，实现了学校、政府和企业围绕高校创业人才培养在政策、机制和资源等方面的科学衔接，有效地形成了高校创业人才培养的合力。学校、政府和企业三方融合性实施大学生创业教育的稳固格局已然形成。

在学校、政府和企业三方依托创业园融合性实施大学生创业教育的过程中，学校作为教育教学改革的主要推动者和直接执行者，发挥自身在课程体系设计、师资力量组织、成才规律研判、创业能力训练等方面的优势，使有志创业的大学生具备坚实的理论基础、专业知识和基础创新的实践能力。政府则积极发挥自身在资源配置方面的主导作用，在大学生创业园建设、创业事务办理、资金支持配套、产业技术支持、人才引进与输出、项目孵化转化等方面为大学生就业创业提供良好的条件保障和政策帮扶。对人才和技术产品的强烈需求，让企业参与创业园模式下的创业教育活动变得积极主动。企业的积极参与，一方面使学生创业项目的市场转化成为可能；另一方面，其在为学生提供创业实习岗位的同时，又降低了成本，提高了效益，更有可能留住来创业见习的卓越工程师，收获能够促进企业发展的人才与技术。

高校与大学生创业园共同实施创业教育，较好地实现了高校学生从个人到社会的卓越工程师的培养与成长；较好地实现了高校学生从项目研究到产品服务的创业者和青年企业家的培养与造就。

（四）形成了“三区联动”良性互动格局

大学校区是“三区联动”的龙头，作为当地创新创业人才的供应地，桂林电子科技大学等高校为创业园区提供创新人才、项目和手段，为整个区域经济社会发展提供智力支持。创业园区是学校与社会联动的桥梁、融合的起点，是大学师生和城区市民创新创业的场所；社区是大学和创业园区发展的基础保障，不仅为校区和园区提供公共服务，也为创新创业人才创造了一个适宜居住、休闲、交流的环境，更为创新创业人才发挥才智提供了关怀现实、服务社会的空间和场所。

“三区联动”是推进产、学、研创新体系建设发展的战略工具和措施，主要目标在于形成一个高效的“校—园—政”一体化的协同创业网络体系；重心在于构建区域创业主体之间的利益共享机制，必然要探索形成一个区域发展的利益共享机制，达成三方的“利益相关者”角色确认；其难点在于形成区域可持续创新发展的内在动力。初期，地方政府无疑起着协调各方利益、推进“三区联动”的主导作用，长期来看，大学、企业、社区组织之间的联动是基于一种共同的区域文化，或者是一种乐于合作、共享收益的创新生态圈，它的形成不仅基于政府的引导，而且更多地来自一种当地的社会文化因素，是一种自发性的创业生态联动，而只有这种联动才是持久的。

三者之间的关系可以概括为由创新极（校区）、增长极（园区）两极驱动，政府政策支持和社会保障系统支撑（社区）的完整区域创新系统，它们相互融合、联动发展，是当代区域发展的重要模式。近年来，桂林电子科技大学和桂林市七星区一起积极探索和推进“三区联动”；以区域深厚的科教、人文、生态资源的集聚与共享为依托，以教育发展和科技创新为抓手，推动知识经济密集区和产学研战略联盟建设，形成知识与经济互动，文化与产业相融，创新与创业涌动的氛围和环境，推动科学发展，促进社会和谐，受到了各方的广泛关注。

第三节 基于大学生创新创业综合实践基地的“一站式”服务

“一站式”服务（One-stop Service）源自商务活动中的资源外包服务，

是指企业一次性为客户提供完整的“一条龙”服务。由于这种创新的服务形式能为企业带来很好的预期价值，因此发展迅速，并受到政府部门的重视。英国在撒切尔夫人执政时期，最先将这一概念引入她倡导的政府改革中，并产生了政府部门“集中”办公或“一站式”办公的概念。在这种服务模式中，政府将相关职能部门的审批业务集中到一处，企业和公民的事务申请可以在一个指定的地点全部办完，再也不必奔波于不同的职能部门，再也不必等待各个流程的工作结果。浙江省金华市是我国第一个设立“一站式”行政服务机构的地方政府，取得了很好的效果。目前，各类“行政服务中心”“行政许可大厅”等都属于这种运行模式。

一、高校毕业生创新创业“一站式”服务的背景

作为典型的工科高校，桂林电子科技大学的学生在每年的大大小小的科技活动中，都能赢得100多项国家级的奖项。但是证书没有生产力，奖牌换不来就业机会，如何让科技创新变成生产力，如何让天天泡在实验室的学生走进市场是考验创业服务的难点。借鉴欧洲大学“一站式”事务服务中心的管理模式，桂林电子科技大学将科技创新赛事、创业事务代理、创业教育（见习）、创业孵化等分散的工作整合到“一站式”服务平台中，依靠制度创新和流程改造，让现有的场地、资金、设备能够更好地应用于创业团队，让现有的师资、技术和公共关系能够更有效地服务于创业项目，依托学校的科技力量与社会声誉帮助大学生进行成功创业、品质创业。

建立“服务型政府”，“做好以高校毕业生为重点的青年就业工作”的新目标。民生为本，就业就是最大的民生，高校毕业生的就业工作就是当前人力资源和社会保障部门最大的政治。如何有效帮助高校毕业生实现就业，考验着各级政府的智慧和决心。对此，各级人社部门都在进行深度思考和有益探索。

为什么国家近几年相继出台的扶持高校毕业生就业的政策难以落实到毕业生身上，服务始终处于被动局面？这是人社部门多年的难解之惑。人们经过反思，终于发现主要症结在于以下几个方面。

一是分段和分散管理。高校负责毕业生离校前的相关工作，人社部门负责毕业生离校后的相关工作，还有部分职能分散在组织、教育、工商等其他部门。

二是毕业生离校便流失。毕业生离校后不到人社部门报到，人社部门的

职业技能培训、SYB创业培训、求职登记、就业推荐、各种补贴、就业困难毕业生扶持等各类政策和资金扶持难以找到落实对象，更谈不上主动服务，当接力棒交到人社部门时已经错失了最佳服务时段。而毕业生离校前，人社部门的政策和服务又难以越过高校的围墙落到毕业生身上。

为了更好地为毕业生提供就业创业服务，学校可以借鉴这种模式，整合服务资源，构建“一站式”就业创业服务平台：

第一，在服务内容上，创新整合毕业生就业创业所涉业务，体现“一站式”理念。

在涉及毕业生就业的毕业生报到、改派、档案接收、户口转接、求职登记、转正定级、职称评定等服务项目的基础上，创新思路，整合资源，提炼出就业见习、见习基地、基层就业、职业技能培训、职业技能鉴定、创业培训、就业失业登记、公益性岗位安置、就业指导、权益维护、贷款贴息、社会保险咨询等12个服务项目，并将这些服务项目集中到“一站式”服务大厅内，实现服务的集中和优化。从创业项目的收集到微型企业孵化成功，“一站式”服务大厅为毕业生自主创业提供从项目开发、开业指导、融资、跟踪扶持等“一条龙”服务。同时，将涉及毕业生的服务拓展到相关职能部门，通过多部门联动的形式，保证每一位到访的高校毕业生都能得到相关咨询服务和“一对一”的帮助，避免了毕业生“一事多次跑”或“一事多处跑”的现象，拓展了就业渠道，为高校毕业生就业创业搭建功能完善的服务平台。

第二，在组织架构上，完善“一站式”服务大厅管理制度，让服务更规范。

“一站式”服务大厅从管理制度、服务项目，到工作流程、工作计划、工作职责等方面都出台了相关标准，形成约束机制，让为毕业生服务的工作更加规范、高效。在时间上前移服务，“一站式”服务大厅将就业工作前移至毕业生离校前，一方面，为就业工作赢得更充分的时间，另一方面，政府联合高校共同促进毕业生就业。在空间上转移服务，建立校园工作站。“一站式”服务大厅在高校建立校园工作站，并将“一站式”服务大厅的各个服务项目挪入校园工作站，在工作站完成基础性工作。同时，在各工作站投资建立“一站式”服务大厅宣传栏，让毕业生在校内也能获得相应的就业服务。细化服务，着力解决毕业生就业难的问题，延伸出“八送”服务，让毕业生就业创业服务“一站到底”。分析高校毕业生就业难的原因，“一站式”服务大厅着力通过各类活动载体，为毕业生送政策、送岗位、送指导、送体验、送见习、送培训、送扶持、送服务。

二、“一站式”创新创业服务的工作举措

（一）尊重学生个性发展，定制创业学习卡片，建设创业教育的“一站式”规划平台

学校要清楚，不是所有的学生都要创业，并且没有一门课程叫作“创业成功学”。学校应将创业教育更多地定位于培养大学生的创业精神，而不是要求一定要创业，但是可以要求学生通过课程体验创业的不易，了解创业过程，提升就业创业能力。学校针对不同层次、不同类型的学生对创业教育的内容和层次需求不同的特点，建设了“创业生涯工作坊”，由学校的创业辅导员根据学生的兴趣爱好、能力特长，结合学习任务，给每个来工作坊的同学开出个性化的“创业学习规划卡片”。每个学期统计学生的选择意向，组织企业家、工程师、政府官员和专业教室开设课程、讲座和沙龙。学生从“要我学”到“我要学”，从“格式化”到“差异化”，“创业生涯工作坊”正在变成未来企业家的成长俱乐部。

（二）以科技创新为种子，以校友资源为催化剂，打造创业团队的“一站式”孵化器

学校选派青年博士入驻大学生创新基地，将科技创新创业的种子播到大学生中去。学校创新校友回报母校的机制，创办校友会创业基金，毕业校友每个月为母校捐出十块钱，利用创业基金聘请优秀创业导师和行业技术先锋将创业的最新咨询第一时间带到校园。学校 MBA 中心和 CSIP（信息产业部电子电路与软件公共服务平台）为创业团队提供预约式创业咨询和创业产品市场论证服务。创业团队就是靠着这样的孵化器，保持着创业者的务实与企业家的敏锐。

（三）“一站式”创新创业的服务框架与职能划分

通过分析毕业生就业创业的实际需求，“一站式”服务大厅总结经验，创新服务方式，开拓“就业服务一站式、政校企学对接一平台、创业服务一条龙、技能培训服务一体化、点线面一结合”的服务模式。

（四）“一站式”服务大厅将服务前移

一是多种形式送政策，采取多种形式把政策送到毕业生手中，改变枯燥的政策解读为生动的服务，让毕业生在体验中立体了解政策。多维度宣传，提高政策知晓度，如采取“网络＋实体、校内＋社会、座谈＋体验、个体＋群体”的方式，有步骤、有计划地让各就业相关群体了解就业政策。

二是多渠道开发就业岗位、送岗位，开发适合毕业生的就业岗位，把岗位送到毕业生手中。充分利用网络技术，降低就业成本，拓宽就业渠道，即时推送就业岗位；积极开发基层就业岗位，引导毕业生到基层就业。

三是送指导，充分发挥与社会、与企业联系紧密的优势，为毕业生提供专业的就业指导。组建专业的职业指导师资队伍，为毕业生提供就业指导服务，包括求职技巧、职业适应、面试技能等，有针对性地帮助毕业生顺利实现角色转换。

四是送见习，通过建立见习基地帮助毕业生获得相关工作经验。

五是送培训，通过开设各类培训班，为毕业生提供就业培训，如创业培训、电话营销培训、企业管理培训、营销理念培训等。

六是送扶持，针对就业困难毕业生实行求职登记、推荐就业，建立毕业生就业台账，为其免费提供职业技能培训、职业指导等。

七是送岗位，通过公益性岗位安置、灵活就业补贴等政策，提供一对一的帮扶。大力开发公益性岗位，并组织专场招聘会，为就业困难毕业生提供就业岗位。

八是送服务，“一站式”服务大厅开通毕业生就业创业服务网和热线电话，把服务随时送到毕业生身边。另外，“一站式”服务大厅为毕业生提供人事代理服务，毕业生报到、改派等专业服务。

三、“一站式”创新创业服务的工作成效

具体说来包括五点：转理念，破常规，改机制，创载体，务实效。

第一，破解高校毕业生就业工作所涉职能部门沟通不顺畅、资源不整合、政策难落实、合力未形成等难题。通过对接会，与各部门联合开展活动等载体建立的联动共赢机制初步形成，优势互补，进一步宣传政策，使各类毕业生就业创业政策落地生根。

第二，缓解毕业生所学专业与社会需求的结构性矛盾，以及岗位需求疲

软与毕业生总量增加困局。充分利用就业资金扶持功能，提升就业能力。通过提升毕业生综合素质弥补毕业生专业与社会用工需求的差距。开发 10641 个对专业限制不严、门槛低的服务性岗位，帮助难以对口就业的毕业生实现就业。

第三，缓和经济放缓、岗位需求疲软与毕业生总量增加的矛盾。广泛动员企业承担社会责任，开发岗位。

第四，破解了人社部门被动的工作局面。服务前移至高校的大胆决策从根本上扭转了人社部门被动服务的困局，抓住了人社部门政策、资金、服务落地的支点，并拓展成高校和其他职能部门联动服务的平台，把过去坐等服务变成请进来热情服务，走出去主动服务，沉下去跟踪服务。

建立了本地生源就业和未就业毕业生实名登记数据库，为高校毕业生就业全方位服务和跟踪服务提供了详细的资料，变“坐等”服务为“上门”服务，变“对象难寻的服务被动”为“对象明确的主动有为”。

第五，进一步引导毕业生转变就业观念。据统计，基层四项目报名人数明显增加，到岗率提升。

第六，提升服务质量和效率，有效避免毕业生多处奔波。对涉及高校毕业生就业创业的 29 项服务的集中、优化，加之“一站式”服务的前移，有效地避免了“一事多次跑”“一事多处跑”现象，有效地节约了毕业生的就业成本。

第十章　高校创业孵化基地的服务绩效

第一节　高校创业孵化基地服务流程

高校创业孵化基地，通过提供办公场地、基本办公条件、咨询、培训的服务并且在政策、融资和市场推广等方面的支持，降低大学生创业的门槛和风险。各大高校在政府政策引导下，成立创业管理学院或学生就业与辅导中心等（下文统称创业学院），这一部门属于高校行政部门中的一部分，通常隶属于校学工处。高校创业孵化基地的日常管理和服务都由这一部门负责。高校创业孵化基地的孵化大致可以划分为项目申请和评审、企业入驻、项目培养、考评与出孵四个阶段。

一、项目申请和评审

高校创业孵化基地申请入驻需要具备一定的条件，通过对各大高校创业孵化基地管理办法的研究后，可以归纳为以下几点：第一，创业团队负责人以及成员需为本校全日制在校学生，部分高校将条件放宽到五年择业期内的毕业生；第二，创业团队必须有明确的创业项目，具备一定的发展潜力，符合国家相关政策要求；第三，创业团队要有一位以上在校职工作为指导教师；第四，创业团队要具有一定的资金和资金筹集能力；第五，创业团队承诺举办的活动符合孵化基地管理要求。在满足以上几个基本条件后，创业团队申报项目才有递交创业学院审查的资格。在送审后，创业学院还要进一步根据评审要求选择合适的项目入驻孵化基地。评审要求为以下几点：第一，团队需要有合理的组织架构；第二，团队负责人要在校表现良好并且有一定的管理能力；第三，团队项目要具有校内孵化的可行性；第四，需要有完整可行的项目计划书。除此之外，一些高校有同等条件下优先入驻的情况，比如参加并完成校内创业培训、创业团队获得过省级以上创业比赛奖励等。符合以上条件后，部分高校需要进一步进行项目的公开答辩和公示。由此可以看出高校创业孵化基地的入驻存在很多的条件限制，而且手续较为烦琐。

二、创业团队入驻

高校创业孵化基地内有多个创业团队，每个创业团队有特定的办公空间，各个创业团队还拥有公共办公空间比如会议室、会客室等。这就涉及场地、卫生以及安全等方面管理，每个创业团队就像苗圃一样被严格划分并且生长在创业孵化基地之中。这些规定对高校创业团队影响较大的有：第一，创业团队在孵化过程中，独立经营并且自负盈亏；第二，创业团队要承担一定的物业费；第三，创业团队要定期交纳财务报表等运营报告；第四，创业团队活动受到孵化基地管理人员监督；第五，创业团队须全程参加学校举办的培训和交流活动；第六，创业学院制定考核方案对各创业团队定期进行评比并且予以奖励。

三、项目培养

创业团队入驻后，创业孵化基地会有一系列的培养服务，通过实地走访高校的创业孵化基地，大致可以将创业孵化基地培养服务分为以下几类：创业培训服务、咨询服务、融资贷款服务和创新实践服务。创业培训服务是创业孵化基地内的创业学院等组织的向初创团队普及创业知识以及创业者基本素质的教育与培训。各大高校普遍采用的创业培训方式是：SYB 培训模式、三段式培训模式以及与外部孵化器合作。有的高校在创业培训基础上还会举办创业沙龙、讲座、论坛和模拟经营实训等活动，增加创业者之间以及创业者和导师之间的交流。咨询服务是高校创业孵化基地为入孵创业团队开设的一个综合性服务窗口。高校创业孵化基地会在基地内开设服务咨询网站和窗口，开展有关创业政策、融资贷款、项目运营、媒体传播等方面的咨询服务。此外，部分高校还会有创业能力测评、一对一导师指导、法律咨询等拓展性咨询服务。融资贷款服务则是高校帮助初创团队解决资金短缺的问题。

融资贷款服务的主要任务是帮助创业团队了解各种融资渠道、方式和具体的操作流程。同时高校创业孵化基地内还引入了天使基金、风险投资基金、小额贷款申请等融资服务，帮助创业团队解决资金问题。创新实践服务则是高校创业孵化基地依托省级、国家级创业竞赛和培训活动为创业团队提供的创业实践平台。

四、考评与出孵

入驻高校创业孵化基地的创业团队也需要进行考核，通常为每年两次，分别为每年 6 月和 12 月。考核的方案由高校创业孵化基地中创业学院制定，考核指标由日常管理、创业工作室布置、安全情况、运营报告、运营汇报评审、支持配合工作等指标构成。创业团队考核前需提交学期运营报告（含财务报表、业务统计表、媒体报道、团队成员在创业方面获得的荣誉材料等）。创业学院根据考核指标和创业团队上交的材料进行考评，考评合格可以继续获得孵化，不合格将被勒令退出，优秀则可以获得小额补贴、延展性创业指导以及荣誉证书等。高校创业孵化基地对创业项目团队的孵化期一般为一年，孵化期满仍需继续孵化的创业项目可以再次申请入驻。

第二节　高校创业孵化基地高校平台资源

一、高校基础条件资源

高校基础条件资源是高校提供的基础服务资源，包括基本办公场所、实验室、工程技术中心、科研设备、图书馆资源等。高校基础服务资源的利用率高，使用范围广，具有较高的投资回报率。高校基础服务资源是在不断地丰富以及更新的，高校创业孵化基地基础服务在不断完善。高校创业孵化基地中的创业团队需要好好利用高校的基础服务资源，根据自己的项目需求使用基础服务资源，进一步的完善自己的创业项目。

二、高校科技人才资源

高校科技人才资源是高校最重要的科技资源之一。高校聚集了各个学科和行业的顶级人才，除了庞大的教师科研队伍，还有科技工作者、工程师、在读博士、在读研究生等人才。根据中国统计局2019年的《高校科技统计资料汇编》可知，全国1497所高校中，教学与科研人员有98万人，研究与发展人员有38万人，成果应用及科技服务人员有4万人。其中各类高等学校教学与科研人员中有科学家和工程师职务职称的有94万人。因此，在高校创业孵化基地入驻的创业团队可以依托得天独厚的高校人才资源在高校进行招聘、交流以及咨询指导等活动。

三、高校优势学科资源

高等院校高等教育的过程中，不仅提供综合性的教学课程，而且还根据学校以及教育部的发展规划培养高校重点学科。重点学科这里主要指的是国家认定的国家重点学科，比如中国人民大学的法学、南开大学的光学工程和江苏大学的流体机械及工程等。各大高校都有或多或少的重点学科并且在这些学科上面投入了大量的人力、物力和财力。这为各大高校的重点学科在未来相关方面进行科技创新提供了契机。高校创业团队以高校自身重点学科的创新成果为核心技术进行创业活动可以取得两个方面的优势。一是可以在市场竞争中占据有利地位，因为高校重点学科研究成果处于行业领先地位；二是可以进一步依托校内设备进行进一步的科技研发，这样不但可以获得节省研发成本还能进一步巩固项目核心技术的行业领先地位。

四、高校科技成果资源

高校创业团队创业成功关键在于其核心技术，其核心技术来源于其所在高校的科技成果。因此，高校所储备的科技成果、专利和知识产权等为高校创业团队创业成功提供了可能。相比于社会上的企业孵化器，这些都是高校所特有的科技成果资源。高校还有很大一部分的科技成果没有进行转化，这是大学生创业过程中最大的潜在创业资源。

五、创业培训和学术竞赛平台

大学生创业团队在入驻高校创业孵化基地后，都可以得到免费参与创业培训的机会，典型的有SYB创业培训。创业培训会培养大学生创业者增长关于创业活动、创业理论、创业团队管理以及创业融资等知识。创业培训会

替大学生创业者理清自己的创业项目以及盈利模式并且会指导他们进行创业项目改进和进行外部融资。除了创业培训，高校作为提供教学和研究条件的教育机构，还是参与各类学术竞赛的主体。作为学术竞赛的平台，可以促进大学生科技创新的兴趣和爱好。提升学生自主从事科技创新的意识。在学术竞赛的过程中，在竞争和合作中提升创新能力、创新思维和团队合作能力。“挑战杯”“互联网 +”和“创青春”等国家级创业大赛、地方性政府创业大赛以及高校内部举办的创业大赛共同组成了大学生的创业竞赛平台。

第三节　高校创业孵化基地的服务功能

一、培养创新创业人才

一般的高校创业孵化基地都是由校团委部门负责管理，高校创业孵化基地相对于一般孵化器最大的区别就是其创业教育和创业人才培养职能。高校创业孵化基地可以依托高校科技成果资源，孵化高校创新项目，其孵化培养大学生创业的过程，也是培养高素质创业人才的过程。除此之外，高校创业孵化基地还可以依托国家、地方政府和高校构建的大学生竞赛平台去锻炼培养大学生创业人才。因此，高校创业孵化基地不仅是孵化大学生创业项目的服务组织而且是集聚和培养创业人才的教育基地。

二、孵化科技成果

高校内部大量的闲置科研成果，是高校创业孵化基地发展的战略知识储备。在实地调研的过程中，可以发现有一小部分入驻高校创业孵化基地的创业团队项目中最核心的部分就是高校内部的知识产权。高校创业孵化基地对这些创业项目的孵化过程，也是高校产学研相转化的过程。但是值得注意的是，高校内部科研成果使用需要有相应的指导老师支持，这在很大程度上也限制了这些创业团队的发展。

三、孵化高新技术企业

高校创业孵化基地是孵化器的一种，属于非营利性的创业孵化器。因此其最重要的职能就是孵化企业。根据前文提到的孵化基地的申请和评审过程可知，高校创业孵化基地内孵化的企业需要有一定的发展前景且符合国家扶持政策要求。因此，可以发现高校创业孵化基地孵化的企业都是具有发展前景的高新技术企业。部分高校为了吸引优秀创新项目，还放宽了创业团队中对创业团队成员的要求，比如可以是毕业五年内的大学生等。

第四节　提升高校创业孵化基地服务绩效的对策建议

一、优化创业服务支撑体系——针对规模高效型

从一些发展相对领先的高校创业孵化基地发展经验来看，优质的创业服务支撑体系是其发展中的重要环节。比如样本中的规模高效型高校创业孵化基地将过多的资金和人才投入在了孵化基地的硬件建设和日常的创业活动运营中，而在孵化基地服务质量上却不太注重，因此高校创业孵化基地内服务种类虽然有量上的变化，但是服务却没有质上的提升。

（一）建设节约型硬件服务体系

高校创业孵化基地的硬件服务体系包括办公场地、通信网络和水电等基础设施建设。当前高校创业孵化基地的发展不仅得到了政府的财政支持，而且还得到了高校财政和校友的投资基金支持。但是对高校创业孵化基地建设和运营应参考国外大学科技园的经验，在孵化基地建设初期就对孵化基地进行合理的规划，不要盲目寻求规模上的扩张，应该建设资源节约型的高校创业孵化基地。这样不仅可以解决高校创业孵化基地投入大但是服务效率低的问题，而且还可以利用节约资金用以优化高校创业孵化基地的运营活动质量，提升孵化基地的服务水平。

（二）优化中介服务体系

在本文因子分析中中介和投融资机构指标被剔除，其根本原因是其并未有效发挥其服务作用。结合实地调研的情况的来看，大多数高校创业孵化基地的中介服务机构只是挂了一个牌子，而并未发挥其应有职能。高校创业

孵化基地中介服务包括人才引进、技术转让、财务管理、法律咨询和投融资等。高校创业孵化基地内部入驻的企业为大学生创业团队，在人财物上面资源较为匮乏。而孵化基地内的中介服务就是为了使入驻的企业享受专业化、高水平的外包服务，从而使大学生创业团队可以集中精力从事自己的创业项目。而现有高校创业孵化基地一方面缺乏能力提供优质的中介服务；另一方面，孵化基地规模较小，不值得建设系统规范化中介服务体系。针对这两种情况，现有高校创业孵化基地可以一方面与社会上的中介服务机构合作，实现统一运营；另一方面，规模较小可以考虑将高校创业孵化基地并入大学科技园，将大学生创业项目与正式的创业企业放在一起统一管理。这样高校创业孵化基地可以在有限的资源情况下为大学生创业团队提供最优质、最高效的中介服务。

（三）完善信息平台，促进产学研转化

高校创业孵化基地处于高校的内部，按照常理来说孵化基地内部应该是高校最好的推动产学研一体化的平台，但是在实证研究中可以发现高校创业孵化基地中的知识资源和技术资源存在着大量的冗余，高校资源并没有得到真正的转化。一方面，入驻高校创业孵化基地的都是学生，接触不到高校的专利、知识产权资源，造成大量科技资源闲置；另一方面在孵化基地中挂名的技术专家以及高素质管理人员并没有充分发挥其管理和引导作用。因此，从这两个方面着手一方面将高校专利、自然科学基金在学校内部信息系统公开，并且在创业活动中大力引导。这样学生可以顺利接触这些高校资源，其次可以结合自己的创业意愿进行创业项目；另一方面，在学生接触高校资源的同时，可以联系专利或知识产权的研究团队，从团队中抽调老师对这一项目进行技术上的指导和交流。高校内部可以定期举办技术交流会，集中时间以及精力为大学生创业项目进行指导和交流。

（四）加强优质大学生创业实践平台建设

根据因子分析和数据包络分析结果，目前孵化基地内部老师和学生认为孵化基地内部创业团队获得省市级以上奖项次数并不能说明高校创业孵化基地的服务效率。而且孵化基地内部的各种技术讲座、创业培训、创业课程等相关活动存在投入上的冗余。这一方面说明，政府和高校积极响应了国家的

“双创”号召和区域创新策略对高校创业孵化基地内的活动给予了资金和政策上的扶持。另一方面，现阶段高校创业孵化基地内部举办的创业交流、讲座等活动数量较多但是总体上质量较差。因此，高校应该减少不必要的创业活动，减少不必要的创业活动，以个性化有针对性的创业交流、培训等活动扶持入孵高校创业孵化基地的大学生企业，提升创业孵化基地的服务质量。

二、改变现有高校创业孵化基地运营模式——针对持续改进型

持续改进型高校创业孵化基地规模效率低下，很大程度上由于高校创业孵化基地现有的运营模式。一方面，高校创业孵化基地属于非营利性科技企业孵化器，在孵化基地运营上缺少必要的激励；另一方面，高校创业孵化基地是在政府扶持下产生，行政色彩过于浓重。具体体现在高校创业孵化基地的入孵筛选、日常考核等方面。因此，想要提升高校创业孵化基地的服务效率，必须从改变现有高校创业孵化基地运营模式入手。

（一）与外部企业联合运营孵化基地

高校创业孵化基地服务效率低可以考虑和外部企业合作，目前已经有很多高校成立高校自己控股的企业，通过企业化的管理与运营对入驻孵化基地的企业进行孵化和投资，其中比较知名的有清华大学的启迪控股股份有限公司。高校自身出资成立公司自主运营高校创业孵化基地，前期投入较大，但是服务效率较高而且资源配置也更接近市场，还可以投资大学生创业企业来回收成本实现自主运营。但是目前，入驻孵化基地的大学生企业孵化成功率低，这一方面说明高校创业基地的服务质量不够；另一方面，也说明了高校创业孵化基地的入孵筛选不够科学。因此，高校还可以通过选择已有的成熟的连锁型孵化器公司进行合作，这样可以有效的规避这些风险，还可以获得连锁孵化器管理和品牌上的资源。

（二）改变孵化基地入孵筛选机制

高校创业孵化基地内入驻的大学生企业在申请入驻孵化基地需要经历一系列的流程，其中有一点就是创业团队必须要有明确的创业项目，具备一定的发展前景，符合国家产业发展政策要求。值得一提的是，并不是某一家高校创业基地中有这一条款，而是大多数的高校创业孵化基地都有这样的条

款。换句话而言，高校创业孵化基地的入孵筛选并非为盈利导向而是政府政策为导向的。结合在各大高校创业孵化基地的调研情况来看，高校创业孵化基地中大多数企业都属于服务业、电子商务、和高新技术产业等。从现实角度来看，这些大学生创业团队确实发展前景良好，但是需要极大的资金和技术的投入，短期内不可能有任何的盈利。然而高校带有扶持性质的天使资金大多数都投进了这些项目，这会滋生一种盲目追求科技而不考虑盈利的风气，从而导致大学生创业项目孵化成功率低。因此，高校创业孵化基地必须从大学生创业项目的筛选开始，改变现有的筛选机制，以大学生创业项目盈利为导向进行筛选。

（三）改变孵化基地内部考核机制

高校创业孵化基地服务效率低下的一个重要原因是高校创业孵化基地的内部考核机制的无效。综合各大高校创业孵化基地的实地调研情况，一方面，高校孵化基地内部管理人员对入孵的大学生创业企业运营情况了解相当少而且考核表格填写也是由入驻企业自行填写；另一方面，考核的方面过于行政化，比女口：媒体报道、团队成员在创业方面获得的荣誉材料等。高校创业孵化基地对入孵企业缺乏了解并且考核过于宽松，也导致孵化基地内部举办的创业讲座、创业培训等活动的低效。因此，高校创业孵化基地需要优化现有的内部考核机制，应该以入驻大学生创业团队的财务报表、业务统计等报表为主。这样才能加大对入孵大学生创业团队项目的了解从而根据各个大学生创业企业经营中的问题提供个性化指导和其他解决方案。

第十一章　云创业平台与高校创业教育

第一节　云创业平台的概念、功能和组织架构

一、云创业平台概述

随着现代互联网技术的发展，特别是云和云计算概念的提出，使得网络以不可思议的力量渗入经济的各个领域，云创业的概念应运而生，也必将成为未来创业行为的主要趋势。

（一）云计算和云创业平台

要理解云创业，必须首先对云和云计算进行了解。根据网络释义，云计算是网络计算、并行计算、分布式计算、效用计算、虚拟化等传统计算机技术和网络技术发展相互融合的产物。云计算是云创业平台的一个重要思想来源，也就是利用网络把计算机实体整合成一个完善的、系统的、具有超强计算能力的平台系统，然后通过加入商业模式把相应的计算能力转移到客户终端，为客户提供相关的服务，进而不断提高云计算能力。

继 1980 年客户端到服务端的大转变之后，云计算又实现一次巨变。云计算是网格计算、分布式计算、并行计算、网络存储、效用计算、负载均衡以及虚拟化等传统网络技术发展相互融合的内在产物，是目前比较流行的名词。

在此基础上，我们对云创业进行探讨。

广义的云计算提供的服务可以是IT和软件、互联网相关，也可以是其他服务。这种服务可以在网络上以按需和扩展的方式提供，极大提高了服务的效率，节省了资源和时间。云创业平台就是以广义云计算模式为基础所搭建的。

云创业是以“云”的方式提供创业服务以及借助虚拟合作环境创业的总称。是创业平台+虚拟合作的模式。简单地说就是一个创业项目也许需要拥有不同能力的几个人共同合作完成，大家通过网络等虚拟方式共同合作，等项目完成后再进行实际的后续处理。除此之外，云创业平台还可以成为创业教育平台、管理平台、投资平台、服务平台等，它将是一个综合体，为创业活动提供全方位、立体化的保障。

云创业平台可以打破空间和时间上的限制，借助云技术，让创业企业的需求信息、创业投资信息、各种服务支持信息等在平台上高速传输、及时反馈，借助虚拟空间服务于实体经济。在云创业平台上，大专院校、科研院所、中介机构、专家和风险投资等各方将组成动态服务联盟，以“云”的方式为中小创业企业提供高水平的服务和资金支持。

需要特别指出的是，云创业平台并非一个虚幻的概念，而是借助虚拟网络空间和云的概念为信息高速传输提供保障，为创业企业面临的现实困难提出解决方案。最终云创业平台是面向经济实体的，平台上虚拟合作完成后都将进行实体结算。

云、云计算、云创业平台都是新生概念，相关的理论阐述并不是很多，特别是云创业平台，更多的还是处于一种理论构想向现实转化的阶段，因此并没有许多现成的建设经验指导和参考。但是，国内外仍然有一些研究预见到了这一发展趋势，尽管许多人并没有指出云创业平台这一个概念，但是其理论阐述中众多的关于创业服务虚拟化、网络虚拟孵化器等内容都或多或少的具备了云创业平台的雏形。

必须要指出的是，本课题研究的云创业平台是基于企业孵化器的视角提出的，也就是说云创业平台的实质就是企业孵化器的虚拟化和构成孵化器的各方组成的动态虚拟服务联盟。其本质是一个虚拟化运行的企业组织。

但是这并不意味着云创业平台可以等同于前人论及的网络孵化器或者叫虚拟孵化器。之前的虚拟孵化器如西安创新互联网企业孵化器，大多只是提供一些企业管理、法律援助、市场信息等咨询性质的服务，对于投资融资、公司运作等方面的支持力度不够大。卢锐认为虚拟组织是为了应对外在复杂多变的环境，强调将功能需求抽象化后，不采取固定的组织形式，而由特定的程序共同配置生产资源，通过组织内外市场机制降低成本，不仅快速反应市场机会，提升组织竞争力，并减少资金投入和风险而形成的合作式发展联盟。虚拟孵化器的建立不仅能够解决目前入驻空间缺乏的难题，减少地区限制，亦可利用快速变化的网络环境，更有效率地辅助创业者与新创公司的技术创业。

赵黎明等认为，虚拟孵化（Virtual Incubation）是指基于各自所拥有的技术、管理、资金或场地等关键资源和能力优势，若干相关组织（包括孵化器、金融机构、科研机构和中介服务组织等）以契约形式成立特殊的孵化联盟组织，并开展各类科技创业孵化业务的模式。虚拟孵化体现出“协同孵化导向”的运作理念，一般是以科技企业孵化器为核心组织，联合科研院所、中介服务组织和金融机构等成员共同组建一个“虚拟孵化器”，各成员以企业联盟形式实现各自核心能力和关键资源的高度集成和共享配置，以结构成本优势和运行灵活性完成了单个组织难以承担的功能。李金勇等在研究了虚拟企业的组织模式、基础构成和成功影响因素之后认为，虚拟企业以其灵活的组织方式和对市场的快速反应能力，使企业在市场中占据优势地位，中小企业可通过虚拟组织形式实现优势互补，在市场中拥有一席之地。

（二）云创业平台模式的未来发展趋势

1. 投资多元化

随着云创业平台作用逐步发挥，支持云创业平台下相关企业发展的投资体系会随之形成。目前我国存在的以中央或地方政府为主体的投资格局将被彻底打破，逐步发展为多种投资主体共同发展的创业投资支持体系。这些主体中将包括：政府、私人投资机构、国有企业、社团组织、跨国机构等。

政府部门投资的主要目的是公益性的、非营利性的。政府是经济的管理者，是政策的制定者，负责从宏观层面调整经济结构和未来的发展方向，政府部门投资不会过于追求盈利，更多的是作为一种引导资金，表明政府的政策取向，引导民间投资朝着更加有利于经济长远发展的方向流动。

私人机构主要是一些私营企业和风险投资公司等，他们投资的盈利性很明确，就是为了在扶持有发展潜力的小企业的高风险中获取高额的利润回报。中小企业虽然规模比较小，但是大多具有很强的创新性，在社会分工中的比较优势就是技术优势，一旦获得足够的支持，许多中小企业都会有极大的成长性，其成长潜力会在短时间内充分体现，用较短的时间急剧膨胀为规模比较大的企业，在这一过程中会创造巨大的社会财富，而私人机构所瞄准的正是这一过程中所获得的利润。

国有企业投资的主要目的是顺应社会主义市场经济的需要。随着经济体制改革深入和民营高科技企业的迅速崛起，20 世纪 90 年代开始，在政府推动下，为了促进科技成果转化，创业风险投资在我国迅速兴起。国有创业风险投资机构正是在这一背景下产生的。国有风险投资机构是政府在填补市场失灵领域中出现的事物，作为市场先行者探索了很多适合我国的创业风险投资模式，起到了很大的示范和引导作用。国有创业风险投资机构在我国创业风险投资领域具有举足轻重的作用，无论从 80 年代中期到 90 年代初的一枝独秀，还是到 90 年代中期随着外资及民间投资加入后的资本总量比重下降，国有创业风险投资机构在数量和资金规模上都始终占有绝对优势，在行业中起主导作用。

跨国机构主要是一些国外企业和跨国企业，其投资目标是获取利益和开拓与试探中国市场。

2. 国际化

中国的中小企业走向国际市场，世界的中小企业同时也走进中国市场，这是经济全球化带来的必然结果。随着我国与 WTO 的不断融合，这种趋势将变得愈加明显。与此同时，创业平台的发展趋势也必然朝着服务对象国家化和服务地域国际化的方向演进，吸引国外的中小企业，也帮助国内的中小企业走出国门，参与全球竞争。从国际上看，美国国际孵化器平台中有来自除非洲之外的四大洲 18 个国家的 28 个新创企业，此外还为 16 家企业开设了虚拟办公室。从国内看，科技部批准的国际孵化平台有 8 个，北京、上海、天津、重庆、西安、武汉、成都、苏州等城市都建立了国际孵化器。这些孵化器直接引入国外的孵化器的先进经验和运作模式，提供与国际接轨的全新管理机制，为海外回国创业人员提供金融、法律、财务等系列服务。

云创业平台的国际化实质就是充当联系国内和国际市场的纽带，具体来说包括两个方面。

一方面，扶持我国企业达到国际市场水平的要求，进而推进国际市场。我国的创业平台起步比较晚，因此，在扶持水平和效率上与美国有很大的差距。云创业平台的出现，特别是虚拟化带来的对时空的重新认识，将给予中国创业平台在效率上赶超世界先进水平的大好机遇。云技术的广泛应用会大大促进中外之间的信息交流，从而将大大提高我国创业平台的扶持水平，同时也会给扶持企业提供更加宽广的视野，使他们从一开始就具备国际视野和开拓国际市场的能力。

另一方面，通过扶持国外的中小企业，帮助他们适应中国的市场环境。云创业平台打破了空间上的界限，未来将朝着更宽广的范围拓展，全世界各个国家和地区的企业都有可能在同一个平台下发展壮大。而中国的云创业平台也会利用自身的优势，扶持和培育国外的中小企业，使其不断地适应中国市场，服务于中国经济，促进国际资本和技术的流动。

3. 效益化

云创业平台将作为一个独立的实体进行企业化运作，维持下去的一个重要动力就是经济效益。云创业平台必须是盈利的，只有这样它才能健康地发展下去。

形成了创业扶持网络，具备了一定的规模，云创业平台就有了一个发展的依托。但是，衡量一个产业是否具有产业前景的根本标志是效益。云创业平台的效益化主要是两个方面。

一是社会效益，主要是云创业平台的公益性目标实现的程度，如创造的就业机会，对科学研究发展的促进，对当地经济振兴的拉动等。在中国，由于创业平台的早期投资均来自政府，因此，几乎所有创业平台的公益目标，均是与政府工作目标相一致的。而且随着云创业平台的日益庞大与成熟，它在转化科技成果、促进就业、拉动地方税收、促进社会稳定等方面的作用日益凸现，社会效益显著。

二是经济效益，这对云创业平台的管理者来说是最重要的。一个成熟的创业平台的盈利能力有以下几种形式：增值性服务收费（包括房租、交通、通讯、快餐、培训、咨询等服务），来自政府的政策性扶持资金，风险投资收入。其中风险投资收入是云创业平台今后的主要经济效益增长点，目前国内的创业平台大多是政府投资兴建，即使它的建制是事业单位，也实行企业化管理，经济效益与平台的管理者收入息息相关。因此，创业平台在经历了政府投资兴建及扶持的初级阶段后，必将回到讲求回报的阶段，以收益回收投资、以收益“反哺”云创业平台的发展，可以说效益化是云创业平台的一大发展趋势。从目前国内的一些创业平台收益情况来看，收益能力已大大增强，当然根据规模不同，经济效益也不同，从每年的几百万元到上千万元不

等，如武汉东湖创业中心，仅其对孵化企业的投资回报每年就有数千万元。

4. 市场化

这里所指的市场化有两个方面的含义。

其一，创业平台本身的运作要市场化，随着我国社会主义市场经济体制的不断深化和完善，市场经济制度已经在我国基本确立。而创业平台作为经济中的独立主体，其运作模式必须符合市场经济的要求，产权明晰、权责明确、政企分开、管理科学。市场竞争是残酷的，是优胜劣汰，云创业平台必须走市场化运作之路，才能走入可持续发展的轨道，不断做大做强。

其二，云创业平台扶持的中小企业也需要市场化，云创业平台为创业中小企业提供了一个良好的发展环境，但这些并不应该像襁褓里的婴儿等着被呵护。云创业平台下，创业企业应该及早地认识市场竞争的残酷性，并且不断地尝试面对市场的挑战，以市场化的运作方式不断地发展壮大自己。

5. 网络化

传统的企业孵化器在一定的区域内各自为战，是以点的形式存在。这种模式有它根本上的局限性，一方面，受到区域和企业孵化器孵化面积的限制，可持续的发展将很快遇到瓶颈而难以突破；另一方面，由于各自为战，彼此之间的优势不能互补，这就导致了企业孵化器效率的缺失和部分资源的极大浪费。

云创业平台下，企业孵化将呈现网络化的趋势。一方面，云创业平台将运用最新的计算机网络技术，将平台的运作和服务虚拟化，并以网络为媒介，进行远程控制和远程服务，打破空间限制，为云创业平台寻求更广阔的市场和发展空间。另一方面，云创业平台会把现有资源整合，以前以点的形式存在的各个孵化场所将被连接，形成一个巨大的实体网络，彼此之间互通有无，资源共享，从而更好地发挥资源的效率。

6. 品牌化

品牌主要是指消费者对一种或者一类产品的认知程度。对于品牌化而言，主要有三个方面的因素。第一，差异性。对于产品品牌化而言，差异性非常重要，公司必须有不同于其他公司的产品。第二，关联性。关联性指的是品牌化产品能够为客户提供可用性的程度。在日常生活中，消费者只有深深感受到品牌的存在，品牌才会变得有意义。第三，认知价值性。对于创建产品品牌而言，认知价值是一个重要的方面。即便是产品在市场上和其他产品有所不同，消费者很容易发现这种产品，但是他们如果感受不到这个产品的价值，那么也不会去花钱购买。品牌化对于企业而言非常重要，品牌的拥有者可以利用其品牌不断获取经济效益，可以不断拓展市场开拓能力，保证企业无形资产的快速增大，提高企业的经济效益。

云创业平台在关注自身架构和服务水平建设的同时还应该更加注重品牌化经营。将云创业平台作为一个品牌去经营和运作，提高平台的公众关注度，树立起云创业平台的社会形象和社会名誉。具有鲜明品牌形象的云创业平台可以得到社会的更多关注，可以扩大自己在各种投资机构中的知名度，使孵化企业获得更多的发展机会。同时，具有鲜明品牌形象的云创业平台还可以吸引更多优秀创业企业的加盟，提高在孵企业的质量。

二、云创业平台模式的组织架构

（一）云创业平台功能

对于云创业平台而言，其完善的组织架构非常重要。云创业平台的主要目的是采取措施，不断壮大和培养那些大胆创新和具有发展潜质的企业和团队。根据云创业平台的内涵，我们可以总结出云创业平台的五种基本职能。第一，整合功能。云创业平台能够把社会中散落没有规律的资源集合起来，形成密切的战略合作联盟，为平台内部的不同企业提供全方位的服务。第二，集聚功能。云创业平台运行中，它一方面把社会上的资源集聚起来，同时把一些有着强大生命力的企业家和初创企业、一批风险投资基金集聚起来，共同推动企业的快速发展。据相关调查资料显示：美国大约有 21% 的 GDP 是由风险投资公司创造的。第三，规模功能。云创业平台在集聚资源、人力、资金的基础上，不断实现规模效应，为社会服务机构提供了规模信息量，不断扩展了企业的各种业务范围。第四，管能功能。云创业平台在为企业提供完善的外部资源的同时，更重要的是帮助企业建立了属于自己的管理体制，如人事管理体制、行政管理体制、财务管理体制、市场管理体制、业务管理体制等，从而帮助企业实现更好更快发展。第五，创新功能。云创业平台教会企业如何进行创新，实现科技成果的转换。

在宏观上，云创业平台下辖云管理平台、云教育平台、云融资平台三大分平台，分别负责云创业平台的管理和操作、创业企业的教育培训、创投机构和创业企业之间的投融资。

云管理平台、云教育平台、云融资平台本属一体，并不是绝对的分立，三者都是为了更好地为了创业企业服务，扶持创业企业尽快地成长，只是基于功能上的不同，分为三个方面。功能与功能之间不是彼此独立，而是相互衔接的，分平台之间频繁而紧密的交流和互动是云创业平台高效率运行的保障。

云管理平台主要分管云创业平台的管理和操作，具体来说云管理平台需要做出云创业平台的运行模式选择并执行，需要搭建云创业平台的综合支持体系，需要负责整个云创业平台的人力资源建设。

云教育平台主要负责四个方面的功能实现。第一，创业创造，也就是通过创业信息的发布、潜在的创业者之间的交流以及一些必要的创业宣传等，培养全民的创业意识，促进人们的创业热情，从而创造创业；第二，创业辅导，云教育平台下，可以利用高效率的网络集中优势的教育资源，并且可以远程传输进行点对点的专业化辅导；第三，创业评估，充分利用云创业平台的各种专业资源，对创业者创业初期的创业计划和未来的成长潜力进行客观地评估；第四，创业项目过渡和衔接。创业者的创业计划评估之后，如果确认有很大的市场前景，云教育平台可以帮助创业者完成向云管理平台和云融资平台的衔接，帮助创业者完成从一个创业计划向一个创业企业的过渡。

对于运融资平台而言，其主要功能体现在以下几点。第一，融资中介功能，也就是指通过云平台促进创业企业、投资银行、商业银行以及其他投资者相互结合，为创业企业提供所需的资金，为资本所有者提供可靠的投资渠道。第二，投资功能，也就是说云创业平台用自己的资金、服务或者其他资源作价入股创业企业。

（二）云管理平台建设

云管理平台建设包括三部分主要内容：运行模式的选择、综合支持体系建设和人力资源建设。

1. 运行模式选择

目前，创业平台的形式主要有两种：第一种是事业单位性质的，也就是政府科技部门或者是政府派出机构出资创办的创业平台；第二种是企业性质的，是一些企业出资创办的创业平台。

云创业平台在初创时期非常需要政府的各种支持，比如说提供孵化基金等。

但是，从美国云创业平台的基本经验来看，政府可以作为创业扶持结构的所有者，从长远来看，不能够成为经营者。在日常管理中，创业平台的具体事务往往是由专门的管理人员进行管理，云创业平台中的管理人员通常是具有远见卓识和进取心的人，有些也是专业的风险投资家，在这种情况下，云创业平台就更好地实现效益和公益的有机融合。为了能够更好地实现云创业平台发展模式的转换，必须坚持民进官退的原则，着力打造一支专业的创业平台管理队伍。

政府对于云创业平台的管理通常体现在以下几个方面。其一，政府帮助云创业平台制定相应的管理法规。对于云创业平台的长远发展而言，它需要一套有效、完善的制度和法律规范，只有这样才能够为云创业平台的运行提供完善的制度基础。例如：创业企业工商注册制度、云创业平台管理规范、要素作价入股制度等。其二，政府帮助云创业平台制定并落实优惠政策。这种优惠政策在很大程度上能够降低平台运营成本，提高经济效益。例如：采用优惠的财税政策，减免企业流转税等；简化创业企业注册手续；简化进出口手续；建立创业基金和信用体系等。其三，政府帮助企业制定云创业平台的发展规划和相关的年度发展计划。就目前我国创业平台的发展来看，平台在数量上有了一定的发展规模，并且表现出了积极的发展势头。为了能够更好地促进创业扶持企业快速健康发展，政府应该根据产业化发展的大方向，根据地区发展实际和地区法律法规政策文件，提出云创业平台发展的指导思想和发展目标、主要任务等，指引云创业平台健康稳定的发展。其四，政府应该积极避免云创业平台发展风险。政府应该根据云创业平台中遇到的新问题和新情况，通过不断修正平台的发展目标，进而来克服云创业平台发展中的风险。

云创业平台的运作模式是不是合理，在很大程度上决定了平台是否能够达到完善、理想的运行效果。对于合理运行的云创业平台，一般有三个方面的特征：第一，它与所处的社会经济条件相适应；第二，能在资源稀缺的条件下达到效益的最大化；第三，云创业平台自身具有强大创造力和生命力，能够进行自我促进，健康发展。随着我国事业单位改革步伐的不断加快和创业平台社会化的深入，不管是创业平台的性质如何，其运作模式必须适应新形势的发展，只有这样才能够建立完善的云创业平台，实现最大的发展模式。

2. 综合支撑体系建设

对于云创业平台而言，它自身并不是万能的，所以说它不可能解决创业企业发展中遇到的所有问题。云创业平台商业优势的体现，主要来自社会支持体系强大的整合和集聚能力。云创业平台与大学、科研机构和政府等建立技术依托关系和科技资源共享关系，并通过云技术在云创业平台下高效传输和配置，最终借助社会中介组织的力量为创业企业提供高效、专业化的服务。在创业扶持体系最完善的美国，对于企业的扶持更加强调商业计划的策划，这是对平台发展的重要启示。

第一，强化和中介服务直接的合作。在云创业平台的发展过程中，中介服务组织作为一种重要资源，与云创业平台建立合作伙伴关系，并通过云创业平台服务于创业企业。中介服务机构可在云创业平台下进行咨询活动，以便为创业企业提供中介服务，也为创业企业向中介服务组织获取服务提供便利的条件。在运行中，云创业平台还需要对中介服务组织的整体服务水平和服务质量进行考察和分析，并借助云端存储技术记录在案，方便公众监督和进行相应的查询。在这种情况下，如果对中介服务组织的服务满意，云创业企业可以继续与其合作，如果觉得不满意，就可以终止合作，再去选择其他合适的中介组织。也就是说，在相关业务层面，中介服务组织一方面要对受委托的创业企业负责，另一方面还要对云创业平台进行监督。

就目前的发展情况来看，中介服务组织和创业平台的结合程度越来越高，中介服务组织的引入一方面为创业平台注入了新活力，同时进一步增强了创业平台的资源整合能力和集聚能力。与此同时，中介服务结构也能够从两者的合作中受益，一方面获得了稳定的客户源，另一方面降低了提供服务的交易成本，特别是在云创业平台下，中介服务组织的服务突破时空的束缚，因而其潜在的客户群体将是无限的，而对云创业平台来说，可在其下为创业企业服务的潜在机构也将是无限的。因此两者的融合是互惠互利的。

第二，科技资源的有效整合。在云创业平台的运行中，云创业平台除了能够建立完善的技术平台以外，还能够和科研机构、大型公司、高校以及技术研发部门进行合作，利用外部先进的科技资源为企业提供全方位的技术支持，也可以和高校、重点实验室、科研机构建立技术合作同盟，强化他们之间的有效合作，协助创业企业更好更便捷地获得需要的科技资源。

3. 人力资源建设

对于云创业平台的长远发展而言，一个极具活力的、专业化并且具有创新意识的管理团队是非常重要的。云创业平台的运行需要一支具有先进专业技能和丰富管理实践经验的管理队伍承担，一方面能够为云创业平台提供中介、咨询、信息等各个环节的服务，保证云创业平台各个环节的顺利开展。同时，云创业平台对管理团队的要求也非常严格，不仅要具备投资决策、企业管理的能力，同时还应该具有中介咨询、组织社会资源的能力。尤其是云创业平台的经理，更应该是具有高瞻远瞩的决策者，有着总揽全局的能力，只有这样才能够更好地统筹社会资源，为云创业平台的健康发展奠定重要的基础。

要构建云创业平台完善的人才队伍，笔者认为应该从以下几个方面入手。

第一，云创业平台的人才培训。一流的云创业平台需要一流的人才来支撑。为适应云创业平台新形势和国际化发展步伐，加强云创业平台高级管理人才的培养十分重要，特别是加强对年轻的管理干部的培养，对于素质较高的年轻干部可以进行重点培训，丰富他们的管理经验和运作经验，学习国内外的先进理念，培育一流的、高素质的管理人才。

第二，强化创业人员的绩效考核。对于一个企业的发展而言，绩效考核非常重要。绩效考核也可以称为绩效评估，主要就是指云创业管理人员对工作人员的具体工作进行评价和考察。在云创业平台内部，绩效考核的结果可以作为云创业平台内部激励、培养、任免员工的重要依据，所以说绩效考核成为云创业平台人力资源管理的重要内容。但是，绩效考核同时也是一件非常细致和复杂的工作，因此应该引起创业平台的重视，使绩效考核的结果能够对员工形成激励作用，进而促进企业的快速发展。

云创业平台绩效评估应当坚持重视组织效率和工作成果两个基本的原则，从而不断提高组织效率，实现成果的最大化。要做好云创业平台中的绩效考核，首先要做好记录，对工作人员的平时表现进行记录，对相关资料进行汇总和分析，并且要保持一定的客观性；其次要做好评估工作，做好对上司、同事、下属、自己以及整个企业的评估，不断增强评估的可信度。

第三，强化对云创业平台高级管理人才的引进。云创业平台强大生命力的体现主要在于对企业的培育方面。而要实现全方面、多层次、高质量的培育，必须要有一定数量的高级管理人才。这就需要积极引入云创业平台的高级管理人员。由于创业企业的专业性比较强，管理人员必须具备宽阔的知识面，如具备投资、管理、法律、经营等方面的知识体系，要有良好的外语水平，只有这样才能够为创业平台的发展注入源源不断的活力。要强化对云创业平台高级管理人员的引入工作，必须从以下几个方面入手。第一，以事业为依托，稳定和吸引人才。要不断强化云创业平台的建设，使云创业平台成为一项具有远大发展前途的事业，要不断为云创业平台的管理人员提供一个展示自我的机会。第二，要建立合理完善的分配制度，不断提高云创业人员的收入水平，用丰厚的待遇留住人才、吸引人才。第三，要努力突破传统的分配方式，实行绩效考核与管理，根据工作能力和服务效果，提高管理人员收入，不断增强云创业平台配置人力资源的能力。

（三）云教育平台建设

云教育平台主要瞄准四个方面的功能实现，包括创业创造、创业辅导、创业评估、创业项目过渡和衔接。

1. 创业创造

首先，云教育平台会通过互联网提供详尽的创业需求信息，包括市场需求、合作者需求、技术等，通过云教育平台的信息发布，创业者可以从尽可能多的信息中发现潜在的创业机会。

其次，云教育平台会对潜在的创业者进行创业宣传，力求内容和形式的多样化。内容上，云教育平台会向公众宣传国家和地方政府对于创业的方针政策、法律法规，特别是各种对于创业的优惠措施和鼓励政策；向公众宣传创业者成功的经历，宣传典型的创业案例；向公众传输创业精神和创业理念，引导公众理性创业；拓宽公众的创业视野，使得创业者可以在更高的视角上看待创业。从形式上讲，由于云计算的技术支持，创业宣传的形式会是多种多样的，讲座、竞赛、活动等各种形式都可以引入云教育平台下。

最后，云教育平台能够实现潜在创业者和实际创业者之间的交流与合作，相互沟通和学习。提高团队合作精神。

2. 创业辅导

创业辅导在我国起步较晚，没有现存的模式，它既不同于以往的工商管理培训，也不同于再就业技能培训；它既有普遍的创业意识与态度、创业知识与实践和创业技能培训要求，又有适应当地经济行业发展的特殊要求；既有国家和地方有关鼓励创业的政策环境介绍和市场准入条件的代理服务，又有商业计划、融资担保、营销运营、财务管理、绩效评估、技术研发等经营管理的指导，这就要求提供创业辅导服务的机构和人员具备较强专业能力和较高的政策执行能力。面对日益繁重的创业服务工作，建立专职与志愿者相结合的创业辅导员队伍，是创业服务工作的基础，也是当前创业辅导服务体系建设不可或缺的重要方面。

创业辅导也可以称之为辅导创业，就是为中小企业的发展和创办提供引导性、辅助性的服务工作，通过提供相关的服务，为企业发展提供良好的外部环境。

通常情况下，强化创业辅导应该坚持以下几个方面的原则。

第一，公益性原则。公益性原则就是对开创企业提供免费的公益性服务，即使收费也是低于市场标准。

第二，坚持区域互动为主，跨区调配为辅的原则。在创业辅导中，创业辅导队伍要以区域活动为主，必要的时候可以进行异地服务。

第三，坚持实践和理论相结合的原则。创业辅导队伍一方面要认真学习相关理论，同时还要把理论积极应用到实践过程中，不断总结经验，推动创业辅导工作的顺利开展。

第四，坚持引导和辅导相结合的原则。创业辅导队伍一方面积极帮助、扶持，另一方面要注意引导企业进行合法经营。

云教育平台是虚拟的网络平台，对于创业的辅导也基本在虚拟空间进行。从形式上来说，包括课程的开设、资源提供、资料下载、课堂视频等形式。从内容上来说，以高校创业教育课程为基础，开设“以基础理论课程为主线，以相关专业课程相渗透，以实践活动课程为落脚点”的主辅结合、重在实践的课程内容，包括基础理论课程、相关的专业课程、实践活动课程。

3. 创业评估

云教育平台将根据科学的流程和原则对创业企业的商业计划书、企业家和创业团队素质、企业市场及潜力等进行评估。

商业计划书评价重点瞄准管理人员构成、创业机会评价、产品销售策略、外部环境影响、风险及应对状况、财务评价等方面。

企业家评估主要包括企业家的管理素质和心理素质等方面。创业团队素质评估主要评估团队成员的教育经历和背景、创新能力、内部组织和协调能力、奉献精神和面对困难的勇气、团队的创业理念等。

企业市场及潜力评估分为市场评估和潜力评估两个方面，企业市场评估包括潜在客户需求量及稳定性、市场份额、竞争状况、新产品替代率、市场进入障碍和有关法律法规对市场的影响等。企业潜力评估包括行业盈利能力评价和企业竞争优势分析两个部分。

4. 创业项目衔接和过渡

对于通过创业评估的创业计划，云教育平台可以在云创业平台下负责将

创业计划移交云管理平台和云融资平台，使得一个创业计划完成从一个创意到一个企业的转化。

另外，云教育平台可以与高等院校组成战略联盟，这一联盟将至少具有两方面的意义。一方面，云教育平台可以充分利用高校的优质教育资源，丰富和强化自身的创业教育水平。另一方面，高校可以以承认学分的方式鼓励在校生从云教育平台汲取知识，从而以较低的成本对在校大学生进行高水平的创业教育。

（四）云融资平台建设

云融资平台的功能主要包括融资中介和投资功能。

1. 融资中介功能

风险投资是一项专业性很强的活动，它需要各方面专业知识的综合运用，风险企业家懂技术和管理，但对财务、税收、法律、企业战略等就不一定熟悉；而风险投资者可能在财务、管理和市场等方面是内行，但在技术、法律等方面或许就是外行。而中介机构正好集中了各方面的专业人才，可以有效地弥补风险投资家和风险企业家的不足，更好地服务于风险投资家和风险企业。西方发达国家风险投资发展的经验表明，风险投资的健康发展离不开中介，中介机构是否健全是衡量一国风险投资业是否发达的重要标志之一。实际上融资机构就是为了实现资金盈余者和资金短缺者合作的个人或者机构。

云融资平台的主要功能是融资中介功能。具体来讲，云融资平台的融资中介功能主要有：企业评估、信息服务、投融资管理顾问和融资担保等。

（1）企业价值评估

企业价值评估指的是注册资产师基于特定目的对股东全部权益价值、企业整体价值以及部分权益价值进行分析和评估，并撰写报告、提出意见的过程和行为。企业价值评估主要是把企业作为一个有机整体，根据企业的资产能力，充分考虑企业获得利润的各种因素，结合企业所处的经济环境和行业背景，对企业整体的市场价值进行综合性、全方位评估。

通常情况下，企业价值评估中的价值类型主要分为非市场价值和市场价值两个方面。市场价值指的是企业在评估基准日公开市场上正常使用状态下能够最大限度实现交换价值的估计数额，其中所需要的信息数据一定要来源于市场；非市场价值是在市场运行中，一系列不符合市场价值定义的价值类型集合，主要包括持续经营价值、投资价值、清算价值和保险价值等。

在企业运行过程中，企业价值评估程序主要包括以下几个步骤。

第一步，进行实地考察，最大限度地了解企业的管理、市场和经营状况。

第二步，进行合同的签订，进一步明确价值评估的对象、目的和各项要求。

第三步，提供完善的清单，收集相关资料。从经济、技术、法律等方面明确价值评估对象的定量、定性资料。

第四步，及时进行市场调研，合理分析市场需求、国家政策以及行业动态等。

第五步，根据前期调查资料起草报告，实行内部三级审核制度。

第六步，进一步征求意见并不断完善报告，做好项目移交。

企业价值评估是一项综合性的资产评估，是对企业整体经济价值进行判断、估计的过程。目前，企业价值评估的方法有四种，分别是：资产价值评估方法、市场比较方法、现金流量贴现法以及期权价值评估方法。

第一，资产价值评估方法。

资产价值评估方法是企业价值评估的重要方面，它指的是依托企业现存的财务报表记录，对企业的相关资产进行分项评估，然后再进行加总的一种静态评估方法，它主要包括账面价值法和重置成本法。

①账面价值法指的是在资产负债表中所体现的股东权益的净值，它主要是由投入的资本和企业的经营利润构成，我们可以用计算公式表示为：目标企业价值 = 目标公司的账面净资产。然而，账面价值法只是对企业的存量资产进行计算，不能够反映出企业的行业特点、成长能力和盈利能力。为了更好地弥补这种缺陷，必须在实践中调整系数，账面价值也随之发生变化：目标企业价值 = 目标公司的账面净资产 ×（1+ 调整系数）。

②重置成本指的是并购企业根据自身情况重新构建的一个和目标企业相同的企业，然后需要花费的成本。在这个过程中，必然要考虑到现存企业设备的贬值问题。我们可以把计算公式表示为：目标企业价值 = 企业资产目前市场全新的价格 – 有形折旧额 – 无形折旧额。

账面价值法和重置成本法都是以企业的历史成本为依据，进而对企业价值进行评估，其最重要的特点就是采用了将企业的不同资产进行分别估价，然后相加综合的思路。这种评估结果的最大缺点在于：把作为有机整体的企业割裂开来。所以说，其评估结果实际上并不是严格意义上的企业价值，充其量只能作为价值参照，提供评估价值的底线。

第二，现金流量贴现法。

现金流量贴现法也可以称为拉巴鲍特模型法，在考虑资金风险和时间价值的情况下，把出现在不同时期的现金流量按照既定贴现率进行统一折算，然后再加总获得目标企业价值的方法。

第三，市场比较法。

市场比较法的理论依据是“替代原则”，就是在市场中找到一个或者几个与被评估企业相类似的参照企业，在对两者进行分析和比较的基础上，不断调整、修正企业的市场价值，最后确定出被评估企业的内在价值。运用市场比较法，通常要做到以下几个方面。首先，紧紧依靠两个标准。在选择可比性企业的时候一定要坚持两个基本的标准：财务标准和行业标准。其次，在确定企业价值可比指标的过程中，一定要遵循可比指标与企业价值相关的原则。市场比较法通过参照市场对相似的或可比的资产进行定价来估计目标企业的价值。

第四，期权价值评估法。

期权价值评估法主要是利用期权定价模型来确定并购中隐藏的期权价值，然后再把它加入静态净现值里面，目标企业的价值就出现了。采取期权价值评估方法主要是充分考虑到目标企业所具有的机会和企业经营灵活性的价值，在一定程度上弥补了传统价值评估的缺陷，从而为并购方提供依据，根据风险来选择机会。在具体的实践中，一般都是在运用其他方法定价的基础上采用期权价值评估方法。

总而言之，对于企业的长远发展而言，企业价值评估非常重要。企业价值评估以经验水平和科学方法为依据，但是从本质上看还是一种主观性超强的判断。在具体的实践过程中，应该根据不同的对象选择不同的评估方法，有时候也可以采用多种方法交叉进行评估。在企业价值评估中，应该也得注意技巧：首先要有良好的分析能力，这是进行评估的关键所在；其次要有良好的判断能力，因为在很多情况下，数学模式均带有假设成分，很多资料和数据都没有足够的数据去衡量，所以需要具备良好的判断能力。价值评估在西方国家取得了很大的成就，因此，对于我国的具体情况而言，正确推行价值评估是我国企业走出困境的必要前提。所以说，不管是在实践上还是理论上，深入研究和探讨企业价值评估方法具有十分重要的意义。

云创业平台下，虚拟化的操作带来了便捷的同时也会带来一定的风险，这时，云融资平台作为一个连接创业企业和创业资金的中介组织就显得至关重要。创业企业的质量必然是参差不齐的，因而，投资机构对其投入资金的风险也是不同的，这种情况下，云融资平台必须构造一整套客观的评价体系，对云创业平台下的创业企业进行综合的评估，评价体系中最起码应该包括创业企业的信用水平、成长潜力、收益率、科技创新水平等方面。做到公开、公正，使得创业投资机构可以根据云融资平台的评价，综合衡量投资的成本收益。现实的经济是信息不对称的，而这种信息的不对称正是经济发展的一个主要的阻碍因素，对于创业投资市场来说，创业企业就像一个黑箱子，投资机构根本没办法准确地判断企业的运作效率、资信状况等，因而在投资的时候就会小心翼翼，对创业企业的扶持力度可能无法满足企业的需求，企业的成长性有可能无法充分兑现，又反过来刺激投资机构收紧资金，从而形成一个恶性的循环。云融资平台的企业价值评估功能就是为了打破这一恶性循环，从而有力地促进创业投融资市场健康稳定的发展。

（2）信息服务

信息服务是指云融资平台收集整理投融资双方企业所需的各种信息，并且在云创业平台下向双方高效率地提供相关的信息。在创业投融资市场，会有许多信息是投融资双方必须了解的，如各个行业的投融资法律法规、相关的会计和审计操作等，如果这些过程分别由创业企业和创投机构单独完成，可能会极大地影响投融资效率。因此，云融资平台下，会设置专门的机构，由专业人士对投融资双方所需的信息进行整理，针对性的完成对相关信息的专业化服务，最大限度地提高效率，扶持创业企业。

（3）投融资管理顾问

在市场中，任何融资行为都可能带来一定风险，以太子奶企业为例，它正是由于融资不当，在短短的 9 个月时间，融资出现问题，直至倒闭。特别是在金融紧控的形势下，融资风险存在于每一个企业的运行和发展中。对于中小企业而言，融资风险主要体现在以下几点。

第一，国家经济政策引起的风险。

通常情况下，在中小企业的经营过程中，如果一旦金融政策发生变化，就会对企业的生产经营、融资形势以及市场环境产生影响。此时，如果中小企业不能够及时根据政策变化转变思路，就会给中小企业的融资带来风险，进而阻碍中小企业的健康发展。如果是国家产业政策限制的行业，其间接融资和直接融资都会出现很大的风险，如果企业无法做到有序的资金供给，企业就很难发展下去。例如，在货币政策紧缩的时期，市场上的资金供应量很显然就会减少，在这种情况下，中小企业融资的风险就会出现问题，一方面融资数量较少，另一方面融资成本提高，这给企业发展带来了很大的影响。

第二，经营不稳定引起的融资风险。

对于中小企业的发展而言，其对外界有着很高的依赖度，所以说，宏微观经济环境的变化对中小企业融资有着非常重要的影响。如果宏微观经济环境发生了变化，势必会造成中小企业经营风险，影响中小企业的经营和发展。那些经营不完善的企业就会受到市场的冲击，而经营风险的逐步增大又使中小企业的经营稳定性遭到严重的破坏，进而造成融资难。

第三，管理水平低引起的融资风险。

对于中小企业的融资风险而言，管理水平的高低和其密切相关。管理水平对融资风险的影响主要体现在以下几个方面：其一，中小企业的管理理念缺乏创新，人员素质整体不强，这样一来，就会导致对市场的潜在研究不够，产品研制的技术力量缺乏，对市场缺乏必要的预见性，容易造成融资风险；其二，高废业率和高开业率是中小企业的显著特点，从而造成商业性金融机构投资非常谨慎，从侧面影响了企业的融资情况。

第四，信用危机引起的融资风险。

信用危机是造成中小企业融资风险的不可或缺的重要因素。例如，有些中小企业的会计信息不够真实，资本空壳、财务相关核算混乱；有些中小企业逃税漏税、拖欠账款。这样一来，金融结构和投资者就很难把资金投给这些中小企业，这就造成了中小企业的融资风险，进而影响了中小企业的快速健康发展。

所以说，为了更好地扶持中小企业成长，云融资平台下将设有投融资管理顾问职能。具体来说，投融资管理顾问职能分为以下三个部分。第一，云融资平台会根据企业评估功能所作出的创业企业评价对创业企业进行初步的筛选，对浩如烟海的创业企业进行初步的分档，充当创业投资机构的顾问角色，帮助其挑选适合的创业企业进行投资，以有力地降低投资的风险性和盲目性。第二，云融资平台会搜集创业投资机构信息，对其所能提供的投资方案对创业企业的帮助进行初步的评估，供创业企业参考，帮助创业企业完成创业企划书，协助其与创业投资机构的谈判。第三，对在孵中小企业的投资和融资组合进行分析和评估，给出建议，使在孵中小企业的投融资行为更加理性和合理，促进其健康稳定发展。通过上述三个职能，云融资平台的投融资管理顾问的功能可以很好地实现，促进创业投资的成功率和企业的扶持效率。

（4）融资担保

融资担保是担保业务中最主要的品种之一，是随着商业信用、金融信用的发展需要和担保对象的融资需求而产生的一种信用中介行为。信用担保机构通过介入包括银行在内的金融机构、企业或个人等资金出借方与主要企业和个人的资金需求方之间，作为第三方保证人为债务方向债权方提供信用担保——担保债务方履行合同或其他类资金约定的责任和义务。

在其业务性质上，融资担保具有金融性和中介性双重属性，属于一种特殊的金融中介服务。它通过利用自身的第三方信用为资金供给和资金需求双方提供融资担保服务，以此促进双方交易的完成。在开展融资担保业务过程中，信用担保机构要完成两方面的工作：一方面是对资金需求方的信用评估；另一方面是向资金供给方提供自身资信证明，取得其对自身信用保证资格和履约能力的认可。

对于创业型企业的融资担保难主要由于企业本身的特点：企业规模小，抗风险能力差，经营稍有不善就会面临“滚不动”的危险；企业固定资产少，抵押物少，反担保能力弱；股东个人资产少，和企业间产权不清，保证力度低；企业财务制度和管理制度不健全，容易诱发道德风险；贷款额度低，利息及担保费收益少。

为了应对这些风险，云融资平台应该采用量化指标法，减少项目审查人员的主观判断，减少审查成本，加快项目进程和周转速度，企业股东、企业实际控制人是自然人的须全部提供个人无限责任反担保；企业股东、企业实际控制人是法人机构的须提供法人保证反担保；企业的财务状况和资金运用情况要接受云创业平台和创业投资机构的监督调查。

2. 投资功能

云融资平台同时具有投资功能，也就是说云融资平台可以动用自身的资金投资于创业企业，并通过培育创业企业，获得创业企业高成长之后的高收益。创业企业主要面临着两个方面的风险：技术风险和市场风险。技术创新有着极高的失败率，得到的回报也不是很多，基本无法弥补损失。而当技术创新向市场化转化的阶段，虽然仍然维持很高的风险，但是技术风险会逐步减少，市场风险会逐步加大，投资机构可以通过自己的商业行为和投资组合来规避风险。云融资平台具备的企业评估功能使得其对创业企业具有了得天独厚的信息优势，因而其对创业企业的投资就更加理性。在一定程度上说，云融资平台具有创业风险投资机构的功能，而这却有相同之处，但是也有不

同。需要指出的是，两者的结合与功能互补能够更有力地促进云创业平台的发展。

云融资平台的投资功能主要通过两种形式出现：其一，云融资平台直接以货币形式投资于创业企业；其二，云融资平台将自身所提供的各种服务或者实体作价投入创业企业。

第一，云融资平台与风险投资的共同点。

云融资平台与风险投资都是以培育创业企业为主要职责，并在其发展壮大过程中，通过创业企业的公开上市、收购兼并、企业回购股权等方式获得投资回报为最终目的。对两者来说专业化都将是大势所趋。风险投资机构为了降低投资风险，会选择较熟悉的领域进行专业化的投资，这样可以更有效地进行投资项目评估和投资管理。云融资平台的专业化发展趋势则主要是为了降低运营成本和经营风险。

第二，云融资平台与风险投资的不同点。

首先，云融资平台要从项目的种子期就开始进行投资；而风险投资者的资金一般会在创业企业成长期投入。其次，风险投资的主要功能是投资，继而获取投资回报。相比之下，云融资平台的主要功能则要复杂一些，云融资平台作为云创业平台下的一个分平台，会更多地关注企业规范管理、企业运行机制等，为创业企业成长创造各种条件，提高创业企业的成活率和成功率。第三，云融资平台会在企业发展的全程给予高度的关注，并从企业创建、入孵、培育直到毕业，乃至毕业后都会进行专业化的服务，风险投资机构的注意力主要集中在企业投入阶段的发展，具有阶段性。第四，云融资平台对创业企业的投资更多的是为了弥补风险投资的空白，更好地为创业企业服务，投资方式也比较多样，有直接的货币投入也可以有实体或服务的作价投入等，风险投资机构的投入则是货币投入。

第三，云融资平台与风险投资的结合。

风险投资与创业平台相结合已成为趋势，云融资平台通过与风险投资机构的结合可以寻到更多资金，从而大大增加创业企业扶持的成功率；而风险投资通过结合云融资平台可以更快、更便捷地寻找到合适的投资项目，从而最大限度地降低投资失败的风险。当然这种风险投资与云融资平台的结合导致的最大的受益者将会是创业企业，因为以技术作为比较优势的创业企业在资金和管理方面一般都存在硬伤。创业企业入驻云创业平台可以得到管理上的巨大支持，但资金仍会是一个大问题。如果将风险投资与云创业平台结合起来，风险投资以各种方式介入云融资平台对创业企业进行资金支持，使得创业企业的成功率将大大提高。另一方面，云融资平台的融资中介功能对于创业企业的融资困境解决同样是一个福音。可见，风险投资机构与云融资平台的结合可使风险投资机构、云融资平台与创业企业三者之间形成一种相互促进的战略关系。

第二节　企业孵化器理论在大学生创业教育方面的应用

一、我国高校大学生创业教育现状

近年来，大学生创业教育成为当今高等教育研究领域中的热点。党的十七大报告明确提出，要实施扩大就业的发展战略，促进以创业带动就业。但目前大学生创业的实际情况却令人担忧。

目前有很多高校为即将毕业的学生开设了就业和创业方面的指导课程，但由于课程内容脱离实际，缺乏专业的创业教师指导队伍，这些课程对于那些有志于开创自己事业的学生往往没有什么实际意义。

相比于西方发达国家，我国高等教育对于大学生创业教育的理论探索起步较晚。我国政府颁布了《中共中央关于教育体制改革的决定》，拉开了大学生就业制度改革的序幕，从 1994 年开始，正式启动普通高校的教育体制改革，推进了在高校管理体制、办学体制、招生与就业体制和高校内部管理体制等方面的改革，取得了显著成效。从那一年开始，我国高校开展创业教育的外部环境已经开始形成，但是由于思想上受到过去计划经济时期毕业生分配制度的影响，高校管理层、教师、学生未能针对外部环境及时调整就业方向以及就业教育的发展思路，大学生创业教育活动开展的并不成功。随着市场经济改革的不断推进，学术界对创业教育重要性的认识越发清醒，发文数量维持在较高的水平，理论研究呈现了百家争鸣的氛围。当前的创业教育研究已经呈现以下几个特点。

（一）专业性

我国大学生创业教育的研究主体主要是高校、政府部门、社会科学研究机构等掌握着广泛的教学科研资源的机构和组织。就目前而言，我国的创业教育理论研究主要从教育理念、课程设计、教学过程、师资队伍等不同角度入手，结合我国实际情况进行多方面探讨，从深度和广度上积极探索大学生创业教育研究领域的各方面问题。从近年来各种期刊上学术论文的发表情况来看，关于大学生创业方面的理论研究涉及高等教育、职业教育、企业经济、教育理论与教育管理、成人教育与特殊教育、宏观经济管理和可持续发展、人才学与劳动科学等多个主题的近万篇文章，在各个领域都取得了一定的成就。

除此之外，我国创业教育的专业性还体现在以下几个方面。

第一，课程设计力求专业。在传统经济模式向知识经济模式转型的当代社会，大学创业教育的核心问题在于如何使大学创业教育指导课程更具实用性和弹性，使之能提高大学生创业能力，抢占社会市场竞争的先机。当前创业教育指导的趋势在于从更多强调“硬性”的传统课程转变为更具“灵活性”的参与型课程。强调和尊重学生参与课程设置的权力，给予学生更多参与实践的机会，在学分设计上将学分与学生的实践成果相挂钩，而不是单纯的以分数和课时来衡量学生的成绩。

第二，结合专业教育开展创业教育指导。针对大学生创业实际，设置注重实践的创业教育课程是十分重要的。创业教育要与专业教育有机结合，发挥专业优势。在众多的学科门类中，很多专业所涉领域都有很多可选的创业项目。因此应密切专业教育与创业教育的联系，使两者有机结合、相互渗透。如采用课堂嵌入模式，文史类专业可以讨论文学作品中的创业者或历史人物所体现的创业精神，政治类专业可以讨论政府政策对创业的影响问题，理工科专业可以增加对高新科技研发的市场应用方面的讲授等。不同学科学生在性格和能力方面存在的特质不同，有的大学生创业者思维比较活跃，有着较丰富自然科技知识，有的则长于社交，社会性技能较丰富。创业教育要以既有优势为基础，并注意强化不同学科学生在创业方面存在的薄弱环节，在创业实践中培养、强化成为一名企业家所需的素质和能力。同时必须通过实践形成并提高上述素质、能力，将实践和理论指导相结合，突破课堂教学形式，以课堂外的实践教学为主，以传授创业隐性知识为主。最终形成一套“以能力培养为导向”的全景教育教学体系，把自主创业教育贯穿于情境教育和实训教育的全过程，实现大学生创业者专业素质和创业能力的共同提升。

第三，普遍拥有专业的师资队伍。大学的人才优势和教育成果优势是相辅相成的。国内的高校师资队伍有着明显的人才优势和科技优势。例如，清华大学群英汇集，人才辈出，现在拥有37个国家重点学科，41个研究院所，5个国家工程实验室，13个国家重点实验室，37个博士科技流动站，教职工人数7 275人，正高级职称人数为1 371人。除全国重点理工类大学或综合性大学以外，我国其他地方院校的科研能力和水平也在不断增强，已经初步具备开展和改革大学创业教育指导的科技优势和人才优势。

（二）实践性

我国政府对大学生创业教育的正式回应始见于国务院公布的《面向21世纪教育振兴计划》，计划中谈道："要加强教师和学生的创业教育，鼓励他们自主创办高新技术企业。"在之后的一段时期里，国家加大了大学生创业的扶持力度，和一批高校开展了深入合作，建设了一大批高水平的大学科技园。通过大学科技园的建设，优秀的大学生毕业们不但有了实现自身创业理想的舞台，同时，创业企业成功率得到了显著提升。典型的有清华大学科技园、北京大学科学园。清华大学科技园是清华大学在北京市政府、海淀区政府的支持下，依托自己已形成的9个学科门类的重点发展项目、8个技术中心为开发推广基地创办起来的。除此之外，教育部、中央电视台等单位还通过举办创业竞赛等方式，给广大学生提供了一个锻炼创业能力，提高创业素质的平台，取得了积极的社会效益。

还有一些高校尝试建立大学生创业全真模拟系统，将具有创业理想的学生组织成立一个"虚拟公司""虚拟公司"可以设置公司制企业的各种机构，如"董事会""CEO"等。大学生可以通过在"虚拟公司"中轮流担任不同职务，来获得管理"虚拟公司"的运营、发展的经验，包括提供商业计划、融资、到企业注册登记直至市场研发、财务管理、内部控制等。通过几个月全真环境下的创业实践，学生在各方面的能力上与参加创业活动之前相比都有显著的提升。

（三）发展性

我国创业教育的发展性主要体现在研究者十分注重对大学生创业教育研究的与时俱进。要根本解决大学生就业问题，还要靠真正的企业创新，要依靠大量的民营科技企业发展起来。这些解决方法的共同前提在于大学生可以依靠自己所拥有的专业知识和技能来开创自己的事业，真正地实现学以致用。纵观创业教育理论研究和实践的发展历程，在发展初期我国创业教育的研究只是散见于全面素质教育、创新教育中的大体概述，高校教学中的常态系统课程比较少，只在研究生层次的 MBA 课程中有所涉猎，在之后的一个发展阶段，创业教育研究逐渐成了教育理论研究热点，研究方向也逐渐从面向就业的教育模式到面向创业的教育模式倾斜。

综上所述，我国的创业教育研究虽然起步晚于欧美发达国家，科研基础还比较薄弱，对于创业教育模式与安排、理论研究方法等方面还处于引进、吸收、探索阶段，在创业教育的具体实行过程中，创业相关课程方面零散讲座课程多、常态系统课程少，创业学科除研究生层次的 MBA 外，并没有本科层次的创业专门学科，在全国范围内创业课程已经开发了如《创业学》的专业课程，大部分高校的创业教育停留在“职业规划”“就业指导”方面，没有形成独立的创业课程。创业教育主讲师资又大多缺乏企业工作经历和创业实战经验，有些高校也聘请一批企业家或创业人士担任客座教师，虽然这种安排受到学生的普遍欢迎，但却缺乏组织协调、制度保障和资金支持，而变得难以持续开展。此外，创业素质教育至今并未正式纳入高校的课程设置体系，创业教育的普及推广率较低，仅是少数人的创业活动，而不是多数人的“创业教育”。

（二）企业孵化器是促进大学生创业的重要推动力

大学教育的基本职能是培育人才，而人才最终能否成功地融入社会，成为社会发展所必需的人才，也是衡量大学教育质量的重要标准之一。高等教育机构和企业孵化器的结合是高校在不断探寻提高大学生创业水平的途径和方法过程中的产物。企业孵化器对新创中小企业的发展具有强大的推动能力。以美国为例，美国大多数孵化器成立于 1991 年以后，到 1998 年为止，美国的孵化器为美国孵化了约 19 000 个企业、提供了约 245 000 个就业机会。从企业孵化器中毕业的企业存活率较高，到目前为止，从美国孵化器中毕业的新创企业至今还有 87% 的企业在运作。

截至 2019 年年底，我国已有 772 家企业孵化器（其中，国家级企业孵化器 279 家，国家级大学科技园 76 家），是数量仅次于美国的全球第二大孵化器国家，孵化场地面积达 2911 万平方米，孵化出的中小企业近 5 万家，创业者以及相关工作人员人数约 100 万人，占全国科技型创业期小企业的 1/3。目前，全国企业孵化器累计毕业企业 2 万多家，每年培养出来的业绩优秀的潜力型高新科技企业达800家以上。同时，据科技部统计，2019年，经过孵化的创业企业的平均收入比未经孵化时增长了大约6～7倍。从国家级企业孵化器毕业的企业存活率达到80%～90%，在企业竞争力方面普遍高于未经过孵化的企业。以上的数据说明，企业孵化器在培育科技型中小企业、促进高新技术产业化、提高初创企业竞争能力、推动区域经济发展和产业竞争能力进步等方面正在展现出巨大的推动作用。

企业孵化器作为一种帮助初创企业发展和成长的新型经济组织，自诞生之后的50多年来，在辅助初创企业成长方面的积极作用得到了国内外的一致肯定，并得到了充分重视，现在已经成为政府支持企业创新、推进区域经济发展的重要政策工具。作为一种新型经济组织，企业孵化器随着科技发展和全球经济一体化进程的不断发展，其理论框架和外在形式也随之发生着巨大的变化，就目前的发展趋势而言，网络化、云平台化发展已经成为当今企业孵化器发展的方向和主要趋势。面对新形势和新变化，理论研究者和实践工作者需要解决的问题很多，如科学构建区域性企业孵化器网络、加强企业孵化器网络成员关系治理、有效提高整体网络运行绩效、努力增强区域科技创新孵化能力等一系列问题。

企业孵化器对大学生创业推动作用主要体现在以下方面。

第一，提供中介服务支撑。

企业孵化器具有为大学生创业企业提供中介服务的功能（包括企业孵化器引进园区内的中介机构，还包括与企业孵化器建立了比较密切的长期合作关系的中介机构），这是大学生创业企业所需的不可或缺的功能之一。

企业孵化器引进的中介支撑机构的主要范围有：技术产权交易所、管理咨询公司、风险投资机构、会计师事务所、技术市场、专利事务所、财务咨询公司、律师事务所等。其中民营孵化器由于实行的是市场化运作，比政府主导的孵化器拥有服务范围更广的中介机构，除上述中介机构外还拥有投融资协会、质量认证中心、商标事务所、物流公司、广告公司、担保公司等。中介机构的数量在不断增加，服务领域的范围也在拓宽。

第二，提供高校智力技术支持。

高等教育机构和科研机构等高新科技引领机构的聚集为高新科技成果核心科技的研发提供了有利条件，依托于高校的企业孵化器的存在为高新科技成果的市场化提供了可能性。近年来，随着大城市企业孵化器的建设和发展，城市间的孵化器发展逐渐形成网络化的发展趋势，各企业孵化器与高校、科研院所的合作、交流、互动也日渐增多。例如，清华大学、复旦大学为更好地转化科研成果，相继成立了科技园区，很大程度上促进了地区间的科技文化和商业交流。所以，我国企业孵化器网络发展所需的技术支撑环境相对来说日渐成熟。

第三，基础设施支撑环境建设状况。

交通环境等基础设施支持对大学生创业具有很大的影响。在交通环境方面，根据世界各地经济区划建设的研究，经济资源的运输时间和获取时间，不应超过一小时，超过一小时会降低获取经济利益的最高效率。另据调查统计，大多数的企业孵化器和高新开发区之间的距离都比较近，同时周边的交通设施大多比较齐全，公路稠密，便于运输。另外，其他产业园区的基础设施环境建设也比较好，基本满足了企业孵化器和在孵企业的需求。供水供电等基础服务环境方面也基本上满足了企业孵化器和在孵企业的正常运转，基本上没有出现过因缺电和缺水等问题而影响正常工作的情况。因此发展企业孵化器有利于解决大学生创业区位选择困难的问题，在交通环境和运输条件方面企业孵化器对基础设施的改善具有一定程度上的促进作用。

第四，城市创业文化体系建设。

从一个城市的角度来看，建设企业孵化器园区必须在硬环境建设方面加大建设力度，同时，我国企业孵化器网络还必须依托于良好的创业文化氛围。我国城市创业文化体系建设方面对企业孵化器的宣传力度还很不够，这就导致了社会各界对企业孵化器的功能、价值以及在经济活动中的催化作用的认识还不是十分清晰。城市企业孵化器之间还没有整合为一个网络整体，大学孵化器、创业园等机构之间往往坚持独立运作的经营理念，彼此之间缺少信任与合作，从区域发展战略的角度不利于发挥城市间创业文化的支撑作用。

（三）基于高校创业教育的企业孵化器发展概况

高等教育从精英教育转变成大众教育，高校的毕业生人数逐年增加，再加上受金融危机的影响，高校毕业生所面临的就业形势越来越严峻，就业压力也越来越大。在市场经济快速发展的今天，我们越来越多的人都进行了创业活动，很多人都取得了成功，那么作为找工作难的大学生们是不是还要继续在毕业的时候为争得一份满意的工作而烦恼呢？我们的毕业生们为什么不选择创业呢？毕业生怎么样能在毕业的时候不需要找工作而是自己能够走上创业之路呢？这就需要学校在就业工作过程中挖掘和引导。创业教育的目的是能使更多的学生在毕业的时候走上创业的道路，通过实践证明，基于企业孵化器的学生创业平台的搭建对提高毕业生中创业学生的比例效果非常显著，也为实现高比例的创业率发挥了积极而深远的作用。

企业孵化器在我国大多依托大学创立，依靠大学校园的基本服务设施、支持性商业服务以及大量的高新技术成果，营造出有利的商业环境。根据沃那菲尔特资源基础理论，独特的资源与能力是企业竞争优势的持久源泉。大学等科研机构所拥有的高新技术成果资源是相对于其他区位不可复制的优势，企业孵化器依托大学科研优势，在产、学、研一体互动下，强化了孵化器和入孵企业的二元互动，推动了知识和经济的良性循环。同时大学区域内的技术，新知识的产生、流动、更新和转化，在实现其产业化、产业扩散、产业输出等方面也对企业孵化器具有路径依赖性。因此在我国讨论大学生创业教育就不能不讨论企业孵化器的问题。

企业孵化器是一项复杂的系统工程，在实现促进科技成果转化、扶持技术创新、培养高新技术企业和创业家等的社会功能时，必须以特定的社会和经济状况为背景，在区域发展环境支撑下，将专业化服务提供给新创企业，使其以创立企业的方式实现科技成果的市场化和产业化。

第一，高校企业孵化器的发展现状。

在当时计划经济的条件下，科技与经济脱节，大批科技成果没有转化成现实生产力，非国有经济在社会生活中还没有完全得到与国有经济平等的地位，民营科技企业的发展还很艰难。创业中心的建立，唤醒了沉睡的企业家精神，激发了科技工作者投身科技建设的勇气，有效加快了科技成果商品化的进程，为高科技企业的成长提供了温床。

第二，高校企业孵化器的优势。

基于高校等科研机构的企业孵化器能够为入驻企业提供优质高效的服务。它通过多种途径建立起多样化的平台，提供高质量的服务、专业技能、技巧等信息，组织大量的知识或是高科技活动，加快了孵化的进程，在创业方面起到了很大的指导作用。

对于这些孵化器而言，入孵企业一般是高科技，或是基于知识创新的企业，一般是和大学或研究中心有关系的企业。基于大学的孵化器可以使企业从大学当中获得很多收益，或者能够和企业本身，以及大学的学者进行合作。同时，对于许多基于大学的孵化器来说，他们同时也可以容纳很多的企业，因为这些企业在地理位置上非常接近大学，可以方便他们进行合作。所

以，基于大学的企业孵化器通常被认定为支持企业和技术转让活动，鼓励和支持创新企业的创业、孵化和发展，提供一个良好的环境，和一些支持创新的机构有紧密联系的孵化载体。

第三，学生参与企业孵化器平台的可行性。

随着近几年国家对大学生创业活动的支持力度不断加大，以前社会上相对弱势的大学生创业团体得到了大量相关政策的扶持和帮助，进入了发展的黄金时期。但是相对于发达国家市场环境和法制环境的健全度而言，中国大学生创业在制度环境的完善方面还有很长一段路要走。目前我国大学生创业所需要的各种政策支持、融资、管理指导方面的制度都还不完善，各方面的环境建设仍然处在调整阶段，这是由我国处于社会转型期的社会实际情况决定的。因此，这种创业环境下，我国大学生创业者肩上的负担更加沉重。

大学生参与创业，不仅要重视所创企业的管理和产品的营销，更重要的是掌握优质的高新科技资源，这才是学生参与市场竞争的核心竞争力。但是，高新科技作为一种稀缺资源，单靠毕业大学生自身的力量难以形成显著的规模效应。另一方面，目前我国高校受到教学责任的限制，大学无法将全部精力放在高新科技成果的转化上，只能够将自己的一小部分科技成果转化为产品。企业孵化器作为一种新型的经济组织，在高新技术产业的建设和发展中，发挥着重要的作用。依托大学建立的企业孵化器可以将大量的科技成果通过技术转让的形式向大学生创业企业转移，从而实现社会效益和经济效益的双赢。

除此之外，大学生创业企业参与企业孵化器平台，还可以享有企业孵化器的政府政策扶持。主要包括以下方面：

融资服务方面提供的政策主要包括小企业服务中心以及劳动部门等制定和操作的相关政策，主要有中小企业贷款信用担保、小企业担保基金专项贷款、劳动保障部门的开业贷款担保政策以及大学生科技创业基金等。融资方面的政策优惠主要涉及企业创业贷款、担保及贴息等方面。

场地扶持方面提供的政策主要有两点：工业园区的基础设施使用补贴政策、都市型工业园区的政策。政府针对这两大园区采取不同的入园企业的房租补贴政策。其中，在工业园区之内，政府除了为创业平台提供基础设施使用补贴之外，还提供一些相关的配套指导服务，如提供经营指导、财务管理指导、金融服务方面的指导等。

政府主要在四个方面为大学生平台提供税费减免的政策：第一，劳动就业服务企业的税收优惠政策；第二，商贸型、服务型企业的相关税费优惠政策；第三，高校大学生创业方面的税收优惠政策；第四，失业、协保人员、农村富余劳动力从事个体经营的优惠政策。

鼓励科技创业的政策主要包括以下几个方面：科技型中小企业创业基金政策、大学生科技创业基金政策以及高新技术成果转化相关政策等（例如，上海市政府为大学生科技创业项目提供 1.5 亿创业基金，分 3 年实施，每年为大学生创业提供的资金支持达到 5 000 万元）。高校毕业生以专利发明或者科研成果创办企业，就可申请享受这一政策。高新技术成果转化相关政策包括立项、注册登记、贷款扶持、风险投资支持、税费减免等。

非正规就业孵化器的扶持政策是指一种小企业的孵化器，个人在创业过程中担心成本过高或者是暂时不具备申办小企业的条件，尤其是有意向从事一些有利于吸纳就业的劳动密集型社区服务业，可申办非正规就业劳动组织，享受相关的政府政策扶持。政府对非正规就业组织提供的扶持政策包括：无须办理工商登记、社会保险缴纳优惠、免费技能培训、3 年内减免地方税费、享受从业风险的综合保险等。

（四）企业孵化器理论视域下的创业教育研究是一个具有理论价值和实际应用价值的课题

“创业教育”最早是由联合国教科文组织在北京召开的“面向 21 世纪教育国际研讨会”上提出的。世界经济合作和发展组织的专家柯林·博尔将创业教育总结为：“创业教育”是指通过开发和提高学生创业基本素质和创业能力的教育，使学生具备从事创业实践活动所必需的知识、能力及心理品质，是未来的人应掌握的第三本教育护照。

创业教育对于创业活动的成功至关重要，创业教育能显著地提高创业者的企业家素质，它是一门集教育学、管理学、心理学、经济学、创业学、创新学等为一体的科学。美国在创业教育方面的探索由来已久，同时也是世界上创业教育最好、系统最完善的国家，形成了一整套完整的创业教育解决方案，有效地促进了美国人创业精神培养。在我国，创业教育作为素质教育的一部分，越来越受到重视。但是无论是从体系上还是从培养效果上都跟美国有着很大的差距。其中的原因很多，主要存在师资力量的问题和培养目标的问题，这在高校的创业教育中尤为明显。

第一，企业孵化器理论视域下的创业教育研究是一个具有理论价值的课题。

创业教育理论起始于20世纪80年代，其本质是灌输一种创业的方法论体系，是随着生产力的不断发展和高等教育的普及，教育逐步适应社会生产力的一个典型表现。当前形势下，高等教育将更多地面向大众，以培养立足社会的、创造价值的本领为主要目标。这是经济多元化的发展和知识经济必然到来的大势决定的。因此创业教育本身就是一个极具理论价值的研究课题。

在企业孵化器的视域下，创业教育的研究将被赋予更新和更具变革性的时代意义。

随着知识经济的到来，科技是第一生产力的论断被证明是高瞻远瞩的。但是我国的教育体制长期存在的固有问题，导致了经济与知识在相当程度上的脱节。尽管国家做了很多努力，但是效果似乎远未达到令人满意的程度。这也就是传统的创业教育固有的局限性，单纯的理论知识的灌输已经不能满足新时期新形势的需求。

企业孵化器作为经济不断发展的历史产物，具有强大的生命力，因而在其出现之后的几十年里不断壮大开来，已经呈现出全球扩散之势，这将是未来创业企业发展的大势所趋。这一现象本身就说明企业孵化器是适应生产力的。

特别需要指出的是，企业孵化器成功的构建了一个产、学、研相结合的联盟式纽带。高等院校、科研院所、生产企业在孵化器的背景下完成战略联盟，发挥各自的比较优势，实现研发、生产、服务的一体化，有力地促进了知识向经济价值的快速转化。正因为如此，企业孵化器为新时期的创业教育研究指出了新的方向，创业教育将不再是单纯的理论灌输，而更多地向实践倾斜，走产学研一体化的创业教育之路，用知识去指导实践，同时在实践中学习知识，生产和教育紧密结合。这将是对传统教育体制的巨大突破，极具理论价值。

第二，企业孵化器视域下创业教育研究是一个具有实践价值的课题。

从宏观角度讲，随着我国市场化改革的不断深入，中国特色的社会主义市场经济体系不断完善。市场经济条件下，大量的小企业的建立和崛起是经济保持活力的重要保障。东南沿海的经济崛起已经证明了中小企业发展对经济增长的重要性。而在更加广泛的地理空间上，创业活动的活跃度与经济增长的不匹配构成了我国经济结构调整的重要障碍。

这种创业活动的不活跃正是由于传统的教育模式的束缚造成的。计划经济时代的生产高度指令化，教育体制被迫适应经济体制，讲究统一分配和专业对口，这种被动接受、被动适应社会的教育模式极大地抹杀了人的自主性、竞争性和创新性。

企业孵化器视域下的创业教育寻求一种主动与社会生产结合的教育之路，鼓励创新、鼓励技术成果向现实生产力的转化，对于促进宏观经济的活跃和健康发展有巨大的实践价值。

从微观角度讲，当前严峻的就业形势是每一个高校毕业生必须面临的重大挑战，传统的教育模式和就业观念很难短时间内给毕业生带来利益最大化的选择，创业成为一个重要的出路。但是传统的教育和创业教育模式由于与现实经济的脱节，导致了大学生创业成功率极低的现状。企业孵化器视域下，教育将是直面生产并与其紧密结合的，因而有望大幅度提高创业企业的成活率，进而在摆脱自身就业难题的同时创造新的就业机会，保证人力资源的有效利用和个人价值的最终实现。

第三节　云创业平台下高校创业教育模式的改革、构想与实践

“改革”是当前及今后很长一段时期内中国高等教育发展的主题词，而改革的一个基本方向，就是改变旧的管理体制和教学模式，同当今科技发展的趋势相结合，同国家的发展战略相结合，同市场的实际需要相结合，提高高校人才培养的质量。随着社会分工的不断细化，人才结构也日益丰富，高校培养人才的方式和方法也日趋多样，怎样使高校毕业生在竞争激烈的就业市场上充分体现自己的价值，充分发挥自己的才能呢？“大学生创业教育”方面课程的开展，对于大学毕业生树立正确的择业观、引导合理的创业观方面具有明显的积极作用。同时，社会各界与高校开展产学研合作为促进高等教育内涵式发展、深化高校科技创新体制改革做出了巨大的贡献，但学校作为大学生创业教育的发起者、传播者和推动者，在影响力上缺乏深度和广度，合作的项目仅仅限于学校层面，很难实现社会层面上的产学研合作发展。因此，学生直接获益的机会比较小，在一定程度上也限制了政府高校合作的进一步延伸。

云创业平台可以弥补传统创业教育发展模式的缺陷。云创业平台发展模式是一种多元化的发展模式，是将大学、政府、科研院所、企业、大学生等

有机结合在一起，各个主体依据自身的优势和特色，取长补短，相互融合，优势互补，共同提供云创业平台发展和运营的资源和条件，并实现利益和风险共担。高校参与云创业平台可以真正扩展高校间、校企间、企企间合作的延展度，实现全面的产学研合作发展。

一、云创业平台下高校创业教育的发展及基本状况

（一）云创业平台下高校创业教育发展现状

创业教育是社会发展的必然产物。当前，我国科技发展日新月异，社会对大学生综合素质的要求也越来越高，加上近年来大学生数量猛增，大学生就业难问题已成为社会问题。从20世纪90年代开始，国内各高校为了拓展大学生就业渠道，使大学生在就业中处于积极地位，开始积极探索大学生的创业教育。

随着网络的快速发展和人们对网络更多地需要，云创业平台的理论构架逐渐从稚嫩走向成熟。日前教育部提出，当前教育体制改革的重要任务是要建立健全协同创新机制，解决教育、科技与经济社会发展结合不紧以及科研资源配置分散、封闭、低效等问题，突破高校内、外部的体制机制壁垒，从而使促进创新组织从封闭、个体方式逐渐向开放、流动的方向转变；使创新要素逐渐从分散、孤立的状态向融合、汇聚的方向转变；使知识创新、技术创新、产品创新的分割状态逐渐向科技工作的上游、中游、下游贯通、联合的方向转变。建立协同创新机制，对于云创业教育的发展是一个重要的契机，一方面，建立协同创新中心这一载体必须要依托高校，广泛协同，因此必须依赖于云网络技术运行。另一方面，妥善平衡协同创新各方责任权利关系对于云创业来说也是一个重要的课题，在培育过程中应该积极探索、及时总结，采取有效措施，建立健全云创业平台持续发展的长效机制。

（二）云创业平台下高校创业教育模式的优势

①云创业平台相对于传统高校创业模式而言，具有成本相对低廉、发展速度相对较高、创造效益能力相对明显等特征。就高校创业发展模式来讲，作为网络化孵化器模式之一的云创业平台，主要是依赖于互联网而构建起孵化网络，通过遍及全国的孵化网络可以有效减少传统经济合作的中间环节，

降低产供销各个环节的开销。在创业企业进行的各项活动过程中，网络沟通渠道加快了企业的交易速度，加大了交易的成功率，货款结算和订单处理也有了快速的处理方式，创业企业交易的效率大大提高了。

②网络市场空间大。云创业平台可以为初创企业提供24小时全天候服务，提供无障碍的跨地区、跨院校技术合作和交流，为客户随时提供最新商业合作计划、技术信息等。在高质量、高标准完成原有客户的交易之外，通过网络广告，还可以为企业开拓潜在的隐性合作对象，以扩大交易市场。在金融危机影响下，众多创业者开始在网络上寻找商业机会。

③学生自身特点所决定。云创业平台是一种新的网络创业模式，在校大学生具有较强接受新鲜事物的能力，他们更愿意接受新模式下的机遇和挑战，这对提高学生创业积极性具有一定的作用。调查数据显示，大学生在淘宝网等网络平台上的创业比例已经达到近12%，这个数据可以有效说明相当数量的大学生认可网络创业中崭新的创业模式。

（三）大学生参与云创业平台的可行性

作为高校，应该鼓励让学生参与云创业平台，这是学生成功创业的一条捷径，是一条有效的学生创业教育之路，对缓解学生就业难问题具有积极作用。

①学校积极的创业教育和正确引导为创业提供了浓厚的氛围。学生创业成为高校中最热门的一个话题，学校以网络平台为依托开展创业实践、创业设计大赛等活动，使大学生在学校中初步了解了创业活动的流程和意义。同时，通过开展一系列基于云创业平台的创业活动，也使学生对创业产生了梦想，营造出了良好的创业氛围。这样，就使一些只是简单地把创业意愿停留在脑子里或口头上的大学生，有了一个大展宏图的机会。因此，学校通过云创业平台搭建学生创业平台，不断地为社会储备优秀创业人才，确保了创业教育的快速稳定发展。

②地方成熟市场的支撑为参与云创业平台的学生提供了广阔的舞台。随着商品经济和人们的需求不断增长，各地方市场越来越成熟，这给在云创业平台上创业的学生提供了一个较好的机会。例如，小商品市场遍布全国，适应了当前我国经济发展的特点，其强大的供货体系对于支持学生创业特别是从事网络平台创业提供了得天独厚的优势。散布于中国各地的小商品市场是世界小商品交易的主体，汇集上万种商品，号称“全球最大的日用消费品采购基地”，商品数量占联合国贸发组织公布的全球商品总量的3/5，从事网

络创业的学生可以从中挑选自己合适的产品来经营。

③发达的服务系统使学生参与云创业平台畅通无阻。云创业平台高效运行中非常关键的一个环节就是服务系统，云创业平台的运营需要高效、廉价、便捷的服务系统提供支撑。伴随着现代网络技术的不断，云创业平台已初步形成较为完善的服务系统，尤其是在一些基础服务项目方面，服务已经相当完善。云创业平台为参与创业的大学生提供创业咨询、创业指导、项目管理以及合作交流平台等服务。通过多层次、立体式的创业服务体系，使大学生参与云创业平台的同时，积极引导大学生创新创业实践活动，丰富自身的创业知识和实践体验，实现高校创新创业类课程与经济社会发展的有机融合。

二、云创业平台下高校创业教育的特点

创业教育本质上是一种创业精神教育，它以培养具有创新精神的创业型人才作为自己的培养目标。云创业平台下的高校创业教育在运行和管理的过程中具有独特的特点。

（一）管理规范，运转高效

为了适应云创业平台网络化和虚拟化的特点，实现高校创业教育和云创业平台的无缝对接，高校对平台管理规章的制定进行了多方面的调整，使高校创业教育能够在高校管理体系和优良的内外部环境下开展起来。

云创业平台下的高校创业教育管理体系的最终目标是培养优秀的创业人才。一方面，管理者将高校发展方向明确为建立“创业型高校”，同时将培养大学生的创新精神和创业精神作为创业教育发展的核心，强调创业团队的集体力量和创业者的合作精神。为了确保云创业平台的有序运行，高校专门成立创业管理中心，负责管理创业教育的一切事务，并且对创业中心的管理者提出了严格的要求，选聘了一批从事其他领域工作，参与创业活动并具有学术背景的人士来担任创业中心的全、兼职教师，使得创业教育教师团队迅速发展壮大。另一方面，大学的管理者通过采取激励措施、设立创业项目、出台创业政策等方式培养本校的创业师资，从而让更多的教师了解和认识创业教育。高校坚持共同的创业团队理念，还通过组织管理，加强各个部门之间的相互协作、协调统一，不断地为大学储备优秀的

创业教育人力资源。

高校创业教育的培养对象应包括大学生创立的传统企业、高新技术企业以及其他公司形式的企业。通过制定合理的管理制度有助于为大学生学习和实践创业活动提供一个良好的内外部环境，提高创业教育的效果。高校创业教育管理体系的内容应包括以下方面：规定大学生创业者的参与资格，明确退出机制；审核创业项目、技术的创新性、市场潜力；明确提供创业指导的管理流程等。

（二）搭建云创业平台的对接通道

高校通过和云创业平台实现对接，可以和平台上的合作伙伴实现互补效应，支持创业相关活动，积极投入知识转化、商业活动和地区发展，根据需求制定相关的创业条例，以保证创业教育的快速、稳定发展。高校在校园网、互联网等媒介上设置专门的云创业平台客户链接端口，为大学生创业者提供快速登录的创业平台，同时也为创业学生提供上网设备、工作空间以及虚拟创业等硬件设备；高校对接云创业平台，可以将自身的培训课程和各种咨询服务以云创业平台为传播媒介进行发布，使大学生创业者和初创科技型中小企业可以便捷地获取高校教学资源；通过和云创业平台实现对接，高校可以与其他地方高校和企业建立合作关系，为学生提供更多的实习基地和创业机会。云创业平台的双向对接为高校搭建多元创业教育课程体系提供了坚强的后盾，有效地促进了各地高校创业教育改革与发展。随着创业者数量的不断增加，云创业平台自身的规模效应逐渐显现，创新项目、商业交流项目、新创业课程体系不断完善，创业导师和指导者等师资力量日趋增强。通过参与云创业平台，高校各项高新技术不但能够得到广泛的应用和推广，同时，创业教育的互联网化也必将引领各个大学的文化变革。

（三）追踪教学效果，提高教育质量

创业教育的教学效果是评价高校创业课程设置是否科学的核心标准，创业教育的效果直接影响大学生创业的成功率，因此必须重视教学效果和教学质量的评价。在评价创业教育教学效果的时候，要注意区别教学与学习的指导理论，知识本位、行为主义学习理论、能力本位认知及建构主义学习理论在对教学效果的认识和评估方面有不同的结论：教学除了关注传

授技巧之外，还应关注合作学习、师生互动，不断发挥学生的主动性。在教学过程中教师的作用应该是为学生创造一个良好的环境，使学生主动接受知识、理解知识，鼓励学生积极参与讨论，勇于提出个人观点。人本主义学习理论认为：教学既包括传授知识和认识能力的培养，同时也包括对情感意志的发展，是一种完整的人格教育。该理论认为教学过程是学生自我实现的一种心理历程，所以教学中应该注意以学习者为中心，发展学生的创造力，而不应该只是单纯学习知识，要帮助学生形成正确的自我概念、独立自主的个性。老师要鼓励学生积极参与到课堂评价中来，包括对教师的专业知识与教学技巧以及人际关系与情感态度的评价等。高校创业教育者应该不断比较和学习不同教育理论并应用于课堂教学之中，真正提高大学生接受创业教育的积极性。

保障创业教育质量的重要措施还在于高校是否拥有客观创业成果的评估标准。评价高校创业教育教学效果评价的核心环节是对大学生创业实践的跟踪管理和标准评价。高校在评价云创业平台下的创业过程中，可以根据自身情况制定一套评价标准。建立一套科学、统一的创业企业评价标准，这是衡量创业企业成功与否的重要指标。高校大学生创业企业的评价标准应从以下几个方面考虑：第一，追踪创业企业的发展规划完成状况。对此可以参考科技部在《关于我国高新技术创业服务中心工作的原则意见》中的相关规定，“创业服务中心对接受的企业，通过三年左右的孵化后，应是其必须离开孵化场地”。对大学生创业企业必须考虑创业企业发展的时间约束问题。第二，评估科技成果的市场化程度。在高校创业教育指导期的企业，应该在创业期间对市场进行充分的调研，让市场验证本企业的科技成果和产品是否符合市场的需求，在激烈的市场竞争中验证自身是否具有不断开拓市场的能力。高校创业教育管理者同时可以据此评估大学生创业企业的发展潜力。第三，评估企业的发展能力。在高校创业指导和云创业平台的双重助力下，大学生创业企业具备了发展和成长的温床，但是大学生创业企业能否凭借自己的努力争取到独立发展的机会呢？这是高校创业教育效果评估的一项重要内容。考察大学生创业企业的发展能力可以从企业的财务报表中进行分析。通过分析企业财务报表，可以了解大学生创业企业的盈利能力、资本状况、成长性和长期发展能力等企业状况。

创业是大学生参与社会、实现个人价值的重要方式，大学生身上蕴藏着无限的创业热情。高校应该不断挖掘、整合社会资源，形成合力，为学生积极开展丰富的实践活动，为大学生创业提供更好的条件，让大学生科技创业变得更科学、更容易。

三、云创业平台下高校创业教育模式的改革构想

大学生云创业平台的出现改变了传统的“孵化”企业的模式，新的孵化模式应运而生。我国传统的高校创业教育形式单一、针对性、实践性差，没有组织严密的创业教育体系，创业教育在很大程度上流于形式。而且创业教育和企业孵化基地间没有紧密对接，创业教育不能为促进企业孵化基地建设提供强力支撑，企业孵化基地也不能为大学生创业教育提供宝贵的素材和经验，双方各自为战，未能很好地整合利用既有资源。云创业平台作为一个开放的系统问世后，高校传统的创业教育模式弊端更为凸显。适应和推动云创业平台的发展，需要对传统的高校创业教育进行革命性改革。实现高校创业教育与云创业平台的无缝衔接，实现创业教育和云创业平台的相互促进、深度融合，需要用创业教育来指导企业孵化的全过程，也需要用企业孵化的经验进一步充实创业教育。因此，在新的技术条件和时代条件下，探索高校新的创业教育模式显得尤为紧迫。

J.Galbraith 以企业成长为依据，把创业过程分为五个阶段。第一阶段为原理验证阶段、第二阶段为雏形阶段、第三阶段为模型销售阶段、第四阶段为启动阶段、第五阶段为自然增长阶段。D.H.Holt 根据企业生命周期把创业过程分为创业前阶段、创业阶段、早期成长阶段和晚期成长阶段四个阶段。从国外学者的研究可以看出，学者们喜欢用线性发展的眼光来看待企业成长，虽然划分的时间节点有所差异，但都在宏观上准确地把握了企业成长的全过程。遵循企业成长的规律性，本书设想把创业教育解构成五个阶段的教育，即创业意识启蒙阶段、创业思想培育阶段、创业准备阶段、创业实施阶段、创业成功阶段。五个阶段的创业教育与企业孵化全过程相互渗透，相互支持，最终融合发展。创业意识启蒙阶段、创业思想培育阶段是前孵化阶段，创业准备阶段、创业实施阶段是孵化阶段，创业成功阶段则是后孵化阶段。

（一）创业意识启蒙阶段

“创业”一词是社会的高频词汇，虽然大学生经常会听到创业成功的案例和创业成功者的经验访谈，但绝大多数大学生并没有对创业形成系统性和

完整性的认识，对于创业者所需具备的能力和素质不甚了解，更不清楚自己是否具备这样的潜质。在创业意识启蒙阶段，运用系统的知识讲授，引导大学生正确认识创业、树立创业理念、科学评价创业，激发大学生潜藏的创业能力。这个阶段的教育需要着重加强以下两个方面。

①推进科学的高校创业课程体系的形成。高校创业教育的重点首先应放在创业教育课程体系的完善上。通常意义上讲，创业教育课程体系的建设主要包括四个方面：创业教育的基础课程、创业教育的专业课程、创业教育的实践课程和创业教育的潜在课程。课程建设方面主要结合学科实际进行课程体系改革，在教学内容设置上摒弃陈旧的、脱离实际的知识，注重理论前沿和结合实际的教学内容，尤其是要结合当前的云创业平台，密切创业教育和专业学科教育的联系，做到学以致用。通过必修课、选修课、实践课和创业讲座的合理搭配，最终形成科学、完备、统一的高校创业课程体系。其中，创业实践课要与学分体系相衔接，而且高校也可以通过与云创业平台对接，与更多的企业建立业务联系，为大学生提供多元化的实习基地。

②加强具有创业精神的教师队伍建设。教师是云创业平台下创业教育课程开展的实施者和参与者，他们不仅可以以自己的亲身经历指导学生，成为激励学生创业的榜样，而且可以将学生纳入自己的教学和科研活动中，并且在实现产、学、研一体化的进程中，直接培养学生的创业意识和创业能力。高校应针对云创业平台的特点对具有创业精神的教师进行培训，更新教师的知识结构，使教师掌握云创业平台的运行规律和发展动态，从政策和经费上支持教师的创业教育活动。高校还需要吸引成功的创业者加入创业教育教师队伍中，用他们的亲身经历增强创业教育的生动性、形象性和丰富性。

（二）创业思想培育阶段

经历创业教育的熏陶后，大学生会对创业产生新的认识，很多大学生畅游在创业的海洋里，他们萌发出各种各样的创业想法，有创业的激情和冲动，这一阶段的主要任务是培育大学生的创业思想。大学生的创业想法是否具有可行性？怎样组建合作团队？推动大学生的创业创意转化成现实探讨，形成创业思想，大学生创业社团和创业竞赛将在这一阶段发挥重要作用，同时指导教师也需要加强创业教育，引导大学生关注创业竞赛的前沿问题。

①组建具有昂扬斗志的创业社团。以社团为纽带聚集志同道合的创业

人，聘请学校教师或者创业成功的校友担任指导教师，组建具有昂扬斗志、敢想敢干的创业社团。根据创业方向和领域的差异，创业社团可以进一步组建创业小组，以小组为单位寻找创业创意，并把创业创意具体化。

②依托多层级搭配的创业竞赛。创业竞赛是点燃创业激情的星星之火，通过创业竞赛，大学生要学会用商业的语言来描述创业的想法和创意，并对这些想法和创意进行深入论证，主要论证其是否具有可行性。目前，创业竞赛已经涵盖系（院）级、校级、市级、省级和国家级等诸多层次，创业竞赛包括“挑战杯”、创新创业训练、创业沙盘模拟训练等诸多项目。

此阶段指导教师要做好全程指导工作。既要引导学生从科技前沿中把握创业机遇，关注云创业平台问世后对大学生创业的巨大影响，从云创业平台寻找机遇，参与创业竞赛，也要指导学生的创业文本写作、创业策划等方面的内容。创业竞赛作用的充分发挥有利于激发学生的创新创业潜能，培养创业思想。

（三）创业准备阶段

这一阶段的特征是把概念转化成具体行为。大学生需要在形成明确的创业意图后，做好提炼创业项目、编写创业项目策划书、组建创业团队、筹措创业资金等工作。通过创业模拟活动让创业者真正感受到商场竞争的激烈，锤炼创业者的心态，提升应付突发状况的能力，“将书生气质的大学生训练成基本合格的商业人士”。大学创业教育所承担的工作包括引导创业、专业培训、搭建务实导师队伍和项目推介四个方面。在传统的孵化模式下，高校此阶段创业辅导的工作量是非常庞大的。云创业平台所包含的创业辅导板块、政策法规板块等内容使得这一问题迎刃而解。云创业平台形成了完善的项目推介系统。创业者将创业项目提交到云创业平台上之后，云端会根据项目特点自动进行分类匹配，投资者登录云创业平台后，系统会根据该投资者的投资历史进行偏好分析，并自动提供给投资者符合其投资偏好和成长类型的创业项目。

充分挖掘云创业平台的资源，合理利用高校常规的创业教育，促进大学生的创业创意转化成切实可行的创业项目，并在这一过程中不断提高大学生对创业的活动各环节的管理能力。

（四）创业实施阶段

经过前期的培养与锻炼，这一时期的大学生已经掌握了基本的创业知识，企业也已经形成初步的产品供应能力。但是这一阶段初创企业面临市场承认度低、企业正常运作方面的能力不足、资金紧张等困难。归纳起来，企业有三方面的诉求：环境配套、营销辅助和平台支持。企业环境配套所要解决的问题是减少支出，降低企业的运营成本；营销辅助所要解决的问题是帮助企业开拓市场；支持平台所要解决的问题则是有效管理企业，提高企业的运作效率。因此，高校创业教育要在完善企业配套环境、强化营销辅助和扩展支持平台三个方面展开。

在完善企业配套环境方面，初创企业可以充分利用创业孵化基地提供的低成本软硬件设施，还可利用依托网络成本更低的云创业平台，最大限度地减少初创企业的资金压力。云创业平台强大的资金募集能力，又可为初创企业的发展提供宝贵的支持。云创业平台通过引进风险投资公司、天使基金和社会资本，可以为创业项目提供鼎力的资金支持。在营销辅助方面，通过专家团队解答企业发展中的难题，尤其是市场开拓问题。专家团队通过营销专题培训、讲座，帮助企业“对接”市场，逐步开拓市场。在云创业平台的产品展示模块，企业营销成本极低，可以开展形式多样、创意非凡的营销方式，吸引市场和消费者对产品的关注。在支持平台方面，依托云创业平台，企业一方面可以整合内部资源，强化内部管理；另一方面也可以跟更多的企业建立业务联系，建立沟通渠道，相互学习，互通有无。

（五）创业成功阶段

到了这一阶段，企业已经步入了正常运转的轨道，企业资金稳定、产品有销路、运营模式已基本建立。做大做强企业，培育企业的核心竞争力已经成为创业者的下一阶段目标。实现这一目标企业面临着管理瓶颈、技术瓶颈和市场瓶颈。这一阶段的创业教育有三重任务：长远谋划帮助企业确定合理的定位；帮助企业制定科学的发展战略；构建科学的管理体系促进企业的快速健康发展。把大学生创业教育与云创业平台紧密结合，通过云创业平台的企业运营板块和人才交流板块，优化企业管理、招揽高科技人才、突破企业进一步壮大所面临的瓶颈制约，推动企业走向成熟。企业发展到一定程度后，孵化基地要启动退出程序，把企业推向社会，公平地参与市场竞争。

五个阶段的创业教育模式涵盖了企业创立的全过程，能够为企业孵化提供全方位、针对性的支持，形成了创业教育与云创业平台无缝衔接和相互渗透。事实上，在孵化的任何一个阶段孵化都有可能因失败而终止，也会有一些企业突破艰难险阻最终脱离孵化基地走向社会，无论成功抑或失败，孵化过程的经验和教训都为大学生创业教育提供了绝佳的案例分析，有利于创业教育与云创业平台的深度融合。

第十二章　高校创业基地运营管理

我国高校创业基地的管理还处于起步摸索阶段，因此，我们必须在借鉴世界上发达国家创业教育经验的基础上，形成具有中国特色的高校创业基地运营管理模式。有调查数据显示，创业团队、创业资金、创业项目、良好的心态和人脉资源是大学生认为创业成功最需要把握的因素。高校的创业基地应该将扶持大学生自主创业、孵化具有发展前景的企业作为中心目标，为大学生提供创业培训、政策咨询、项目开发、小额贷款、创业孵化和跟踪辅导等“一条龙”服务，从而为高校毕业生的创业路奠定坚实的基础。

第一节　高校创业基地运营管理

一、创业基地运营管理模式

通过对创业基地三种运营管理模式进行分析后，本文认为高校的创业基地的理想运营管理模式就是：整个创业基地的运营管理都要围绕“扶持大学生的就业创业工作”这个中心点来进行的，实行学校主导、政府支持、校企合作的“三位一体”性运营管理模式。

高校创业基地运行的第一环节就是具有创业意向并且想锻炼自身的大学生递交进入创业基地的申请，创业基地会以执行一些简单项目为考核方式，通过考核的大学生就可以进入到创业基地成为其中的一员。

第二环节主要是创业基地中虚拟公司的运营管理。虚拟公司是在高校创业基地管理机构提供管理支撑的前提下建立的，虚拟公司虽然不是经过注册的法人实体，但是严格模仿真实企业运营机制。因此，各虚拟公司要完全按照企业的招聘流程来招聘“员工”，学生要通过招聘和聘用制进入虚拟公司。在虚拟公司中会设立管理层和不同的业务部门，其中，管理层包括 CEO、CFO，业务部门主要包括项目部、市场部、人力资源部等。虚拟公司内部实行自主管理，基地会为每个虚拟公司配置 3 ~ 4 名专门指导老师，负责管理和监督虚拟公司的运行。不同的虚拟公司拥有不同的管理方法和独特的管理风格，各个公司都有自己的一套组织机构、管理制度和方法，虚拟公司的成员可以利用课余时间开展公司的各种活动。

创业基地的最后一个环节就是创业基地的实施效果，经过培训的大学生在毕业时会有两种结果：一种是整个虚拟公司转化为真实的公司，投入市场运营；另一种就是创业团队成员选择就业或者自主创业，“虚拟公司”面临解散或者新的创业团队接手，继续经营。

二、创业基地功能定位

高校的创业基地是一个为大学生提供集教育、培训和服务为一体的综合型平台，功能定位具体表现为：完善高校的创业教育体系、为大学生提供创业实践、孵化企业以及培养出具有创业能力的毕业生。

大学生创业基地有两个关键功能作用，即企业孵化和创业培训。创业培训包括两个主要方面：一是高校创业基地要为大学生的创业之路指明方向。由于缺少创业经验，大学生的创业往往存在一定程度的盲目性。以高校创业基地为平台帮助大学生明确未来的创业方向和了解创业的实质，为大学生的自主创业提供指导性导航。二是高校的创业基地要系统性的帮助大学生提高创业思维能力，灵活机动的实现自主创业。

高校创业基地在确保大学生具备创业的基本知识和创业所需要的具体能力的同时，将大学生创业的思维和能力转化为实际的行动和成果，即“从学校到创业”，促进大学生自主创业的实现。

三、组织机构设置

首先，高校创业基地中将会设置相应的管理机构，而且这些机构也要担负起相应的管理职责。

（一）管理委员会

管理委员会是创业基地的最高管理和决策机构，由学院领导、企业主管和知名的专家组成。主要管理职能包括：对创业基地进行宏观调控管理；对资源进行合理分配；对创业基地的相关部门进行人员配置；对基地中的相关项目进行最终审批。

（二）基地创业管理和指导中心

创业管理和指导中心设主任 1 名，副主任 3 名，其他成员主要是高校老师，中心的老师都是有过校外兼职经验的，并且他们在任职期间会继续在校外的企业中进行兼职活动。同时，也要聘请有实际管理经验的，最好是白手起家的创业者和企业家作为创业教育课程体系教学的辅助师资，从而构建出专家型和企业型相结合的创业指导和管理团队。

（三）其他部门

基地创业管理和指导中心可以根据工作需要设置“指导部”“项目部”“人力资源部”“综合部”“信息部”等相关下属职能部门。

指导部：学生创业指导咨询办公室：在创业方面存在问题的大学生可以在这里提出疑问，获得相应的指导和帮助。

项目部：项目评审办公室：负责组织专家和企业家形成“项目评估委员会”对申报的项目进行可行性评审，最终通过评审的项目会获得评审办公室颁发的“入基地许可证”。项目考核办公室：负责组织项目考核小组，制定考核计划，对各办公室、项目进度和项目团队进行考核。

行政管理办公室：负责基地内相关的行政方面的事务。

税务管理办公室：负责办理基地内项目的税务登记、税款征收和发票管理等。

工商管理办公室：主要负责办理基地内项目的登记、变更和注销，同时进行日常监督管理，规范市场。

质量技术监督办公室：主要负责创业基地内企业和产品的质量技术监督管理工作，同时做好质量认证工作。

审计办公室：负责对创业基地内管理委员会和下属相关部门的资金使用

效益情况以及财务收支进行审查。

人力资源部：一个职责就是负责高校创业基地内人员的进出工作，即负责组织招聘会和解聘程序等相关工作，包括管理者、指导老师和学生；另一个职责就是负责绩效评价工作，由一个专门的绩效评价小组来执行。

信息部：主要负责基地信息平台的建设与运营管理，包括人员录入、信息发布、在线交流等。

（四）创业基地文化建设

文化是一种积淀物，是知识、信仰、经验、价值观、处世态度、社会阶层的结构、宗教、时间观念、空间观念、社会角色、宇宙观以及物质财富等的积淀，是一个大的群体通过若干代的个人和群体努力而获得的。高校创业基地的文化建设指的是基地内的全体成员在共同工作中形成的比较一致的价值观念，群体意识和行为规范，是全体人员创造的物质财富和精神财富的总和，其核心是共同的价值观以及由此产生的敬业精神。创业基地的文化建设是沿着创业基地的发展脉络而形成的一种特殊文化，是高校校园文化建设的一个重要组成部分，也是创业基地内涵建设的内容之一。重视和加强创业基地文化建设可以为创业基地营造良好的文化教学环境，提高师生的岗位业务能力以及培养他们科学严谨的工作态度以及创新精神和职业道德。搞好民办创业基地文化建设可以发挥基地文化功效、推进校园文化建设，也有助于创业基地的有效管理和高效运行，符合高校实现高素质、高技能人才培养目标走向创业者的转变的需要。

目前，创业基地的建设和运营管理不尽人意，原因之一就是学校过于注重创业基地硬件方面的建设而忽视了创业基地的文化建设。高校创业基地的文化建设由物质文化和精神文化两部分组成，它们互相影响并融合成一体，共同作用于高校创业基地运营管理的方方面面，对外形成高校创业基地的社会影响力、感召力和吸引力，对内则影响基地中的管理者和成员形成共同的信念。继承和创新是高校创新基地文化发展的源泉，创业基地的文化建设要在继承前任经验、总结自身经验和创新相结合的基础上在实践中形成“鼓励竞争、倡导合作、允许冒险、宽容失败”的文化氛围。

高校创业基地文化建设的具体内容如下：

1. 物质文化建设

物质文化是高校创业基地文化建设的基础和载体，是开展创业教育和实

践的先决条件与重要保障，一般包括基地内建筑设施及其内部布局、装饰等方面。

物质文化建设是一种“显性文化”建设，因而，创业基地的物质文化建设要求基地内的环境具备真实性，即创业基地要为学生提供仿真的企业工作环境，建立虚拟业务，让学生感觉就像是在企业中工作一样。

（1）建筑与设施

高校创业基地建筑的内部结构要有利于教学和实践相结合的环境要求，建筑造型和色彩搭配要同服务对象的岗位相适应，做到建筑的艺术性和功能性可以反映创业基地独特的人文情怀和创业氛围。为了保证基地的正常运行和创业成果的高校产出，创业基地必须有过硬的软硬件条件以及技术支撑和信息平台。硬件设备包括办公桌椅、电脑以及相关的仪器等，软件设备包括相关的计算机软件、数据、文献等。加强不同创业项目部间的资源共享，包括物质设施和仪器设备的共享，也包括信息、数据等方面的共享，进而提高各种资源的利用率。

（2）装饰与布局

创业基地内的装饰与办公设备的合理布局，在形成一种浓厚的创业氛围的同时要满足创业实践的需要。可以在室内墙壁、走廊等地方布置与创业相关的名人名言、基地的历史历程、校友风采等，通过室内恰如其分的装饰，包括操作规程介绍、安全警示、励志用语等传授给学生们企业理念和企业文化，并且营造浓厚的创业氛围和企业文化氛围，这样不仅使得基地内的学生通过视觉和身心感受来自觉遵守创业基地的规章制度、遵守职业道德，而且可以激发指导老师的热情，使其在创业实践指导中能够发挥主观能动性，组织好创业基地内大学生的实践工作。还可以在室外设立专门的展览区，展示基地内优秀创业项目、规章制度、师生的成就、创业成果等。

2. 精神文化建设

创业基地的精神文化建设是文化建设的灵魂，凝聚着基地内全体人员的价值取向、精神追求、理想信念、行为规范、人际关系等，是创业基地文化建设的“上层建筑”。创业基地精神文化的建设，反映着全体人员共同的价值选择，在成员间形成一股凝聚力，提高创业团队的团结性，指引他们朝着共同的目标而努力。显然，精神文化建设是一种以隐性为主的文化建设，是由学风、室风、教风和人际关系体现出来的文化建设内涵，因此，高校创业基地文化建设中的精神文化建设要求健全管理制度、确保落实安全规范、加强成员行为规范和引入企业文化。

3. 制度文化建设

“制度文化”指的是创业基地制度的规范与实施，创业基地制度的制定应该具有针对性和可行性，形成一种规范、积极向上和友爱团结的管理制度。在健全管理制度方面，为了使创业项目流程更加规范、设备使用效率提高和确保基地内各项工作有序开展，基地管理者要根据创业基地中的项目管理和与专业相关行业的发展情况制定出一套合理的、规范的管理制度，从而提高师生参与到创业基地运营管理中的自觉性，进而实现科学管理、执行到位。制度应具有人性化、严肃性和权威性三个特点，而不是成为流于形式的空泛口号。加强创业基地管理制度建设为创新型、应用型人才的培养提供强有力的保障，从而使师生在制度文化的氛围中逐步培养创业思维和锻炼创业能力，帮助学生实现“从学校到企业”的转变。确保安全规范的落实就是做到“标志到位，责任到人，广泛宣传”。

4. 安全规范文化建设

“安全规范文化”建设是创业基地教学和创业实践工作正常开展的基础，也是构建平安校园和建设和谐校园的要求。首先，“标志到位”是指高校创业基地内的各项安全标志、紧急通道示意图和安全出口等应该置于醒目的位置；“责任到人”指的是相关安全负责人要对各种设备进行使用前和使用后的检查，确保学生在使用设备的过程中不会因为设备缺陷造成人身伤亡；“广泛宣传”指的是相关人员要利用基地的信息平台、宣传橱窗和张贴安全标语等形式广泛宣传“安全第一”的指导方针，确保基地内全体人员的人身安全。这样才能增强学生的安全防范意识和责任意识，保证创业基地内的各项活动安全有序地开展。加强行为规范就是指从学生、教师和管理这三个方面来培养学生高尚的职业道德和良好的行为规范。学生要按照企业员工着装要求统一定制服装，并且遵循企业工作流程规范去完成自己的任务；教师要树立创新意识，从不同方面为学生做出表率和指导；在管理上以企业管理标准为模板，规范创业基地内的工作流程，同时也可以引入企业中的团队精神和竞争意识来鞭策学生全面地向企业员工靠近、转变。

高校创业基地文化建设中最重要的是实现同企业文化的对接工作。可以仿真企业的建筑风格、内部装饰和布局；可以将优秀的企业制度文化引入到创业基地中区，使得创业基地的整体氛围更加接近企业环境。

（五）创业基地信息平台

高校创业基地信息平台是创业基地的在线运营管理方式，信息平台的建设增加了创业基地管理的现代化和高科技化，也是高校创业基地对外宣传和吸引企业的一个窗口。通过信息平台高校大学生、老师和创业企业会员可以直接了解创业基地的信息，同时也便于管理者对基地成员进行统一管理。一般来说，创业基地信息平台的管理内容主要包括：创业基地内相关企业的资料保存和更新、创业信息的发布、创业项目申请、创业交流等方面。

信息平台的建设和管理由创业基地信息部负责，而且只有内部管理员有权限来发布信息、添加删除修改用户、更新信息等。用户注册和登录：为了确保对整个创业基地进行全面的管理，通过考核进入到创业基地的成员首先要进行用户注册。用户注册是按照学生、管理者（包括指导老师）和企业来划分的，同样的，用户登录也是分为三个登录系统，同时需要身份验证。登录系统后可以查看与自身相关信息，而其他人是看不到，这些信息包括项目信息、绩效考评信息等。项目申请：项目申请一方面是指高校内大学生通过参加创业大赛编写出优秀的、有投资价值的项目可以通过信息平台进行申请；另一方面是指虚拟公司内的创业团队成员共同想出来的创业计划。这些项目可以直接交到基地创业管理和指导中心的项目部，或者可以通过信息平台来进行申请。在线咨询交流：在线咨询交流包括在线咨询服务、指导和互相交流经验等服务，信息平台的在线交流模块实现创业经验的交换、创业项目的信息交流等。信息发布：由信息部负责将创业信息置于网页重要或者显眼的位置，并做好信息分类，可以分为“学生通知”“创业信息”“职工通知”三个板块。

第二节　创业团队的组建和激励机制

众所周知，社会上所有成功的企业都有一个工作效率高且配合默契的团队。可见，一个优秀的创业团队是创业成功的基础。

一、创业团队组建

如果高校的创业工作交由团委、就业中心或学生处等部门负责，就可能会因为没有统一指挥的部门而导致责任分散，不免发生推诿扯皮的事情。因此，本文建议成立专门的由学校老师组成的创业团队管理小组来对高校的创业基地进行管理和指导，因而本文的创业团队组建就包括两个方面，一是学生组成的真正意义上的创业团队组建，二是创业指导师资队伍组建。

（一）创业指导师资队伍组建

教育部副部长赵沁平同志曾经指出过，教师必须有过创业实践才能培养出具有高素质创业能力的学生。国外在这个方面就有比较成功的例子，美国的斯坦福大学允许在职教师和学校的科研人员每周有一天时间到公司兼职，甚至允许他们离校一年到两年创业后继续回校完成学业。利用高校的资源优势，为创业基地内的各个虚拟公司配备创业指导老师，同时邀请企业人士对学生进行指导，帮他们出谋划策，以尽量降低大学生创业初期的盲目性和风险性。高校创业基地中创业指导师资队伍的组建管理主要包括以下两个方面：一是为每个创业团队安排 1 ~ 2 名老师进行全程管理和指导。老师需要定期参加虚拟公司的例会，及时详细了解创业团队成员的项目完成情况，最好能做出汇总表，以便于其对团队成员进行跟踪指导；二是创业团队的指导老师要到创业一线去兼职，进一步提升其创业实践能力。

（二）创业团队组建

创业团队是由一群在能力上互补、责任上共同承担并且愿意为共同的创业目标而努力奋斗的人所组成的特殊团体。创业团队在创建新企业的过程中起着非常关键的作用，Cooper 和 Daily 认为创业团队是一个处于创业初期的企业的核心，而新建企业能否成功在很大程度上也取决于创业团队的成败。高校创业基地中大学生创业团队是指将有创业意向、动机和共同目标的大学生聚集到一起组成一个团队，促进整个团队从事创业活动，组成团队的每个成员能力互补、分工明确、无法替换，他们通过一起工作产生积极的协同作用，通过优势互补来达到最初的创业目标。

大学生创业团队的合作精神和凝聚力以及立足于共同目标的职业精神能够帮助新创企业渡过层层难关并且快速成长起来。大学生创业团队为新时代创业领域注入了新鲜血液，成员之间的协调互补和补充平衡，加之他们新奇的创造力铺筑了他们的创业之路。创业团队对创业的成功起着至关重要的作

用，创建一支配合默契的高绩效创业团队通常需要从团队组建入手。

1. 能力或背景上的互补

从人力资源管理的角度看，创业团队成员的才能互补是组建大学生创业团队的必要条件，而保持创业团队稳定且高效率的关键就建立优势互补的创业团队。所有成员个人能力的总和决定了创业团队的整体能力和发展潜力，只有当团队成员彼此之间在能力、知识、经验等方面实现互补，才可能通过相互协作发挥出“1+1 ＞ 2”的协同效应。因此，在招募创业团队成员时应该遵循之一就是：在考虑团队成员相互间的人际关系和亲情关系的基础上更多地看重成员之间知识面、能力和背景的互补性，以保证团队成员的异质性。比如说，针对高校创业基地中的一个软件开发项目，在项目开始之前的创业也团队组建中，招募的成员主要包括：具有组织能力的、具有编程能力的、具有对外宣传能力的成员。他们之间优势互补、协同合作，朝着共同的目标——一个能够吸引投资的软件而努力。

2. 共同的理念和目标

创业之路充满艰辛，创业团队一定要有共同的理念，每个成员的目标要和团队的目标相吻合。一般来说，创业团队的总目标就是要通过完成创业阶段的各项工作来逐步实现企业从无到有、从起步到成熟的蜕变。首先，统一的目标是组建成功的创业团队的前提，如果团队的目标不被团队成员认可，那么这个成员就不可能为了这个共同的目标而全身心的和其他成员相互协作、共同奋斗；其次，共同的价值观可以帮助解决团队中出现的矛盾，而不统一的价值观将会导致团队成员逐渐脱离团队，从而削弱创业团队的力量，这样缺乏战斗力的团队是不可能走到最后的。由此可见，共同的价值理念是创业团队成员所必须具备的，同时每个成员要将个人目标融入团队的共同目标中，增强整个创业团队的凝聚力。这就对组建创业团队选拔成员提出了较为明确的选拔标准：一方面要考虑团队是否有清晰且恪守不移的价值观以及富有号召力的目标；另一方面要考虑团队成员是否认可这些核心理念和宏伟目标，并愿意为此而付出最大的努力。

3. 职责划分和“权益”分配

创业团队的职权划分就是根据执行创业项目的需要来具体确定每个成员在任务执行过程中所要担负的责任和其所享有的相应的权限。只有预先对团队成员的职权进行划分，并且职权划分必须明确，不仅要避免大的职权重叠交叉，也要避免无人负责而导致工作上的疏漏，这样综合起来才能保证创业团队成员可以顺利开展各项工作，创业团队中每个成员都有自己加入团队的动机，有的是就业驱动型，有的是兴趣驱使型，当然也有的是价值实现型，不管是哪种动机，参与到创业团队中的每个成员都是想从中获得自己想要的，其中，权益就是其中非常重要的一项，创业团队成员间的权益分配是一个敏感但又不得不提的话题。高校创业基地中的虚拟公司采用的是虚拟项目管理方式，为了严格仿真企业环境和工作流程，每个创业团队要以规范化的书面形式确定一个清晰合理的利润分配方案，把最基本的收益模式界定清楚，包括股权、期权和分红权，也包括增资、融资、扩股、撤资等与团队成员利益紧密相关的事宜。

二、创业团队激励机制

随着企业规模与业务范围的扩大，创业团队内部在后期管理上容易出现矛盾，而有效的激励是企业保持团队“战斗力”的关键，更重要的是为了可以让基地内成员切身经历真实的企业运作过程，在虚拟企业中也要模仿真实企业来建立激励机制，给予创业团队成员合理的奖励。奖励要按照“按劳分配”原则，即按照团队成员的付出和取得的成果来进行分配，包括物质和精神方面两种。在物质激励方面，可根据团队取得的成果给予一定数目的奖金等；在精神激励方面，可给予表现突出的团队成员以口头表扬和颁发奖励证书，让他们感受到努力工作后的认可和尊重。

（一）物质激励

很多企业对表现的员工会给予奖金、旅游、商场和超市购物券等奖励，这些物质激励方式是最直接也是最简单的激励手段。高校创业基地中虚拟公司的物质激励方式主要方式是将短期经济激励和以期权为代表的长期激励结合起来。采用期权最为激励手段可以起到持续激励的效果，具有明显的稳定团队的作用。根据创业团队成员的表现，按照“按劳分配”的原则，结合员工绩效评价结果给出相应的激励，对于表现尤为突出，而且具有领导才能的团队成员可以给予期权奖励，对于表现居于中等水平的成员就可以给予适当的奖金激励。

这种物质激励方式符合美国行为学家波特提出的期望理论，即企业员工受到激励后就会更加努力的工作，而努力工作带来的是企业的高绩效，同时员工也可以获得相应的报酬，报酬满足了员工需要的满意感，这是个良性循环过程，如果物质激励方式运用的恰当，既可以达到员工的满意度，又可以为企业带来高收益。

（二）精神激励

美国人本主义心理学的创立者马斯洛在《人类激励理论》一书中提出了需求层次理论。他将人类的需求分为五种并按层级递升，当人的最低层次需求被满足后，会转而寻求实现更高层次的需要。因此，对团队成员的激励应该在物质激励的基础上要提供一定的精神激励。首先，企业可以给予团队成员以权利和职位方式的激励，根据团队成员的各方面表现来决定是否可以升职，这种激励可以满足成员更高层次的需求，而且对于那些渴望权利和成就的人来说，这种权力激励远远超过物质激励。文章前面提到的创业基地文化建设也是一种精神激励的方式。

通过创业团队文化建设营造一种积极向上、相互尊重和信任的文化氛围，既可以协调团队内的人际关系，又可以调动成员的主动性、积极性和创造性来增强团队的凝聚力和竞争力，使团队成员与整个团队同呼吸、共命运，把领导者、团队成员与团队整体紧密连接在一起。随着企业的发展深入内部成员必然期望可以从企业中得到与自己的付出挂钩的奖励，此时有效的激励机制就显出其对稳定团队和促进高绩效的重要性。

第三节 创业项目管理

项目管理权威学者 Harold Kerzner 认为项目是具有下列特征的一系列活动和任务：有一个依据某个计划书来完成的特定的目标；消耗人力或者非人力资源；有确定的开始和结束日期；有经费限制；多职能。高校创业基地中的项目管理主要是指对虚拟公司中虚拟项目业务的管理，不论一个项目的大小如何，如果想要完成，都需要一个良好的环境和投入大量而有限的资源。

一、项目资源管理

高校可以在校园内组织大学生创业大赛来征集在校大学生的创业方案，

一方面可以激发大学生的创业兴趣和创业意识，给那些想创业可是又苦于没有创业机会的大学生一个实现梦想的舞台；另一方面也是为创业基地中虚拟公司获得优秀创业项目的大好途径。根据一定的条件和指标被征用的创业项目可以进入创业基地实体化，参赛的项目小组成员在参加进入创业基地的考核时可以获得优先考虑权。

通过举办大学生创业大赛只是获得项目资源的一种方式，高校创业基地还可以和政府以及入驻基地的企业合作。高校所在的省政府相关部门会协助举办全国性的创业大赛，比如说“挑战杯”创业大赛。能够在这种级别的创业大赛上获奖的项目肯定是有一定水平和发展潜力的。要想获得如此优秀的项目资源，就需要高校积极配合所在省市政府的工作，搞好创业基地建设来获得政府的依赖。入驻基地的企业也能够提供好的创业项目，而高校要做的就是出人、出力。这样提供项目的企业在节省资源的同时也获得了优秀的项目成果，同样，高校创业基地的大学生也通过项目锻炼了自己，获得了宝贵的经验，这是一种双赢的合作。

二、项目管理机制

美国项目管理协会（PMI）认为，项目管理就是合理运用与整合项目的启动、规划、执行、监控和收尾五个过程，在项目的执行过程中，通过协调和控制项目的进度、成本、人员和风险等来优化项目资源配置，追求效益最大化。从创业项目申报到立项评审这样严格的筛选后，进入到创业基地的创业项目会被分配到不同的虚拟公司，每个虚拟公司的创业团队要按照规范的项目管理机制来完成分配到的项目。依据不同的企业组织结构、不同的项目组织方式可以将项目管理机制分为多种。项目管理的任务是在科学决策的基础上对项目实施全过程、全方位的管理，使项目在一定的约束条件下达到质量、进度和安全等各方面的最佳实现。高校创业基地中虚拟企业的项目管理方式主要以项目型为主，并根据项目的实际情况适时调整。项目型管理方式是指有一个项目管理人对整个项目进行全面负责，这也符合创业基地中虚拟公司内部的项目管理模式，即虚拟公司内的创业团队在相关指导老师的监督下严格实施项目。

三、创业项目管理

为了可以使学生们可以体验企业项目的实施过程，进入到创业基地中的项目要严格按照企业项目管理的流程执行下去，经过立项、执行和成果转化过程后，这些创业项目有可能转化为可以为企业盈利的项目。虚拟公司中创业项目的执行过程中要从时间、质量、进度、成本和风险等方面对项目的进展进行严格的、同步的控制与监督，一旦发现问题，就要根据具体情况对项目细节进行及时的调整与改进，直到这个项目的结束收尾。

美国质量管理专家戴明提出了针对全面质量管理的 PDCA 循环，即质量计划的制定和组织实现的过程。PDCA 循环是包括 ISO 质量管理体系和 QC 七大工具等在内的一种科学方法，包括四个阶段八个步骤。四个阶段指的是计划（Plan）、实施（Do）、检查（Check）、处理（Act），在整个过程中，这四个阶段要不停顿的周而复始的运转，达到质量控制的目的。

创业项目的成本管理就是确保在批准的预算内完成项目，具体项目要依靠制定成本管理计划、成本估算、成本预算和成本控制这四个过程来完成。任何管理控制的实行都要依靠一定的手段，在项目成本管理方面，主要包括以下几种成本控制方法：基于预算的目标成本控制方法、基于市场需求的目标成本控制方法、基于标杆的目标成本控制方法、基于价值分析的成本控制方法和基于经验的成本管理方法。虚拟公司的决策层应当根据项目的实际需要来选择合适的成本控制方法。

项目进度管理是指在项目实施过程中，对各阶段的进展程度和项目最终完成的期限所进行的管理，其最终目的是保证项目能在满足其时间约束条件的前提下实现其总体目标。首先是成立一个项目进度管理小组，由项目经理担任组长，各部门的部门长为副组长。小组成员分工明确、责任清晰，还要定期召开会议，发现问题并且解决问题。下一步就是由各个部门共同制定一个科学合理的项目进度计划，以此为依据在实施过程中对实施情况进行跟踪检查并收集有关的实际进度信息，比较实际进度和计划进度的偏差，找出原因和解决办法，对原进度计划进行修改后再实施。在信息化时代，项目进度管理软件已经取代了手工制定方法，团队成员要学会用软件来实施 WPS 项目分解、甘特图、关键路径等进度管理手段。

项目风险管理是指对与项目相关的风险从识别到分析乃至采取应对措施等一系列过程，对项目的风险实行有效的控制，妥善的处理风险事件造成的不利后果，以最少的成本保证总体目标实现的管理工作。具体的管理过程分为三个阶段：第一阶段是风险还未来临，在这个阶段首先是识别潜在风险，然后规避和转移风险进而准备风险应对方案和危机处理预案；第二阶段是风险已经来临，即将带来损失，在这个阶段要做的首先是选择和实施风险应对预案，然后才去权宜措施来缓解风险，最后采取补救措施抵消一定的损失。第三阶段是风险造成的损失已成既定事实，这个阶段的风险管理重在应急和善后，首先是选择和实施危机处理预案，在此基础上实施灾难救助措施，最后一个步骤就是资料存档和总结教训。

高校创业基地中虚拟企业要严格上述管理方式对项目的执行进行管理，确保学生从中获得经验。项目的收尾阶段就是创业项目成果转化。按照项目完成的效果存在两种成果转化方式，一种是创业项目直接被淘汰；另一种是创业项目具备了投资价值，直接转化为可继续存在的真实企业项目。

第四节　创业教育的推进作用

随着高校毕业生就业形势日益严峻，加强大学生创业教育的呼声也日益高涨。创新创业教育是创新教育从创新理念培养到创新实践培养的一种转移和发展，是对创新教育的提升和完善。创业教育的作用有很多，一方面创业教育有利于培养创新型人才，能够让学生“创造新的事业”，以创业带动就业；另一方面，创业教育可以帮助学生在不断发展变化的社会中将创业精神和能力融入各项工作中去，使学生在创业的道路上更有魄力和创新力，增加对未来社会的适应能力。创业教育和创业实践是相辅相成的，一方面创业教育为创业实践奠定了理论基础，推动了创业实践的实现，另一方面创业基地的存在也补充和完善了创业教育体系。

创业是人生所学学问中最无法传授的，也是很难得到老师指点的事情，别人的创业之路对你来说只能是一个借鉴和参考作用。所以说，高校的创业教育体系的作用只是为大学生未来的就业和创业之路铺垫一定的知识理论基础。我国的创业教育起步较欧美发达国家晚，大多数高校的创业教育还没有形成非常完整的体系，理论研究亟待完善。本文在借鉴国外先进创业教育体系的基础上，提出了适合我国高校的创新创业教育体系，以推动高校创业基地更好的发展。

一、创业教育体系构建

高校的创新创业教育体系是为大学生未来的就业和创业服务的，因此，

高校的创新创业教育体系也应该是围绕“帮助大学生就业创业”这个中心点来进行构建。创新创业教育是一个涉及教学、师资等方面资源配置的较新的教育理念，高校的大学生创业教育不能仅仅依靠自身，而是需要整合大学、企业和社会的各种资源，来建立一个系统的、完善的创业教育体系。高校的创新创业教育体系应该包括三个方面的构建：一是创业教育课程体系的构建；二是创业教育师资队伍的建设；三是社会实践和创业实践体系的构建。创新创业教育体系应该围绕培养目标来建立适合于创业教育要求和特点的教学、教师和实践体系。通过构筑完善合理且具有创新意义的创业教育体系，可以增强其创业实践体验，强化高校大学生的创业技能训练，不断提高大学生的自主创业能力。

（一）高校创新创业教育课程体系建设

创业教育课程体系是创业教育体系中最为基础，也是最根本的环节，高校要通过创业教育促使学生从被动变为主动。高校创新创业教育课程体系的构建要围绕培养目标来进行，同时也要将创业教育纳入大学生的培养计划中去。不管怎样，大学生的创业教育都是要落实到课程设置中去的，因此，应该结合高校和创业基地的师资力量来开设为大学生未来的就业和创业服务的课程体系。

高校可以将课程教育体系分为公共基础课、专业课程以及创业教育课程三类。其中，将创业教育课程设为必修课，并可以参照国外大学的做法。以美国的斯坦福大学为例，学校为大学生开设了 21 门创业领域的课程，包括《创业管理》《创业机会评价》《投资管理和创业财务》和《创业和创业投资》等相关课程。创新创业教育课程体系的执行按照大学生的成长成才规律和创业教育一般规律可以实行分阶段、分层次的“1+1+2”模式，逐步实现大学生创业教育在时间上、空间上和效果上的辩证统一。

“1+1+2”模式包括三个阶段，具体内容如下。第一阶段：一年级大学生的学习要以公共基础课为主，以此来为以后的深入学习奠定坚实的理论基础，同时也要涉及创新创业教育课程的基本理论部分，这样在学生刚进入大学时就为其营造一种创业氛围，培养其创业意识。第二阶段：二年级大学生就会接受更深入的创业理论教育，学习的课程以专业课程和创业教育课程为主，同时会接触到与创业相关的案例，以此达到理论和实践结合的目的。第三阶段：在大学生涯最后的两年时间里，主要就是进行创业实践活动。

（二）高校创新创业教育师资队伍建设

我国高校的创业教育和国外高校相比在师资力量方面也有很大的差距，如果师资力量非常强大，那么创业教育课程体系就具备了有力的基础支撑，成功将会是必然的发展结果。创业是一种实践性很强的活动，而不仅仅是理论上说说就能解释清楚的，高校教师头脑里储存的知识是否充足、实践经验是否丰富都会对课堂教学产生很大的影响，因而，创业指导教师在创业教育中，不仅要乐于为创业教育无私奉献，而且要具备完整的知识结构和丰富的实践经验，尤其是统帅全局，激发学生自主创业思维和能力。

我国高校的师资队伍建设应该在结合实际情况下大胆创新。在创新创业教育中注重不同能力的综合运用，要求教师既具备相关的理论知识，也要求其具有一定的创业经验。学校一方面要鼓励教师进入到企业中去，通过亲身体验创业过程来提高创业教育能力，另一方面，聘请一些成功的企业家和青年创业英才来充当兼职教师，以举办讲座的形式为大学生的创业实践活动提供指导与帮助。

因此，高校创新创业教育师资队伍应该在提高创业教育理论水平的基础上不断丰富授课知识内容。高校教师要坚持“以人为本”的教育理念，始终坚信教育的最终目的是每个学生能够更好地发展，与此同时，高校也应该加大骨干教师和学科带头人的培训投入，支持教师通过进入企业兼职或通过自己创业来增加创业经验等不同的方式来建设一支经验丰富且充满创新精神的师资队伍。

（三）高校创业实践和社会实践体系建设

高校大学生的创业实践是对课堂教育的丰富和完善，要想使创业教育起到应有的作用，社会实践和创业实践是不可或缺的重要部分。任何教育都不能单单依靠理论教育，一定要将理论和实践结合，创业教育更是如此，高校应该为学生的创业实践和社会实践提供良好的环境和政策支持。

高校应该定期举办职业生涯规划大赛、大学生创业大赛和技能大赛等不同形式的创业比赛。其中，高校创业大赛就是检验创业教育成功与否的试金石。社会实践活动则是沟通学校和社会的纽带，这就决定了高校应该注重校内外资源整合，在创业教育课程的基础上走出校园寻求广泛的社会资源，为大学生搭建更平坦的创业之路。比如说，高校应该和相关企业建立长期合作

机制，安排学生进入到企业中实习，企业要对实习期间学生的表现进行打分，通过在企业的实习，了解企业的运营机制和管理机制等，帮助大学生累积一定的创业经验。

二、创业教育和创业基地有效结合

创业基地是对高校创业教育的补充与完善，创业基地的建设直接影响大学生创新创业教育的成败。高校的创业教育体系要和创业基地有效的对接和结合，共同为“培养创新创业人才，扶持大学生自主创业”这个目标而存在。理论和实践的完美结合才能带来真正的成功，哪怕是再怎么经典的理论，那只能算是“纸上谈兵”。因而高校的创业教育一定要和创业基地有效结合，这种结合方式是创业教育和创业实践结合的方式之一。

第五节　结论与展望

通过分析国内外高校创业教育和创业实践的发展情况，发现我国高校创业孵化基地的运营管理没有形成完善的管理体制，提出了高校创业基地运营管理对策。

首先确定高校创业基地的运营管理模式是“三位一体”型，即政府、高校和企业之间形成互动，共同推进创业基地的发展。该运营管理模式的创新点主要体现以下几个方面：

一、管理机构设置更加细化

高校创业基地中的管理机构主要是学校力量，政府则扮演宏观指导和监督的角色，而企业则是积极参与到创业基地的活动中，共同帮助大学生实现自主创业。管理机构内细化为分工不同的部门，每个部门都承担起应有的职责，对高校创业基地进行全面细致的管理，也为基地内虚拟公司提供了管理支撑。

二、创新创业教育体系构建

创新创业教育体系从创新创业教育课程、师资队伍和创业实践活动三个方面进行建设，构建了一个全面完整的体系，高校的创新创业教育体系和创业基地有效的对接和结合，共同为“培养创新创业人才，扶持大学生自主创业”这个目标而做出贡献。

三、绩效评价体系

从提高高校创业基地绩效的目的出发，将综合创业基地运营管理、虚拟企业绩效和创业团队成员表现三个方面来构建一个全面的、针对性强、科学规范并且可以量化的创业基地绩效评价指标体系，对高校创业基地的建设和运营管理进行全面的评价并根据结果进行有针对性的加强改善，这也是本文的一个创新点。

四、展望

尽管我国出台了一系列鼓励大学生自主创业的优惠政策，各级政府也采取了相应的政策措施引导大学生自主创业。但就目前来看，我国大学生创业的环境还是不容乐观，他们的创业之路还是比较艰难。与外国成熟又完备的创业环境相比，我国在资金支持、政府政策、创业教育与培训、政府项目、商务环境等各个方面还需进一步完善和健全。特别是政府职能还未完全转变，政府官员服务意识不强。另外，传统社会观念的阻碍也是创业环境不成熟的一种表现。综合来看，我国的创业环境还不是很完善。

创业是一项需要胆识、智慧的活动，而心理素质差的大学生可能在就业问题上都有困难，更别说自主创业了。因此，高校应该在创新创业教育体系中加入心理素质教育等相关的课程，同时，在创业基地的虚拟公司中进行活动时，也要注重通过不同方式加强锻炼学生们的心理素质，培养他们的抗压承受能力，提前适应进入社会后可能遇到的种种困难与压力。

参考文献

[1] 杨青山.基于“两个融合”的大学生创新创业综合实践基地建设与实践研究[M].桂林:广西师范大学出版社.2017.

[2] 喻新安,杨雪梅.河南创新创业发展报告(2017):双创基地的培育与建设[M].北京:社会科学文献出版社.2017.

[3] 徐晖.大学生创业教育研究[M].成都:电子科技大学出版社.2017.

[4] 李龙,宋徽.旅游创业启示录——互联网+时代的乡村旅游创客[M].北京:旅游教育出版社.2017.

[5] 崔岩.陕西高职教育创新创业案例汇编[M].北京:北京理工大学出版社.2017.

[6] 项勇,黄佳祯,王唯杰.大学生创新创业素质培养机制研究[M].北京:中国经济出版社.2017.

[7] 林佩静,刘荣.大学生职业生涯规划与就业创业指导[M].西安:西安电子科技大学出版社.2017.

[8] 王良春,冯旭芳,等.基地+联盟高技能人才协同式培育的实践探索[M].杭州:浙江大学出版社.2017.

[9] 谭永军,李德华.大学生创新创业故事[M].北京:光明日报出版社.2018.

[10] 韩淑芳.《大潮》丛书口述创业的故事[M].北京:中国文史出版社.2018.

[11] 钟志华.创新创业教育研究[M].上海:同济大学出版社.2018.

[12] 卢洪雨.国际贸易专业创新创业教学研究与改革探索[M].杭州:浙江工商大学出版社.2018.

[13] 赵观兵，万武．小微企业创业要素机制耦合与扶持系统研究：以江苏省为例[M]．镇江：江苏大学出版社．2018.

[14] 潘一山．真实问题导向下的创新创业人才培养——辽宁大学的研究与实践[M]．沈阳：辽宁大学出版社．2018.

[15] 周建松．创新创业与素质教育（2016 高职素质教育学术论坛优秀论文集）[M]．杭州：浙江工商大学出版社．2018.

[16] 王丽丽．东北移民创业文化中的“闯”与“创”[M]．哈尔滨：黑龙江大学出版社．2018.

[17] 王丽丽．东北老工业基地移民创业文化研究[M]．哈尔滨：黑龙江科学技术出版社．2019.

[18] 杨红卫．创建创业型大学的思考与研究[M]．昆明：云南大学出版社．2019.

[19] 亚东．窟野河[M]．西安：太白文艺出版社．2019.

[20] 张红伟．卓越学术引领思维变革[M]．成都：四川大学出版社．2019.

[21] 吴忠市地方志编纂委员会，吴忠市地方志办公室．吴忠年鉴 2017[M]．银川：宁夏人民出版社．2019.

[22] 王国军，郑光春．小创业大智慧——35 个创业“金点子”成就你的老板梦[M]．北京：化学工业出版社．2019.

[23] 邓文达，罗旭，刘寒春．全国创新创业教育“十三五”规划教材：大学生创新创业（微课版）[M]．北京：人民邮电出版社．2019.